小出享一
Koide Kyouichi

障害者の自立生活の展開と労働

傷痍軍人から社会起業まで

大学教育出版

障害者の自立生活の展開と労働

—— 傷痍軍人から社会起業まで ——

目　次

序章 研究の対象と方法

　本論文のテーマは、「障害者の自立生活の展開と労働―傷痍軍人から社会起業まで―」である。桃山学院大学大学院での博士論文「障害者の新しい自立生活の展開」を大幅に加筆修正し、新たな章として第5章「もう1つの働き方―障害者が起業するということ―」を加えたものである。本論文では、障害者が「働く」ということを中心に据えて議論を展開させていきたい。「働く」ということを通して戦前・戦後の障害者福祉史を概観できるようになっている。そしてこれらのテーマは、脳性マヒの障害をもつ筆者がこれまでの人生で体験したこと、関わっていることと深いつながりがある。

　さて、これまで障害者は、目に見える形であるいは目に見えない形で「保護すべき者」として教育や就労などにおいて、「社会の役に立たない」存在として、様々な形で差別を受けてきた。障害者は社会によって作られる[1]。障害者は障害者であるために、あるいは障害をもっているために似たような状況におかれ、共通した体験をする。そしてそれは否定的なものである。労働能力があるにもかかわらず、障害者だからできるはずがないと決めつけられたために就職できない。入試で合格点を取っても設備がないから入学は不可能だとして入学を不許可にされたりする。また階段しかないため、周りの人たちの手を借りなければ上がれない。結局、社会のなかに行き場所がないから在宅、または社会福祉施設に入所・通所するしかない。これらは障害者であるために被る体験である。

　障害者は、「保護すべき者」「社会の役に立たない者」とされてきたが、そのなかで重要な役割を果たしてきたのは、措置制度である。措置制度とは、社会

福祉のサービス対象者に対して、「措置」とよばれる行政機関の行政行為（措置権）に基づいてサービスを提供するしくみのことで、障害者施設や特別養護老人ホームなどの入所にあたって、措置権の行使を通じて、受給資格の有無の認定と給付されるサービス内容の決定が行われるものである。わが国の福祉サービスは第二次世界大戦以降、約50年間にわたり措置制度によって行われてきた。利用者にサービスを選択する権利は、自由に与えられてはいなかった。措置制度のなかでそのサービス決定を担ってきたのは、専門家と言われる人々である。中西正司は、「専門家とは、当事者に代わって、当事者よりも本人の状態や利益について、より適切な判断を下すことができると考えられている第三者のことである」と定義している[2]。そのために専門家には、一般の人が持てない権威や資格が与えられている。専門家が当事者本人に代わって判断することをパターナリズムというが、障害者の世界では、この専門家主義の影響は大変強かった。非障害者である専門家が「障害」を定義し、等級をつけ、非障害者に近づけるようにリハビリや治療方針を立て、専門家が適切と考えるライフスタイルをおしつけて施設収容を促進してきた歴史がある。このような歴史に至る障害者福祉の形成過程を概観したのが、第1章の「日本における障害者福祉の形成」である。

　ところで障害者福祉は、長い間、施設中心で行われてきた。施設は障害当事者のためにつくられたものではない。障害を持つ子どもの親亡き後の心配や介護の解放を望む親から、施設入所こそ障害者が安全で管理が容易という行政の理由などにより、施設中心の福祉施策がなされてきた。障害を持った人々を地域から施設に隔離することによって、社会の人々や企業の無理解や障害者に対するネガティブなイメージを助長させることにもつながった。一方、施設に送り込まれた障害者を待っていたのは、規則づくめの生活と、異性介護をはじめとする施設職員による絶え間ない辱め、無気力感と低い自己評価に悩まされる希望のない一生である。このような施設中心の施策のあり方に疑問を抱き、反発したのは、障害者自身であった。1950～60年代にノーマライゼーションが北欧で提唱されていた同じ時期、偶然にも日本でも施設での入所生活を嫌い、自立生活を始めたのが、障害者解放運動の1つ「青い芝の会」の障害者たちで

あった。

　現在、ノーマライゼーション、脱施設化という考え方は、社会福祉の専門領域だけではなく、社会的にも受け入れられ、様々な分野に応用されている。障害者福祉の施設中心の施策から地域生活中心の施策への転換は、1981（昭和56）年の国際障害者年を契機として、デンマークやノルウェーなどの北欧の福祉先進国あるいはアメリカにおける動きが紹介され、それに刺激を受けたものと一般的には、受け止められている。確かに、福祉政策の転換がこれらの影響を受けていることは否定できないであろう。実際に国際障害者年を境に「施設から在宅へと」福祉政策が変化しているのは間違いがない。第２章では、この点を踏まえながら、わが国で脱施設化、ノーマライゼーションが障害当事者自身によって推進されていたことを障害者解放運動に大きな影響を残した「青い芝の会」の障害者たちを中心に述べていきたい。

　「青い芝の会」といえば、川崎駅前でのバス占拠闘争や障害児殺し減刑反対運動に代表されるようなネガティブな行動によって、社会的に様々な反響を巻き起こしたが、この行動の背景には、茨城県石岡市の願成寺で試みられた「マハラバ村コロニー」の存在がある。「青い芝の会」の活動は、その寺の住職であった大仏 空（おさらぎあきら）の思想の影響をかなり受けている。それはどのようなものであったのか、大仏の思想から検討していきたい。また障害者は、社会から差別されるのみならず、障害者自身も障害を外面では克服できたとしても、どこかで「自分自身の存在を疎ましい者」という感情を内包している。このような考えに警鐘を鳴らし、世の障害者たちに内なる変革を促し、大きな影響を与えたのも「青い芝の会」であった。「青い芝の会」の代表を務め、大仏空の薫陶を受けた横塚晃一の思想をみていきたい。

　障害者解放運動のもう１つの流れは、アメリカから入ってきた「自立生活思想」である。「自立生活思想」は、従来の「身辺自立」や「職業経済的自立」にとらわれない「障害者らしい生き方」をもたらした。その一例として障害者自立生活センターをあげることができる。障害者自立生活センターは２つの側面を持つ。１つはサービス等を利用し、自分自身の自立生活を営むために障害者自立生活センターに関わる障害者、もう１つはこれまで就労が不可能とされ

てきた重度身体障害者を障害者自立生活センターの職員として雇用し、サービス提供者として関わらせることで就労を作り出しているということである。障害者自立生活センターは今までの障害者福祉では見られなかった形態を作り上げてきた。その1つとして2011（平成23）年10月に解散をした特定非営利活動法人・茨木市障害者生活支援センター「すてっぷ21」を取り上げる。

　これまで障害者は、「何もできない不能者」というレッテルをはられてきたが、障害者自立生活センターで給料をもらって働くことで「働ける障害者」であることを他者にアピールすることを可能にした。第3章では、障害者自立生活センターの位置づけと課題について述べる。

　第4章では、障害者の就労を取り上げたい。障害者は、その障害によって十分に「働けない」ということが、世間から差別や偏見を受ける理由の1つになっている。働くということは、収入を得て生活の糧を得るばかりでなく、社会からの承認、社会参加、社会貢献、自己実現など、様々な側面を持っている。障害者であったとしてもそれは同じである。ところが障害をもつ多くの人たちは、「働く」という選択肢を自らの意志で選ぶことができない。多くの障害をもつ人たちは、特別支援学校などを卒業しても、労働市場で企業に就職できない状況にあるため、社会参加や自立が難しい。その結果として、在宅や社会福祉施設に入所、または通所している現状がある。そこで、障害者が職業を通して社会参加を促進することを目的として、「障害者雇用の促進に関する法律」が制定されている。この法律は、従業員45.5人以上の民間企業に、全従業員2.2%以上の身体障害者、知的障害者、精神障害者を雇うことを義務づけている。従業員101人以上の未達成企業には、不足人数1人につき、月額5万円を支払う障害者雇用納付金制度が設けられ、納付金の徴収が行われている。そして徴収された納付金は、障害者を雇用している企業に奨励金や助成金という形で支給されている。しかしながら、特に大手企業で障害者雇用が進んでいないという実態がある。障害者雇用が進まない理由の1つとして、雇用率を達成できなくても罰則規定がなく、未達成企業の名前も公表されず、障害者雇用納付金を納付すればよいしくみになっていることがある。このような状況を打開するために、障害者運動団体は、長年にわたって各企業の雇用率の開示を要求し

てきたが、近年、ようやく厚生労働省は企業ごとの雇用率を開示するように
なった。それに伴い各企業は、株主代表訴訟や企業イメージの低下を避けるた
め、雇用率を達成するために特例子会社を設立するなどの対策を打ち出してい
る。

　一方、企業で一般就労できない障害者は、就労支援施設や作業所などの福祉
施設で働くことが多い。その労働条件は、環境や設備も十分でないところが多
く、賃金も福祉的就労と位置づけられ、都道府県の最低賃金が適用されないの
で月平均で１万円しかない。また就労支援施設や作業所の仕事は、企業の下請
けがあるが、それだけでは施設の運営を維持できないので、多くの施設では、
空き缶のリサイクル・牛乳パックの再生はがき・木工品・クッキーなどの製造
を行っている。しかし商品が売れないので、給料が１万円にしかならないのは、
あたりまえの話である。商品が売れなければ給料も上がらない。ヤマト福祉財
団の故小倉昌男氏は、各地の授産施設や作業所を回り、その現状を見て、驚き
とショックを受ける。そこで意識改革を促すべく施設職員向けの経営セミナー
を開催し、障害者が自立するための方法の１つとして、スワンベーカリーを立
ち上げたが、これは障害者の雇用の場の確保を目指したものであった。この論
文では、関西で第１号店になったスワンベーカリー茨木店に焦点をあて、その
発想や課題について考察したい。

　第５章では障害者の社会起業を取り上げる。これまでの障害者の就労は、ど
ちらかといえば、雇用主に「雇われる」ことを意味していることが多かった。
しかし時代も変化し、障害者自身が雇用主としてヘルパーなどを「雇用する」
ことも珍しくなくなっている。また「自らが起業することで、活動しやすく、
自分らしく生きていく」という意図が障害者の起業にはある。障害者としての
「生存戦略」の１つとして、起業は考えられる。筆者が設立した「株式会社居
場所」や他の２つの事例を題材にして、障害者が「生存戦略」として会社を立
ち上げ、社会起業することについて述べていきたい。

　なお、第１章・第２章・第３章は、身体障害者を対象に、第４章は、身体障
害者及び知的障害者を対象にしている。第５章は、障害者全般を対象にしてい
る。研究方法としては、第２章・第３章・第５章では、インタビューによる聞

き取りを行っている。第4章では、インタビューによる聞き取りに加え、アン
ケート調査を実施している。

【注】

1）なお、このことを取り上げた研究として、ロバート・A・スコット『盲人はつくられ
  る　大人の社会化の一研究』、三橋修監訳、金治憲訳（東信堂、1992年）、ハワード・S・
  ベッカー『アウトサイダーズ』村上直之訳（新泉社、1978年）、アーヴィング・ゴッフマ
  ン『スティグマの社会学』、石黒毅訳（せりか書房、2001年）などの研究がある。

2）中西正司・上野千鶴子『当事者主権』（岩波新書、2003年）、p13

第1章　日本における障害者福祉の形成

1．明治から昭和初期の障害者施策について

　日本の障害者福祉及び障害者雇用制度の源流は、1931（昭和6）年の満州事変から1945（昭和20）年の太平洋戦争敗戦までの15年戦争の過程のなかにみることができる。日本の社会保険・社会福祉などの社会保障制度は、この時期に現在の原型が形成されている。また同時に「日本型福祉社会」という日本における福祉のあり方、考え方が形作られていることもみることができるであろう。そのあり方及び考え方は、日本の障害者福祉や雇用についても、大きな影響を及ぼしている。そこで第1章では、身体障害者を中心にして、戦前より1960年代から1970年代までの日本の障害者福祉の流れをみていくことで、わが国における福祉のあり方を筆者なりに考えてみたい。法律に関しては、身体障害者福祉法と身体障害者雇用促進法（現：障害者の雇用促進に関する法律）に限定して述べることにしたい。

　日本の障害者福祉といえば、第二次世界大戦の敗戦までは、近代化の過程で起ってきたいくつかの戦争を遂行するための傷痍軍人援護に対するものが主であった。その一方で、一般の障害者に対する施策は、救貧対策のなかの1つとして扱われてきた。わが国の救貧対策は、1874（明治7）年に制定された「恤救規則」に始まる[1]。恤救規則の対象は、寡婦・孤児・病人・廃疾者とされたが、原則は「人民相互の情宜」つまり地縁・血縁による相互扶助であった。そのうち独身で労働能力がなく「目下差置難無告ノ窮民」つまり、どうしても相互扶助に頼れない緊急を要する病人については、男性が3合、女性が2合の

50日分以内の米を支給するというもので、50日経てばどんな事情があっても打ち切られた。労働能力のない70歳以上の老衰者及び廃疾者は年米1石8斗、13歳以下の者には年米7斗と定められていた。僅かでも労働能力があれば、対象にはならなかったのである。その実施主体は、内務省であり、その経費は国庫負担を原則とした。恤救規則は、地域自治に基づく「義務救助」ではなく、中央集権体制に基づく「制限救助」としていたところに特色がある。

　この時代の貧困に対する捉え方は、貧困の原因が疾病であれ、障害であれ、経済変動であれ、すべて「個人」あるいは「自己」の責任であるという思想に貫かれ、救済は国や地方公共団体が積極的にするものではなく、家族・親族や民間の慈善に任せるべきだという考え方が強く流れていた。血縁・家族中心に行う介護を日本型福祉というが、日本型福祉の根底に流れているのは、「自助」である。「家族のなかに病人や障害者がいれば、家族や親族で介護や世話を看るのは当り前」という考え方である。現在に至るまで「家族に介護が必要となったら、家族が面倒を看なければならない」という日本人に根強く残る思いは、この時代に原型を見ることができる。その背後には、富国強兵・殖産興業という国の目標があった。しかし、大恐慌や凶作による貧困の拡大に対する労働力の保全と社会防衛の観点から、地域自治に基づく公共救済を国家制度とする必要があるという考えもあり、1929（昭和4）年に「救護法」が成立するが、財政難のため、1932（昭和7）年まで実施ができなかった。この時代、社会福祉としては、傷痍軍人援護に対するもの以外は、特に見るべきものがなかったのである。

　では傷痍軍人援護としては、どのような対策がなされたのであろうか。戊辰戦争以来、戦争で発生した多くの戦傷病者に対して、1871（明治4）年に「陸軍下士官兵卒給俸諸規則」が、1875（明治8）年に「陸軍武官傷痍扶助及ヒ死亡ノ者祭粢並ニ其家族扶助概則」が、1890（明治23）年に「軍人恩給法」、1894（明治27）年に「下士官兵卒家族援助令」、1904（明治37）年に「下士官兵卒家族援助令」、1906（明治39）年に「廃兵院法」が相次いで制定された。廃兵院法は、傷病兵のなかで肢体の自由を失った者や生活困窮者を収容し、国費で扶養する主旨から設置が決められたもので、同法に基づいて、東京廃兵院が設立されて

いる。このように傷痍軍人や戦死病傷者の家族に対して、法制度を整え、手厚い保護と安心を保障しながら、この間には、日清・日露戦争の2つの大きな戦争が遂行されている。大正時代に入ると、1918（大正7）年に「軍事救護法」が、1923（大正12）年には、「恩給法」が制定されている。軍事救護法は、傷病兵（下士・兵卒）と戦死者の遺家族への救護を定めたものである。公務のために傷病を受けた軍人、現役及び応召中の軍人の家族、公務のために死亡した軍人の遺族を対象とするもので、生業扶助・医療扶助・金品給与を内容としていた。そしてこれらの被救護者を貧困のために救助を受ける者とせず、公民権を失うこともなかった。

2．厚生省創設と社会保障施策の概要

　そして昭和になり、1931（昭和6）年の満州事変以降、軍部が力を持って台頭してくるようになると、1936（昭和11）年には皇道派青年将校らが二・二六事件を起こし、高橋是清蔵相ら重臣を殺害、岡田啓介内閣を倒した。その後を受けて成立した広田弘毅内閣は、政治的発言力を増した軍部の方針を受け入れ、中国への侵略、ソ連への攻撃、南進政策を決定する。特に陸軍はこの後の歴史のなかで「軍部大臣現役武官制」[2]を利用して、内閣の成立を阻止したり、あるいは内閣を総辞職させたりして、1945（昭和20）年の敗戦まで政治に影響力を持ってくるようになった。背景には、第一次世界大戦以降、戦車・航空機・化学兵器などの出現によって、戦争を遂行するにあたって、単に軍隊が戦うだけでなく、経済・文化・思想・宣伝などあらゆる部門を戦争目的のために再編し、国民生活を統制して国家の総力を戦争目的に集中し、国民全体が戦闘員化するに至る戦時・国家総力戦体制がとられたことがある。戦時体制下においては、軍需物資の生産を極大化するために企業や国民が組織化されて動員が図られた。日本は1938（昭和13）年の国家総動員法制定、1940（昭和15）年の大政翼賛会及び大日本産業報国会の結成により、戦時体制が確立していった。経済統制の手法は戦後の経済政策にも生かされ、企業構造や財政システムなどにおける日本特有の要素は、戦時体制を起源とするものが多い。また戦後の日本の社

会体制に対しても、戦時総動員体制に起源を持つものを指して「戦時体制」ということがある[3]。

　また、国防国家、軍事国家建設の一環として、国民生活の安定、国民の体力の増強が行政の方針・課題に取り上げられるようになる。そこで保健衛生行政を中心とした新省の創設が必要とされるようになったのである。そして陸軍省によって提案された1936（昭和11）年の「衛生省案要綱」が厚生省の原型となる。

　「社会事業を企画・運営を担当する新省を創設しよう」という考えは、1922（大正11）年にはすでに出されていた。この当時、社会情勢などから内務省社会局では、社会事業、労働行政、保険制度を一本化して担当する「社会省」を設置したいという提案がされていたが、この提案は認められず、外局への昇格で終わってしまう。しかし、その後も社会的な不安を受けとめ対策を講じるべきだという考えは根強く残ることとなった。

　ではなぜ、軍部は国防国家、軍事国家建設のために「衛生省」の設置を求めたのであろうか。軍部にとって最も切実な問題は、徴兵制度における「壮丁体質の悪化」[4] の問題であった。徴兵制は、軍隊と国民を結ぶ窓口である。国民の健康問題は本来、本人自身、家庭レベルの問題である。しかし、大量動員を想定した徴兵制のもとでは、国民の健康問題は、国家レベルの問題に昇格される。徴兵検査を通して、大勢の不合格者が見いだされ、「壮丁体質の悪化」及び「国民の体位の低下」が明確になっていた。拡大していく諸外国との戦争に対する戦力としての人的資源は、当然のこととして国民一人ひとりの体力と精神力である。そのために保健衛生部局を一本化して国民の精神と体力を鍛えることが緊急の課題とされたからである。

　1937（昭和12）年に第一次近衛文麿内閣が成立、新省の創設は、広田弘毅内閣から近衛内閣に引き継がれることになった。京都帝国大学の学生時代から河上肇教授に社会政策を学び、貧困や福祉などの社会問題に強い関心を持っていた近衛首相は、この内閣の課題として「福祉国家の設立」を挙げており、陸軍省医務局長小泉親彦を中心とする軍部の強い衛生省設立の圧力を受けながらも、社会改良的な施策を重視して、衛生という狭い範囲だけでなく社会局も含む社会的な機関にしたいという考えを持っていた。このような状況のなかで軍

部は、衛生省案に替えて「保健社会省」案を提出、「国民の体位の向上」を主
張する軍部と「国民福祉の増進」の社会政策を志向する政府の間で、新省のそ
の基本的な性格と役割をめぐってやりとりが激しく行われた。最終的には、軍
部と政府の主張をそれぞれ取り入れ、はじめは構想に入っていなかった「体育
局」と「労働局」を設置することで、落ち着くことになった[5]。

　こうした最中、1937（昭和12）年7月7日に起こった盧溝橋事件をきっかけ
に日中戦争が勃発、戦争の拡大と長期化のなかで、1938（昭和13）年1月11日、
厚生省が誕生した。厚生省の省名は、書経・左伝にある「正徳利用厚生」から
「厚生」という語をとって命名された。「衣食を充分にし、飢餓や寒さに困らな
い」という意味である。初代厚生大臣の人選は、小泉親彦を推す軍部が難色を
示したが、文部大臣だった木戸幸一が兼務することとなった[6]。事務次官は、
内務省社会局長や内務次官を歴任した広瀬久忠が就任した。ちなみに厚生省の
五局の局長は、社会局長・山崎巌、体力局長・児玉政介、衛生局長・林信夫、予
防局長・高野六郎、労働局長・成田一郎で、すべて内務官僚が就任した。またそ
の下で働く厚生官僚も、そのほとんどが内務省から移籍してきた者たちであっ
た[7]。初代厚生大臣となった木戸幸一は当時を振り返って、こう証言している。

　　「（中略）……そのころ近衛首相から聞いた話によると、首相としては福祉国
　　家の構想を持っていたようで、国民が楽しく暮らせるような施政をするという
　　考えから、当時社会局がやっていた厚生施設などの施策に注意を払い、（社会省
　　を作ろうと）その準備に没頭していた。ところが、時たまたま支那事変が起き
　　て思うように行かず、一方陸軍の方では兵の召集を強化する事情から国民体位
　　の低下をひどく問題にしはじめていた。当時結核が蔓延し、壮丁の体位に影響
　　していたからであろう[8]」

また、初代厚生次官に就任した広瀬久忠は、このように証言している。

　　「さて厚生省の看板を掲げスタートしたのだが、予算は少なかったが、いい人
　　を集めることができた。ところが、支那事変直後のこととて省は生まれたもの
　　の軍事関係の仕事に没頭するようになり、軍事援護部を作り、それから傷兵保
　　護院を作り、衛生の問題でも労働の問題でもすべて総動員に基づいた仕事に力
　　点をおくようになってしまった[9]」

　日中戦争の勃発は、当初、厚生省の仕事として考えられていた国民の貧困などの社会不安を取り除くための社会改良的な施策から、産業、経済、国防を高めるための国民の体位向上、健康の増進が第1の目的となり、また役割へと変化してしまった。つまり厚生省は、近衛文麿の当初の思惑と異なり、「戦争遂行の目的のために設立した」ということにされてしまう。

　当時の厚生省の行政機構は、前述の「社会局」「体力局」「衛生局」「予防局」「労働局」の五局と外局の「保険院」「臨時軍事援護部」から成っており、さらに各局及び部は、課に分けられていた。その他に、厚生省の設置に伴い、衛生試験所や栄養研究所の附属機関、国立 癩 療養所や国立結核療養所の療養所機関及び中央衛生会、各調査会及び審議会などの諮問または調査審議機関は、法改正が行われ、厚生省の所管とされた。

　戦争遂行のための兵士の体位向上、産業を担う労働者の体位向上を中心的に担う省として設立された厚生省の施策は、①衛生行政、②労働行政、③社会事業、④軍事援護、⑤社会保険と多岐にわたっていた。ではそれぞれの施策について述べたい。

　①　衛生行政

　高度国防国家を建設するために、衛生行政には結核の結核死亡率・乳児死亡率の減少、国民の栄養状態の改善という従来の課題以外に、いかにして人口を増加させ、国民の体力を向上させるかということが課題としてあった。

　結核対策としては、結核予防国民運動（1936（昭和11）年）が展開され、「結核予防法」が改正（1937（昭和12）年）された。1942（昭和17）年には、結核の撲滅を目指す「結核対策要綱」が閣議決定された。乳幼児対策としては、「国民体力法」（1942（昭和17）年）に基づき、死亡率の低下、資質の向上が強調された。1942（昭和17）年、保険医の指定制度、診療報酬の公定化のために、「健康保険法」と「国民健康保険法」が改正され、医療施設の体系化と医療従事者の協力体制を強化するため、「国民医療法」も制定された。1940（昭和15）年には、悪質な遺伝性疾患をもつ者への優生手術と、健全な者への産児制限の防止を内容とした「国民優生法」が制定され、翌年、実施された。この法律が戦後、「優

生保護法」(1948（昭和23）年に制定、1996（平成8）年に「母体保護法」に改定）となり、「産んでも育てられない」「生理がかわいそう」「生理時の介助が面倒」と、主に脳性マヒの女性に対する無用の不妊手術、卵巣や子宮摘出を強制し、障害者に対する差別や偏見を助長することになる。

②　労働行政

　日中戦争は長期化の様相をみせるなか、労働行政の基本的課題は、戦争遂行に必要な生産のための労働供給体制を作り上げることにあった。戦時体制への移行に伴い、重化学工業の生産力拡大を目的とした産業構造の再編成が行われ、膨大な労働力の需要が発生した。一方で産業の労働力に配慮しないで、大量の兵力を動員したため、労働市場は著しい労働力不足に陥った。特に工場技術者や技能者の不足が深刻となり、企業間で労働者をめぐる争奪が起こった。また、労働力不足を背景にして、労働者自身も高賃金の条件を求めるようになった。それに対して、労働力の調達を図るために職業安定所は国営化され、「従業者雇入制限令」「従業者移動防止令」「国民労務手帳法」「労務調整令」など、労働者の移動を禁止するため諸対策が次々と制定されていった。

　これより先、「国家総動員法」が1937（昭和12）年4月1日に公布され、5月5日から施行された。この法律によって国は、人的資源及び物的資源を戦争に動員できるようになった。また1939（昭和14）年には「国民徴用令」が公布された。政府は莫大な予算を軍事費に投入しており、生産部門への予算、日常生活に必要な物品、食糧の生産などに予算を割くことが困難になってきた。また生産活動の中心を軍需産業におき、そこへ労働力を集中させていた。国民徴用令は、労働力を強制的に軍需工場などに配置転換できるという内容を含んでいた。

　1939（昭和14）年には、賃金上昇を抑えることを目的とした「賃金統制令」、長時間労働を抑制するための「工場就業時間制限令」が制定された。労資関係の統制も行われ、産業を通して国に奉仕するという産業報国運動も盛んにすすめられた。

　やがて戦争が厳しくなってくると、「労務調整令」が制定され、戦争遂行に

とって必要性の低い産業労働者の軍事産業への徴用、さらに学生や婦人、未婚女性を勤労動員によって強制的に徴用することも行われるようになった。戦時体制では、国家のあらゆる物的・人的資源を最大限に動員し、活用する必要があるので、徴兵され戦地に送られた男性に代わり、女性がその穴埋めとして、労働現場で働くことになる。それにより、性的役割分業というこれまでの社会常識や偏見が是正され、女性の技能習得と社会進出が進み、第二次世界大戦後の女性の地位の向上につながったという面もある。軍関係者以外の国民を勤労報国隊として組織し、軍需関係の仕事につかせる「国民勤労報国協力令」（昭和16年）、14歳以上の未婚者を労働者として動員する「女子挺身勤労令」（昭和16年）、中等学校以上の学生を動員する「学徒勤労令」（昭和19年）が次々に制定され、太平洋戦争末期には、女性が労働力として軍需工場で働くことが当然のことのようになってしまったのである。

　軍需工場での労働が過酷になればなるほど、けがや病気も多くなっていく。食事や居住生活が十分に保障されていないなかで、過酷な労働は、労働災害や労働事故を多発させ、多くの負傷者や病人を出すことになる。このような状況に対処するため、1941（昭和16）年に「医療保護法」が成立した。この法律は、それまであった医療保護のすべてを統合し、国の事務として生活に困窮している人々に適応することにしたため、対象者は増加した。後に負担金を本人や家族から徴収するようになるが、多数に上る要保護者すべてには対応できず、保護から漏れてしまう多数の対象者をも生み出すことになった。

③　社会事業

　日中戦争の激化に伴い、戦死者が急増し、傷痍軍人がいっそう増加したこともあって、社会事業の対策を迫られていた。「銃後生活」対策として社会事業が拡大され、1938（昭和13）年、民間社会事業に対する保護育成と国の指導監督の強化を内容とする「社会事業法」が公布された。前年の1937（昭和12）年には、児童保護と母子保護の対策として「母子保護法」が制定されている。それは、戦時体制において、子どもを生み育てることに主眼がおかれ、人的資源としての子どもは国の宝であり、子どもの育成については、国が責任を持つべ

きであるという考え方が強まったからである。10人以上子どもを生み育てた多子家庭の表彰、結婚斡旋施設がつくられ、結婚資金の貸付も行われるなど、結婚・出産が奨励された。また、健康に子どもが育つために保健所による妊産婦保護政策がとられた。妊産婦には全員手帳を交付し、健康相談、体力検査が行われ、保育所の設置も行われた。こうした対策は、子どもが無事に育つことと同時に、女性の働きながら子育てが可能になることを目的としており、女性が働く工場や事務所にも保育所を設けることが法律に規定された[10]。

　また太平洋戦争突入後の1942（昭和17）年には、「戦時災害保護法」が公布された。この法律は、戦争による災害を受けた人々への救済を目的としたもので、「救助」「扶助」「給与金の支給」が行われた。「救助」は、戦争災害によって、生活困窮に陥った者に対し、一時的で最低限度の保護を行うものである。その内容は、食品、衣服、寝具などの生活必需品などの給与及び貸与、医療及び助産、埋葬、その他生活全般に及んでいた。原則として現物給与で、費用はすべて国家負担であり、対象者には貧富の区別を設けなかった。

　「扶助」は、戦争災害により、けがや疾病になった者及びその家族、身体に著しい障害の残る者及びその家族、死亡した者の家族が対象とされ、扶助の種類には、生活扶助、療養扶助、出産扶助、生業扶助の4種類があった。これは救護法などのように、劣等処遇の考え方に基づいて行われたものではなく、救済に主眼が置かれていた。

　「給与金」は戦争災害者やその遺族に支給されるもので、療養、障害、打切、遺族、葬祭の各給与金があった。

　戦時災害保護法は、前述したように、救護法等とはその性格が異なっており、被保護者は、公民権や選挙権、被選挙権を剥奪されることがなく、給与金品も公課や差し押さえができないことになっていた。

　社会事業は、対象者を困窮者に限定せず、広く国民全体に拡大していった。そのことは国民のほとんどを軍需関係の職場に徴用した政府にとって当然の成り行きといえる。戦時下において、社会事業は限定主義、劣等処遇を超えて普遍主義をとることになったのである。このように戦争に協力するすべての国民を対象にしなければ、戦争の遂行は不可能だったのである。

④ 軍事援護

　満州事変から敗戦までの15年戦争を通じて、国民生活に最も重要な役割を担ったのは、軍事援護であった。社会事業は「隣保相扶」を基本としているが、軍事援護も例外ではなかった。軍事援護の性格を臨時軍事援護部発行の「軍事援護事業概要」は、「軍事援護は国民の隣保相扶に依ることを以て本位とし、国民の隣保相扶を以てしても尚且つ足らざる場合に始めて国はその足らざる部分を補ふと云ふのが理想であり、また実際にそうあらねばならぬのである」と述べている[11]。しかし、国が隣保相扶や自発援護に期待をかけても、現実に戦争の負担に耐えている国民にとっては、国の援護は犠牲に対する代償であり、国が中心となって動かなければ、戦争は遂行できなかったのである。

　1937（昭和12）年に軍事救護法が「軍事扶助法」と改称され、傷痍軍人と軍人遺族に対して、①傷痍軍人の範囲を拡大し、扶助の条件を緩和、②傷痍軍人ならびにその遺族・家族の範囲を拡大し、扶助の条件を緩和するなどの諸対策が講じられた。

　1938（昭和13）年には、臨時軍事援護部の傷兵保護課が拡大され、外局として「傷兵保護院」が設置された。それは傷痍軍人の療養、保護などの対策を主管する組織であった。傷兵保護院の特色としては、独立自営のための職業訓練や再就職についての施策がある。傷痍軍人本人だけではなく、軍人の遺族についても、臨時軍事援護部において遺族援護課が新設されるなど対策が強化された。1939（昭和14）年7月には、臨時軍事援護部と傷兵保護院が統合されて「軍事保護院」となった。初代軍事保護院総裁には、本庄繁陸軍大将が就任した[12]。

　軍事保護院は、総裁、副総裁の下に官房と援護・業務の2局7課を有し、その直接下部機関として、結核療養所40、温泉療養所10、精神、脊椎、頭部戦傷療養所各1、傷痍軍人職業補導所3、失明軍人寮、失明軍人教育所などの膨大な国立施設をもつものであった[13]。

　初代軍事保護院副総裁・厚生次官児玉政介は、「軍事援護事業は、一般のいわゆる社会事業とは本質において差異が認められ、わが国体の本義よりする、国民皆兵の最高道義と、国民一体の隣保相扶の情誼に基づいて、実施せらるべ

き厳粛なる国家事業であり、いやしくも個人主義的な権利義務の観念より発するものでないことを、先ず第一に明らかにしておかねばならない」と設置趣旨を述べている[14]。

　軍事援護は大きく分類して、①入営もしくは応召した軍人及びその留守家族に対する援護、②傷痍軍人及びその家族に対する援護、③戦没者遺族に対する援護、④帰還軍人及びその家族に対する援護があった。傷痍軍人の援護については、恩典及び優遇、軍事扶助、医療保護、職業保護、傷兵院における収容保護、金融及び負債整理、慰藉などの精神的援護、労力・奉仕的援護、身上相談などが行われた[15]。傷痍軍人の職業対策としては、軍事保護院は職業補導所を設置し、各地方にも傷痍軍人職業補導所を置いた。その職業指導方針は、①傷痍軍人に勤労報国の意義を理解させると共に、職業に関する知識を与えること、②なるべく入営または応召前の原職に復帰させること、③原職復帰困難者は、なるべく原職に類似する職業中より適職を選定して、従事せしめるよう指導すること、④新規に仕事を求める者や新規の仕事に転ずる必要のある者に対しては志望・適性・家族関係・居住地等を考慮して、適職を選定すること、⑤職業再教育を必要とする者には、退院後ただちに職業再教育を受けるように指導することの5つであった[16]。

　また軍事援護業務を補佐する団体としては、「軍人援護会」と「銃後奉公会」があり、軍人援護会は戦没軍人の遺族、傷痍軍人及びその家族、現役または応召中の軍人及びその家族等に対する各種の援護事業を行い、「軍人として後顧の憂いが生じないようにすること」が目的であった。当初より半官半民の色彩が強かったが、最終的には行政が軍人援護会とその支部の事務を請け負っていた。事業としては、生活援護・医療援護・育英・慰籍・身上相談・職業補導・精神強化などを実施していた。

　一方、銃後奉公会は市町村単位である各種の銃後後援団体を整備統合して誕生した。銃後奉公会の目的は、「国民皆兵の本義と隣保相扶の道義とに基き、挙郷一致兵役義務服行の準備を整ふると共に、軍事援護の実施に当り、いよいよ義勇奉公の精神を振作する」とし、事業として、兵役義務心の昂揚、隣保相扶の道義心の振作、兵役義務服行の準備、現役または応召軍人もしくは傷痍軍

人ならびにその遺族・家族の援護、労力奉仕その他家業の援助、弔慰、慰問、身上及び家事相談、軍事援護思想の普及徹底などがあった。銃後奉公会は、軍人援護会の下部組織の役割を果たしたのである。

⑤　社会保険

　これまで社会事業が特定の困窮者のみを対象にしてきたこれまでの傾向に対して、戦時下における社会事業は、広く国民全体へとその対象範囲を広げてきた。戦争遂行のために国民や労働者の健康や生活の保障と向上を目指すこととされたが、そのことを実現するために、社会保険制度の導入が図られた。社会保険は加入者のすべてに保障される権利である。わが国最初の社会保険は、勤労者が加入する1927（昭和2）年の「健康保険法」である。この時は、大恐慌の前後であり、保険料も低く、国庫負担額も少ないものであった。1934（昭和9）年には、健康保険法の改正が行われ、その適用範囲の拡大が図られた。その結果、労働者の3割が加入することになった。1938（昭和13）年には、「国民健康保険法」が成立、勤労者だけでなく、すべての国民が健康保険に加入することが目指された。医療の問題については、社会事業や救済事業として対応するには、対象者があまりにも多すぎた。したがって、医療については、社会保険制度を導入しない限り、国民の生活や健康を維持できないと考えられた。しかし、この時は任意加入となっている。1942（昭和17）年に国民健康保険法は改正され、都道府県知事に普通国民健康保険組合の強制設立の権限を認め、その組合については、強制加入方式を取ることにした。

　また当時の労働者には、失業保険や退職金制度もなく、このような課題に対応するため、1941（昭和16）年に「労働者年金保険法」が制定された。それは1944（昭和19）年に「厚生年金法」として成立、保険料は炭鉱の坑内夫は賃金の15％、その他一般の労働者は11％とされた。ここには養老年金、障害年金、退職手当制度も保険給付として含まれていたが、養老年金の受給資格を得るためには、20年の加入資格が必要とされた。そのうえで年金受給金額は、全期間平均標準給与の25％にすぎないというものであった。しかし自分の生活保障のためには、この制度しかなかったこともあり、年金制度への参加は、当然

のことのようになった。厳しい戦時下の経済状況であったが、加入者が必死で支払った年金は、その積立金が膨大な金額になった。しかしながら年金積立金のほとんどは、戦争継続のための公共事業に投入され、社会事業関連に注ぎ込まれた金額は、わずかであった。社会保険制度は、国民が自らの生活の安定と、その保障のために支えあいながら作り上げるものである。しかし、社会的な権利の保護、またはその保障としては、まったく機能しなかったのである。戦時国防政策のなかでは、軍事産業資金の調達という国策のなかに吸収されることになってしまったのである。

　さて、厚生省の成立は、戦争遂行のための人的資源の確保と体位の向上を目的としていたが、戦争の進展に対応して厚生省の機構も変化している。最初は第二次世界大戦が開始されるまでの時期で省の機能が拡大強化されている。この時期に新設されたのは、前述した軍事保護院と職業局及び人口局である。職業局は、国民徴用令や労働力の配置転換などに関する動員計画、移動計画を担当、人口局は、国民の体力の向上及び人口の増強を担当した。そして本来、社会政策や社会事業を担う労働局と社会局は、その役割を大きく変質させていった。労働局の仕事は、産業報国運動の推進や賃金の統制が中心となり、主に労務管理を担当、社会局は、生活局と名称を変更し、国民生活の指導と統制へとその仕事を転換してしまう。この時期の厚生省の局や軍事保護院の増設、名称変更による拡大は、逆に見れば、社会政策及び社会事業の後退、縮小を意味していた。そして戦時下体制に入ると、政府の行政簡素化の方針に従って、厚生省も縮小される。特に労働局、職業局は統合されて、勤労局になり、労働力の再配置、強制的な動員などの側面が拡大し、労働者の保護といった視点は完全に消えてしまう。就業時間の制限なども撤廃され、長時間労働や深夜労働がごく当然のこととされるようになってしまう。さらに戦争末期になると、生活局と人口局が統合されて健民局となり、指導課のみを残して他は廃止された。つまり、社会政策、社会事業を中心的に担ってきた社会局は、その名称を生活局に変え、さらに指導課のみを残して消滅してしまったのである。このことは、社会事業という人々の生活を保護する役割も機能も失われてしまったというこ

とを示している。社会事業の縮小に反して、拡大・増設されたのは、健民局であった。そのことは、国民の生活や健康を守るという方向ではなく、軍需産業へと、すべての国民を強制的に参加・協力していく機構として、その役割を担ったということである。こうした厚生省の設立の経緯やその後の展開は、戦後の障害者福祉政策や障害者雇用のあり方にも大きな影響を及ぼすこととなった。

3. 身体障害者福祉法の制定とその成立過程について

　日本の障害者福祉の進展は、第二次世界大戦敗戦後の1949（昭和24）年12月、身体障害者福祉法制定に始まる。戦後の身体障害者は、障害原因から傷痍軍人、戦災者、一般の障害者の3つが挙げられる。しかしながら、戦争犠牲者援助、なかでも傷痍軍人についての救済は、軍国主義の根絶を目指すGHQの非軍事化と無差別平等の原則もあり、救済できずに放置されたままであった。GHQから傷痍軍人を「優先的に保護してはならない」と通達されていたのである。また当時の身体障害者福祉行政は、職業補導は勤労局、医療は医療局、生活保護・補装具支給は社会局と3分割されていたこともあって消極的となっていたという理由もある。そのため、傷痍軍人救済を早急に行うために制定されたのが、身体障害者福祉法であった。

　身体障害者福祉法の制定が遅れたのは、傷痍軍人の再軍事化を警戒するGHQの承認が遅れたこと、歴史的な前提となる諸法を欠いていたこと、行政当局も生活保護、児童福祉、身体障害者福祉の順で解決を考えていたからである。法案制定の過程で主に論議となった点は、次のとおりであった[17]。

(1) 法の性格を保護法とするか更生法とするかについては、一般人に比して障害のために職業能力が損傷されている面を補ってその自力による更生を援護することを主とし、更生に必要な限度で保護を行うこと。

(2) 法律の対象としては、視力障害、聴力障害、言語機能障害、肢体不自由（肢切断を含む）、中枢神経機能障害の5種とし、判定の困難性や予算的な制約から結核回復者・精神障害者は加えないとした。

(3) 対象年齢は18歳以上とし、もはや職業活動の必要ない者、もはや職業活動能力が問題にならない者は個々に除外することとした。

(4) 職業補導行政、医療行政とは、協力関係を密接することとした。職業開拓をどうするかについては、一定以上の事業者に対してその労働者の一定割合は必ず身体障害者を雇用しなければならない旨を法定することも検討されたが、健常者にすら完全雇用を行うことがままならない労働事情においては、とうてい困難であるので、結局は一般の職業行政の範囲内において可能な限りの協力を得ることとした。

その他には、都道府県知事に国の機関委任事務とする、生活困窮者は生活保護法で保護する、更生資金は国民金融公庫の生業資金貸出制度を利用する、施設は収容・訓練・義肢製作施設を中心とし、重度者の永久収容や単なる住宅提供は含まない、身体障害者更生事業は国の責任について行うなどが議論された。

厚生省は身体障害者福祉法の本質を「賠償的、恩恵的、保護的な法律と異なり、身体障害者の自立更生を援助し、自立のために必要な援助を行い、以て身体障害者の更生を促進せしめんとするものである」と説明している。つまり、生活困窮の保護や身体能力の損失部分に対する補償は目的とせず、また更生能力がありながら、意欲なく募金等をしている者は、援助の対象外とされたのである。

さて、身体障害者福祉法はGHQの承認の後、議員立法という形で提出され、法案審議を経て1949（昭和25）年12月26日公布、翌年の4月1日から施行された。同法の主な内容は次のとおりである[18]。

(1) 身体障害者各人の自発的な更生意欲を助長するために、必要な器具物品等の交付、用意周到な訓練を施し、社会活動能力を発揮することを主眼とすること。

(2) 18歳以上の労働年齢にある者で、視覚障害、聴力障害、言語機能障害、肢体不自由等の身体障害のため労働能力を損傷されている者を対象とし、申請により身体障害者手帳を交付すること。

その他、厚生省に中央身体障害者福祉審議会、都道府県に地方身体障害者福祉審議会を設置、知事の下に身体障害者福祉司を置き、市町村長は知事の行政

活動に協力することなどが定められた。

　しかしながら、翌1951（昭和26）年の改正では、法第4条の「障害のため、労働能力を損傷されている者」が削除されている。その理由としては、この法律の「更生」とは職業能力の更生だけを対象としたものではなく、むしろ日常生活すべてについての障害を自力更生するという国の考え方の変化による。「職業能力の回復の見込みがない者は、障害者ではない」ということになると、例えば、身体障害者手帳の交付の時、職業能力のない重度障害者は手帳の交付が受けられないことも考えられ、実際に交付が受けられないケースも間々あった。このようなことを是正するために改正が行われたのであった。その後、1954（昭和29）年の法改正では、対象となる障害の範囲の表現整理を行い、ようやく重度障害者もこの法律の対象とされたのである。さらに1967（昭和42）年の改正では、第3条でこれまでは身体障害者自身の「自力更生」だけを責務づけていた姿勢を改めて、「国および地方公共団体は、身体障害者の更生に手を差しのべなければならない。国民も連帯して障害者が社会参加できるように努めなければならない」と法律で打ち出した。

　ここで重要なことは、当初の身体障害者福祉法の対象としては、18歳以上の労働年齢にある者で、身体障害があるため労働能力を損傷されているが、職業訓練などで社会復帰及び職業活動に就くことができる者、見込める者が対象になっていることである。職業活動の必要ない者あるいは見込めない者、重度の身体障害のために職業活動能力がない者、更生能力があっても、意欲なく募金等をしている者は、法の対象外とされたことである。重度障害者は援助の対象にはなっていないということである。生活困窮者は生活保護で、それ以外の者は家族や親族が世話や面倒を見るというのが、国の基本スタンスであった。やがて高度経済成長期を迎え、核家族化の進行や女性の社会進出により、地域社会、家族の介護力が低下してくると、介護の社会化、すなわち施設での介護が叫ばれるようになり、多くの入所施設が建設されるようになる。崇高な理念が打ち出され、法律が改正されても、1981（昭和56）年の国際障害者年ぐらいまでは、政府方針として、基本的に労働ができる障害者以外は、「保護すべき者」として、施設などで「保護」政策を取っていくことになる。

４．身体障害者雇用促進法の制定とその成立過程について

　身体障害者福祉法は、これまで述べてきたように、制定当初は法の対象を「18歳以上の労働年齢にある者で、職業訓練などで社会復帰及び職業活動に就くことが出来る者」としていたが、ではこれらの身体障害者に対して政府は、どのような職業対策を講じていたのであろうか。第二次世界大戦の敗戦による社会的な混乱のなかで、傷痍軍人、戦傷病者の職業援護対策を行うことは、緊急の課題となっていた。そのため、政府は次のような職業援護対策を講じた。１つは1949（昭和24）年12月に「身体障害者職業安定要綱」を定め、同年10月に制定されていた「職業安定法」に基づき、公共職業安定所における職業指導・職業紹介、公共職業補導所・身体障害者職業補導所における職業補導（職業訓練）等を行うこととした[19]。しかし、これらの措置は、建前としてはすべての障害者に対し窓口が開かれていたが、実際の運用面においては、選別主義が厳しく貫かれていたために、その主な対象者は軽度の身体障害者に限られていた。もう１つは、1948（昭和23）年のヘレン・ケラー女史の来日を機会に実施された「身体障害者職業更生週間」をはじめとする、一般国民とりわけ、雇用主に対する身体障害者雇用の広報宣伝、啓蒙活動であった[20]。しかし、これらの措置は応急的なもので、敗戦直後のこの時期の雇用保障政策については、みるべきものは、ほとんどなかった。

　障害者の雇用促進施策が多少とも独自の裏付けをもって行われ始めたといえるのは、1952（昭和27）年以降のことである。同年４月に身体障害者雇用促進対策を推進するにあたっての重要事項を審議するための機関として、「身体障害者雇用促進中央協議会」が労働省に設置され、翌５月には、「身体障害者職業更生援護対策要綱」が策定された。また６月には、各省庁次官会議において、身体障害者の雇用については、まず政府自らが民間の雇用主に率先して取り組むことが当然であるとの立場から、「官庁公共企業体地方公共団体等における身体障害者雇用促進に関する件」が申し合わせ事項として定められた[21]。特に職業安定機関は雇用促進の実施機関であることから、職員定員の３％を目標に身体障害者を採用するように努めることが決められたのである。これが割当

雇用施策の始まりとなった。なおこの３％は現行制度上では、定められていない。

　一方、民間企業については、1952（昭和27）年の身体障害者雇用促進中央協議会の「身体障害者の職業更生に関する意見」に従い、分業化の比較的進んでいる50人以上の従業員を雇用する雇用主を中心に身体障害者の雇用勧奨を行うなどの措置が講じられた。これらの施策は、傷痍軍人や戦争傷病者対策としての側面を強く持って打ち出されたものであった。身体障害者の雇用促進に関して、ようやく独自の施策が採られたことになる。比較的生産力の高い軽度障害者が中心であったが、はかばかしい成果は得られなかった。そのため、割当雇用制度の創設を中心内容とする身体障害者雇用法の制定を求める声が友愛会などの障害者関係団体からは、高まってきていた。

　また国際的には、1955（昭和30）年に開催された第38回ILO総会が、「障害者の職業リハビリテーションに関する勧告」（ILO99号勧告）を採択した。それは雇用を媒介に障害者の社会参加を積極的に進めるという意図に基づき、職業指導、職業訓練、雇用機会の増大、保護雇用等、障害者の職業リハビリテーションに関する原則及びその方法を明らかにしたものであった。同勧告は、雇用促進に関し、各国が採るべき措置として、次のようなことを明示したのである。

① 　使用者は、非障害労働者の解雇を避けるような方法で、一定率の障害者を雇用すること

② 　障害者のために一定の職業を留保しておくこと

③ 　重度の障害者がそれに適した一定の職業に雇用される機会を与えられ、またはその職業に雇用されるような措置をとること

④ 　障害者によってまたは障害者の経営される協同組合その他類似の企業の設立を奨励し、かつ、その運営を容易にすること

　　多くの先進諸国では、この勧告を受けて、最低賃金制度や社会保障制度の確立を前提とした障害者雇用保障関係立法の制定ないし改正がなされていった。日本もこのような外的な動きにあわせ、現状の行政の措置だけでは限界もあり、政府は、障害者の雇用施策に関する何らかの立法措置を講じる必要に迫られることになった。1958（昭和33）年に「国民年金法」が

制定された。しかし、同法上の障害年金給付対象者は、労働能力のほとん
ど喪失した一部の障害者に限られていた。それよりも軽度の障害者に対し
ては、年金は給付されない建前になっており、自らの労働能力を活用する
ことによって、経済的自立を図ることが期待されていた。そのため、軽度
の障害者を対象とした「雇用促進法」を早急に制定することが不可欠に
なっていた。

　こうして1960（昭和35）年7月15日に「身体障害者雇用促進法」が成立し、
同月25日に施行された。①職場適応訓練の実施、②身体障害者雇用率の制定、
③身体障害者の適職・作業設備改善のための研究開発、④身体障害者雇用審議
会の設置が法律の主な内容であった。雇用率については、官公庁等は非現業的
機関が1.5％、現業的機関が1.4％、民間企業は現場的事業所が1.1％、事務的
事業所1.3％、特殊法人の事業所は現場的事業所が1.3％、事務的事業所1.5％
と定められた[22]。しかし、この雇用率の設定は、経済成長による自然発生的
雇用増に大きく依拠したものであった。なお法の制定当時、雇用率を法的雇用
にするのか否か、法の対象に結核回復者等の内部障害者や知的及び精神障害者
を含めるかどうかが議論され、関係団体からの働きかけがなされたが、結局は
見送られている[23]。

　さて、割当雇用制度は盛り込まれたが、差別禁止規定は盛り込まれず、障害
の範囲も狭いなかでわが国の雇用促進法はスタートした。しかし法案の審議過
程時から指摘されていたように、次のような、重要ないくつかの問題点を抱え
ていた。

　問題点の第1は、設定された雇用率が低いうえに、雇用率を達成する義務が
強制ではなく、努力義務にとどまっていること。また民間企業に対する雇用率
の適用単位が事業所ごとになっているため、大企業であっても比較的小規模の
事業所を多数有する形態の企業である場合には、その従業員の総数に比べてわ
ずかの雇用義務しかかからないこと。

　問題点の第2は、法の対象となる障害者には、法律名に示されているように
「身体障害者」に限られており、知的及び精神障害者などそれ以外の障害者は
対象外とされていたこと。また法の対象者である身体障害についても、社会復

帰や就職可能な軽度障害者が対象であって、重度障害者は対象外とされていたこと。また身体障害者の範囲には、内部障害者が含まれていないこと。

　問題点の第3は、障害者雇用に関する就業時の職業安定所の役割が明確になったものの、雇用関係に入った後の障害者の雇用の安定については、企業内部の問題であるとして、何の保障や考慮もされていないこと、また最低賃金の保障が欠けていること、身体障害者を雇用する民間事業主に対する雇用助成措置等が欠けていること。

　以上、問題点としては3点が挙げられるが、身体障害者雇用促進法は、障害者の雇用施策について体系的にまとめたわが国最初の法律として、大きな意義を持ったことは、間違いがないであろう。

　ここまで身体障害者を中心に、日本の障害者福祉と障害者雇用制度の形成についてみてきたが、述べてきたことをまとめると次のようになる。

①　障害者施策は、恤救規則にみられるように、貧困対策の一環として行われ、貧困や障害の救済は国や地方公共団体が積極的に行うものではなく、家族及び親族や民間の慈善によるという考え方が強く流れていた。家族に障害者がいれば、その救済や介護は、家族や親族が行うのが当り前とされたのである。日本では家族が中心となって行う介護を「日本型福祉」というが、その原型をここにみることができる。

②　社会保障や社会福祉は、富国強兵や日中戦争遂行のための国民への「安心・安全装置」として講じられた。また厚生省も戦争遂行をスムーズに進めるために設置された。それらは戦争遂行のための国民に対する必要な措置であった。現在の年金制度及び保険制度の原型は、この時期に形成されたといえる。障害者施策も傷痍軍人や戦傷病者に関することが中心であり、一般の障害者についての対策は特に講じられなかった。

③　戦後、施行された身体障害者関連の法律は、経済的・職業的自立可能な傷痍軍人や軽度の障害者が対象であり、重度身体障害者や内部障害、知的及び精神障害者は法律の対象外とされていた。

　さて前述してきたように、障害者に関する法律や制度は、すべての障害者が享受できるのではなく、傷痍軍人や職業自立可能な一部の軽度障害の人々しか

受けることができなかった。戦前から戦後に至るまで、先天性の重度身体障害者や社会復帰が見込めない障害者は、一部を除いて完全に「かやの外」に置かれていた。「働かざる者、人に非ず」、その象徴が戦後制定された身体障害者福祉法と身体障害者雇用促進法であり、法律制定当初の過程にその「考え」を見ることができよう。そして働けない障害者は、「保護すべき者」として施設に「収容」されたのである。

　しかし1960年代に入り、社会や世間の障害者を「あってはならない存在」という考え方に異議を唱え、社会復帰を目的とする日本の障害者福祉が就労可能な軽度障害者対策に偏っていることを批判し、稼働能力のない重度障害者施策を要求した障害者団体が出現した。彼らは、「……寝たっきりの重症者がオムツを替えて貰う時、腰をうかせようと一生懸命やることがその人にとって即ち重労働としてみられるべきで、このようなことが社会的に労働としてみとめられなければならない[24]」と、声高らかに主張したのである。この障害者団体を「日本脳性マヒ協会・青い芝」というが、第2章では、「青い芝の会」の思想と運動について述べていきたい。

【注】

1）野本三吉『社会事業の歴史』（明石書店、1998年）、P55

　　恤救規則（明治7年12月8日太政官達第162号）

2）大臣（陸・海軍大臣）は現役の武官（軍人）でなければならない制度。

3）「戦時体制」システムについては、野口悠紀雄『1940年体制─さらば戦時経済─』増補版（東洋経済新報社、2010年）を参照のこと。

4）鍾家新『日本型福祉国家の形成と「十五年戦争」』（ミネルヴァ書房、2005年）「壮丁体質の悪化」の問題はP43-52に詳しい。

　　「壮丁」とは、「前年12月からその年の11月30日までに満20歳に達した、戸籍法の適用を受ける男子」を指す。

5）総力戦と福祉国家については、高岡弘之『総力戦体制と「福祉国家」─戦時期日本の「社会改革」構想─』（岩波書店、2011年）を参照にされたい。近衛文麿の思想と政治については、源川真希『近衛新体制の思想と政治─自由主義克服の時代─』（有志舎、2009年）を参照のこと。厚生省の設置については、筒井清忠編『昭和史講義2』牧野邦昭「第8講　厚生省設置と人口政策」（ちくま新書、2016年）、P131-146や野原正雄『第一次近衛声明は（厚生省）創立声明─戦後福祉の原点』（近代文藝社、1995年）及び副田義也『内務

省の社会史』「4.5厚生省の分立」、P546 - 559（東京大学出版会、2007年）に詳しい。

6）厚生省五十年史編集委員会編『厚生省五十年史（記述篇）』（財団法人厚生問題研究会、1988年）、P1148 - 1152

7）副田義也『内務省の社会史』「4厚生省の分立」（東京大学出版会、2007年）、P549

8）厚生省二十年史編集委員会編『厚生省二十年史』（財団法人厚生問題研究会、1960年）、P1 - 3

9）前掲書8、P4

10）例えば、1942（昭和17）年の重要事業場労務管理令では、200名以上の女性労働者を雇用する事業所では、その必要が認められる場合には厚生大臣が保育所の設置を命ずることができるとされている。

11）吉田久一『昭和社会事業史』（ミネルヴァ書房、1971年）、P198

12）甲賀春一編著、『本庄総裁と軍事保護院』（青州会、1961年）、P217

13）前掲書12、P217 - 220

14）前掲書11、P198 - 199

15）軍事援護事業については、軍事保護院発行の『軍人援護事業概要』1940（昭和15）年を参照のこと。

16）傷痍軍人の職業訓練・教育・指導及び機構組織の詳細については、軍事保護院技師の辻村泰男と神奈川県職業技師の牧村進が著した『傷痍軍人労務輔導』（東洋書館、1942年）を参照のこと。各国の傷痍軍人の状況や傷痍軍人雇用の実例などを紹介している。

17）厚生省五十年史編集委員会編『厚生省五十年史（資料篇）』（財団法人厚生問題研究会、1988年）、P774 - 776

18）前掲書15、P776

19）山田耕造「わが国における障害者雇用促進法の歴史」『香川法学』11 - 3・4 - 491、P41

20）前掲書17、P41

21）前掲書17、P41

22）前掲書17、P45

23）栗原久「日本雇用制度の流れと今後の動向」『季刊福祉労働NO.64』（現代書館、1994年）、P9

24）横塚晃一『母よ！殺すな』（2007年、生活書院）、P56 - 57
　　本書については、1975年にすずさわ書店より刊行、1981年に増補版が出ている。2007年、生活書院より復刊された。

第2章 脱施設化への営み
──「青い芝の会」の運動を中心にして──

1. 脱施設化への流れ

　近年、ノーマライゼーション（Normalization）という言葉が盛んに使われ、たとえ重度の障害があっても、地域で暮らすことが重視されるようになってきている。そして地域で暮らす障害者も確実に増加している。また施設から出て地域で生活を始めた知的障害者の声を集めた書物も出版されている[1]。2002（平成14）年12月に策定された新障害者プランでは「新施設建設は真に必要なものに限定する」と打ち出し、さらにそのことを強く打ち出すために新施設建設に関する国の補助金を出さない方針を決定している[2]。ノーマライゼーションとは、高齢者や障害者などハンディキャップがあっても、地域のなかでごく普通の生活を営むことができ、かつ差別されない社会をつくるという基本的理念である。デンマークで1952年頃、劣悪な処遇がなされている障害者施設に入所している知的障害者を持つ親たちによって、「障害を持つ自分の子どもたちも人間らしい生活を営む権利がある」と施設改善運動が行われたのが、その始まりであった。後に「親の会」の運動に賛同したデンマーク社会省の担当者であったバンク-ミケルセン（Bank-Mikkelsen, N.）などの努力によって、障害者に「できるだけノーマルな生活状態に近い生活をつくりだすこと」というノーマライゼーションの理念を取り入れた「1959年法」（精神遅滞者ケア法）が成立した[3]。

　ノーマライゼーションの理念は、1960年代に北欧をはじめ、カナダ、アメリカ、イギリス等に広まり、理念を取り入れた新法制度が次々と生まれた。1971

（昭和46）年には国連の「知的障害者の権利宣言」、1975（昭和50）年「障害者の権利宣言」として実を結んだ。スウェーデンのニィリエ（Nirje, B.）やアメリカのヴォルフェンスベルガー（Wolfensberger, W.）により理念が体系化され、現在では障害者だけでなく、児童教育や高齢者の分野でも基本理念とされるようになっている[4]。

　ノーマライゼーションの理念が最もよく表われているのは、「脱施設化」（Deinstitutionalization）の動きである。入所施設は地域から利用者を隔離し、人間の尊厳を奪い、社会生活をも奪ってきた。入所施設の閉鎖性や利用者を施設病にしてしまう構造的な問題も生じている。障害者がいかに施設で手厚く保護されていても、それが隔離や排除思想のうえに行われていたのでは、障害者の人格を尊重することにはならない。そこで施設のおかれている地理条件を人里離れた山間部等ではなく街中に、施設規模を大規模施設から小規模施設へ、生活単位を大部屋から居室の少人数化・個室化へ、さらには地域に密着したグループホームや生活福祉ホームへの移行など、施設内での生活について、同時代の同じ国の同年齢の健常者の生活に、可能な限り近い条件下におくべく、整備する努力を各国政府は進めてきた。1980年代から90年代にかけては、福祉先進諸国のなかで、施設解体・地域生活支援充実に関する法律や制度が策定されるようになり、現に北欧のノルウェーでは、1995年をもって、すべての知的障害者施設を閉鎖し、グループホームや自立生活あるいは家族との同居を基盤とした地域生活中心のシステムへの転換を果たしている[5]。

　日本において、ノーマライゼーションが提唱されるようになるのは、「完全参加と平等」をテーマに障害者福祉の向上と啓発のために様々な取り組みが行われた1981（昭和56）年の国際障害者年以降である。福祉先進諸国がノーマライゼーション理念に基づいて「収容から地域へ」政策転換に踏み切った1950年代から60年代にかけて、日本では高度経済成長期に入り、産業構造の変化や核家族化の進行に従い、家族の扶養・介護能力は低下し、障害者とりわけ重度身体障害者を社会的に支えることが必要とされていた。障害者は「社会の役に立たない存在」とされ、施設の必要性を訴える親たちの運動に応える形で、重度障害者施設の建設や施設の収容機能を強化する福祉政策が推進された。政

府が「社会福祉整備緊急五ヵ年計画」(1970(昭和45年))を策定したこともあり、コロニーのような大規模障害者施設が自治体により全国各地に次々と建設されていった。収容施設における職員による入所者への殴る・蹴るといった暴行や生活費を横領するなどの人権侵害が表面化するのもその頃である。現在でも人権侵害は後を絶たないが、日本はこの時期、北米や欧米の流れと逆行していたのである。

　さて北米や欧米ではノーマライゼーションが提唱されていたにもかかわらず、日本では大規模障害者施設が全国各地に次々と建設されていた1950～60年代に、日本でも施設での入所生活を嫌い、自立生活を始めた身体障害者たちがいた。それは「障害者は社会の役に立たない存在」という社会のあり方に反対を唱え、障害者解放運動にも大きな影響を与えた「青い芝の会」の障害者たちである。そこで脱施設化の源流として、「青い芝の会」の運動とその思想を取り上げたい。

2.「青い芝の会」の運動とその思想

　「青い芝の会」は、1970年代の川崎での車いすによるバス占拠闘争[6]に代表されるような直接的な行動によって社会的に様々な反響を巻き起こした。しかし同会は研究者を専門家あるいは国家体制側の人間としてとらえ、締め出したため、その対外的な注目度にもかかわらず本格的研究は進んでいなかったが、やっと1990年代以降になっていくつかの著作が発表された[7]。また当時、「青い芝の会」で活動していた障害当事者や介護者が「青い芝」での体験を綴った書物が最近、いくつか出版されている[8]。

　「社会から役に立たない存在」と言われ、病院や施設にしか居場所がなかった障害者にとって、「青い芝の会」の運動は、地域のなかで生活していくことを求めた運動である。また障害者は健常者に対する憧れをもっているが、それも差別につながるとして、「青い芝の会」の運動は、障害者のなかにある「健全者幻想」からの脱却を障害者自身に求めた運動でもあった。それらの運動と思想は、のちに障害者が地域で生活し、障害者自立生活センターが日本で根づ

いていくための大きな布石となった。

　さて、「青い芝の会」の動きについては、会の運動の性格に変化がみられる70年代以前と70年代以降に分けて書き進めていくことにしたい。会の思想については、中心メンバーで会長を務めた横塚晃一の思想を中心にみていく。さらに「青い芝の会」は全国各地で設立されたが、地域によりそれぞれの特徴があった。一例として、「大阪青い芝の会」を取り上げたい。なお、参照する文中に「健全者」「脳性マヒ者」など今日では不適切とされる表現が時々みられるが、運動当時の表現をそのまま使用することにした。

（1）1970年代以前の「青い芝の会」の動き

　「青い芝の会」は正式名を「日本脳性マヒ協会・青い芝」といい、現在でも活動をしている団体である（創設以来の動向については、後項の表2－1にまとめたので、参照されたい）。わが国最初の肢体不自由児学校（1932（昭和7）年設立）である東京の光明養護学校の卒業生である金沢英児、山北厚、高山久子ら3名によって1957（昭和32）年に結成された[9]。当時、光明養護学校の卒業生には、脳性マヒのほか、カリエスやポリオ、筋ジストロフィー等の障害者がいた。脳性マヒの場合、障害が全身にわたり、言語障害を併発する場合が多い中枢神経系統の障害であることから、当時流行し、「小児マヒ」と呼ばれていた末梢神経系統の障害であるポリオとは一線を画して扱われた。脳性マヒの障害者は、障害者からも疎外された存在であった。そのような状況のなか、社会の差別や偏見のため在宅を余儀なくされ、地域から孤立させられていた会員の状況から会結成当初は、バス旅行やハイキングなどのレクリエーション、脳性マヒの未就学児のための塾や学習会、女性会員のための編み物教室など会員の親睦と更生のための活動が重視された。

　1960年代に入ると、会の運動として、これまでの親睦と更生活動に加えて要求運動が加わる。60年代は障害者やその親たちの権利意識が高まり、多くの障害者団体が生まれ、また、福祉制度の拡充を求める要求運動を展開した時代であった。「青い芝の会」では1962（昭和37）年に社会活動部を設けて、障害者だけの団体として、厚生省と初めて交渉を行った。会員の多くは在宅者でその

表 2-1　1950〜70 年代の「青い芝の会」の主な動向

1957.11.03	結成　太田区の矢口保育園に約 40 名が集まり発会式
	発起人：山北厚・金沢英児・高山久子　会長：山北
1957.12	『青い芝』発刊
1959.04	毛糸編物、アケビ細工の講習、授産を開始
1959.08	生活訓練のためのキャンプを行う。以後毎年開催
1959.09	東京はじめ全国に支部結成　支部制を確立する。
1962	本部・支部の関係を整備し、会員数 500（社会活動部も設置される）
	従来からの更正相談や親睦に加え、対政府・対東京都交渉を行う態
	勢を整える。
1962.05.17	初めての厚生省交渉
1963.12.31	「全国青い芝の会」結成
1964〜69	閑居山マハラバ村コロニー
	マハラバは大きな叫びの意　大仏空　茨城県石岡市郊外の閑居山願
	成寺
1969	「青い芝の会」神奈川県連合会発足（山北厚会長、横塚晃一副会長、
	横田弘編集長）
1970.05.29	横浜市で 2 人の障害児の母親　下の子をエプロンで絞殺
	地元を中心に減刑嘆願運動起きる。
	神奈川県での障害児を殺害（5.29）した母親に対する減刑運動に反対
1970.07	母親の障害児殺しに厳正裁判要求
	（1971.10.08 第一審判決懲役 2 年執行猶予 3 年）
1974	春闘に参加　制度要求として障害等級制度の改革、生活できる年金
	の確立、居住の場の保障及び行動の自由の拡大
1976.12	川崎市で、市交通局と東急バスが車椅子のままのバス乗車拒否
1977.04.12	「神奈川青い芝の会」等バス乗車拒否抗議行動
1977.09.28	「障害者の自立についての青い芝の見解」（横塚）→厚生大臣
	経済的自立ではない。地域社会で生活すること。交通・住居等の障
	害の除去

立命館大学生存学研究所のサイト（ＨＰ）「青い芝の会」頁を基に筆者が作成した。
http://www.arsvi.com/o/a01.htm#8

多くは、十分な収入を得ることができない人たちのため、年金の増額・居住場の確保が、初期からの交渉の主要な課題となった。それとともに早期発見・早期治療の推進、収容授産施設・終身収容施設の設立などを要求している。社会復帰を目的とする日本の障害者福祉が就業可能な軽度障害者に偏っていることを批判し、稼働能力のない重度障害者の施策を要求したのである。

　施設設立を課題としてあげた「青い芝の会」であったが、1960年代後半になると、会員同士で結婚し生活保護を受けながら地域で生活するケースが増える一方で、施設に住む会員から施設の実態と問題点が明らかにされ、会の施設に関する見解が変化することになる。1968（昭和43）年に東京都に出した請願書には、「人間らしく生きられる第一歩は、からだの健全な人たちと共に地域社会の中で生きることにあり、障害者のための特殊な居住施設を建設することは、差別と偏見を生み育てるので反対する」とある。ノーマライゼーションの思想が日本に広まったのは、国際障害者年（1981（昭和56）年）以降であることをみれば、60年代後半のこの時期、すでに地域での生活が重視され、ノーマライゼーション同様の考え方が生まれていたことは注目に値する。

　この考え方に基づいて、美濃部亮吉東京都知事に対し、都営住宅への障害者の優先入所を要求する運動を展開し、実現させている。1960年代の「青い芝の会」の運動は、稼動能力のない重度障害者のための施策を求めるためのものであったが、60年代の前半と後半では、その要求内容が施設の設立から地域で暮らすための在宅対策へと変化している。しかしこの時期の国の施策は、障害者施設建設の福祉政策が推進されていたのである。

　「青い芝の会」の運動に大きな影響を与えたものの1つに、施設のあり方を問い直した府中療育センター闘争がある[10]。東京都立府中療育センターは、1968（昭和43）年に東洋一の超近代設備を誇る重度心身障害児者の大規模医療施設として開設された。「青い芝の会」の会員も何名かが施設に入所していたが、この施設の処遇・管理体制に入所者のなかから批判や改善要求の声が上がった。その批判と改善要求の対象となったものは、男女一部屋ずつの大部屋収容、面会・外出・外泊の回数制限、持物、飲食物、髪型の規制など厳格な規則による管理とプライバシーの侵害、男性職員による女性の入浴介助などの処

遇、また言うことを聞かない障害者に対する職員の嫌がらせやいじめなどである。この改善要求運動に端を発した府中療育センター闘争は、1969（昭和44）年から約5年間続く。この間、職員の配置転換に反対するハンガーストライキ、入所者の他施設への強制移転に反対する都庁前でのテントを張っての座り込みが1972（昭和47）年9月18日から1年8か月にわたって行われた。都知事との話し合いを経てこの闘争は終結に向かうが、障害者たちの「人間としての尊厳」の訴えは、支援者やマスコミを通して社会にも注目され、東京都の在宅福祉推進政策にも影響を与えた。

　約5年間に及んだ府中療育センター闘争が「青い芝の会」に与えた主な影響としては、以下の2点が挙げられよう。影響の第1点目は、施設に対する2つの考え方が生まれたということである。その1つめは、「施設改善論」である。どうしても自立ができない重度障害者のためには施設が必要と認めたうえで、この改善策として5名から10名ぐらいの小規模施設を地域のなかにつくる方法、または施設運営に障害者を参加させる方法が考え出された。欧米のノーマライゼーション運動で提唱されたグループホームや当事者参加と同様の考え方が、日本の障害者運動の中からも独自に生まれていることは注目される。その2つめは、「施設否定論」である。障害者施設とは障害者を隔離し、まとめて管理することによって現社会体制を支えるものであるから否定するという考えは、70年代の会の運動に影響を与えていく。

　府中療育センター闘争が「青い芝の会」に与えた影響の第2点目として、福祉労働者をはじめとする労働者一般への不信が生まれたことである。施設の日常生活の中では、障害者と職員の間には歴然とした上下関係があり、障害者にとって職員は、管理者・抑圧者として立ちはだかることが多かった。特に施設に対して自己主張や抗議をする入所者には、言葉の暴力や介護拒否という嫌がらせが行われたのである。この時、生まれた不信感は、「青い芝の会」の運動に影響を及ぼすことになる。

（2）1970年代以降の「青い芝の会」の動き

　1970年代以降の「青い芝の会」の動きとしては、会の運動方針が変化する
きっかけとなった「マハラバ村コロニー」での活動と横浜障害児殺し告発運動
を取り上げたい。

1）「マハラバ村コロニー」での活動

　1970年前後、「青い芝の会」の地方支部の１つであった「神奈川青い芝の会」
で新しい運動が台頭してきた。重度障害者の立場から社会のあり方を問い直す
告発型運動の誕生である。この新しい運動の起源は、1964（昭和39）年に茨城
県石岡市郊外にある閑居山願成寺で試みられた「マハラバ村コロニー」の身障
者共同体運動に求められる[11]。その寺の住職であった大仏空（尊教）が指導
者となり、脳性マヒ者と共に共同体を作り上げたのが始まりであった。「青い
芝の会」の運動が変化するのは、「マハラバ村コロニー」に参加した横塚晃一、
横田弘、小山正義、矢田竜司といった会員が、そこを去り神奈川で活動を開始
してからである。「青い芝の会」の活動をみていくと、大仏の思想からかなり
大きな影響を受けている。それはどのようなものであったのだろうか、大仏の
思想から検討してみたい。

　大仏は仏教だけでなく、あらゆる宗教への造詣が深かったが、特にユダヤ教
やゾロアスター教の、世界を善と悪、光明と暗黒の闘いの場とする二元論的世
界観の影響を受けて、世の中を「差別する者」と「差別される者」の闘いの場
と規定した。大仏の二元論的世界観は、後の「青い芝の会」の社会観に大きな
影響を及ぼすことになる。大仏は天台宗の僧侶であったが、浄土真宗の宗祖親
鸞の教えに共感し、その中に障害者の解放思想を見いだし、『歎異抄』[12]の悪
人正機説[13]を拠り所に、社会から疎外されてきた障害者の復権を主張した。
まず現代社会は労働中心・生産中心の効率優先の社会で、労働できない者は
「価値がない人間」という考え方が支配する世の中であると捉え、そのような
社会においては、働くことができ、善い行いができる健常者は善人、どんなに
努力をしても他人に迷惑をかけなければ生きていけない障害者は悪人ではない
のか。その悪人＝障害者こそまず救われるべきである、と大仏は説いた[14]。

　　「一生懸命働き、社会の役に立ち、金を残し、自分の家を建てよい家庭を築く、
　　このようなことが善人の手本であり幸せの見本とされているけれど、このよう
　　なことができない人達はどうなるのかね。それは『不幸な人』すなわち悪とさ
　　れる。しかし歎異抄の『悪人』という言葉を障害者という言葉に置き換えてご
　　らん[15]」

　『歎異抄』の「悪人正機説」の思想を大仏から教えられた横塚は、次のよう
に、述べている。

　　「（中略）……父から常々働くことは人間としての資格なのだと言い聞かされ、
　　現実の自分と比べ肩身の狭い思いをしながら、それに反駁する論理的拠り所を
　　知らなかった私にとって、この言葉は衝撃であった[16]」

　働けないゆえに肩身の狭い思いをして生きてきた脳性マヒ者たちにとって、
この講話は大きな衝撃を与えたのである。
　さらに大仏は、脳性マヒ者の生き方について2つのことを述べている。1つ
めは、自己の業・罪深さを自覚せよ、ということであった。脳性マヒ者が自己
を凝視した時に見えてくるのは、自らの内面の罪深さ・非力と同時に、社会か
ら差別され、こづき回されてきたみじめな自分の姿である。障害者としての自
己の現実を自覚し、自己と社会に絶望し、そこから自己主張（叫び・告発）の
声を挙げよ、と大仏は脳性マヒ者たちに唱えたのである。もう1つは、障害者
が一般社会に同化しようとする姿勢を厳しく戒めた。障害者には健全者の社会
への憧れが強いが、健全者の社会へ同化しようとすればするほど、むしろ差別
され、弾き出されるのだ。それゆえ、健全者の社会に背を向けて、障害者を差
別・排除するような社会のあり方こそ、問い直し変えていくべきではないか、
とした[17]。
　長い間、障害とは不幸なもの、忌むべきもの、あるいは「悪」として否定的
に捉えられてきた。そして、努力して障害を軽減し、克服し、少しでも健全者
に近づくことが求められた。障害者自身もそれを疑わなかった。しかし、大仏
にとっては、障害が「悪」なのではなく、障害者が障害者のままで生きられな
い社会こそが「悪」なのであった。「あるがままに生きる」すなわち「障害者

としての自己の存在を肯定して生きよ」という大仏の教えは、自らを否定しながら生きてきた脳性マヒ者たちの心を揺さぶり、大きな影響を与えた。

　そのような自覚を持ってはじめて脳性マヒ者は、積極的に自らの人生を生きることに目覚めていくようになる。健全者との同化を願い、自己否定をし、哀れみを受ける存在から、自らの障害を受け入れ、自己肯定していく存在へと自らを転化していった。脳性マヒ者たちは、大仏の教えから阿弥陀仏の下に健全者と障害者を並べて捉えた時に社会における健全者の持つ差別性に気が付かされた。そのことが、後にあるがままの実在の姿をさらけ出し、過激な自己主張や運動スタイルによる障害者解放運動を全国的に展開していくことにつながっていく。

　また日常生活のなかで大仏は、脳性マヒ者の社会経験のなさから生じる甘えやわがままを許さなかった。時には暴力を振るい、過酷な罰を与えたりしながら、それでも、みじめで非力な障害者の現実を受け入れなければならないことを教え込んだ。こうして脳性マヒ者たちを障害者運動の主体に育てあげようとしたのである。このなかから横塚、横田、小山、矢田といった1970年代の「青い芝の会」の運動を担う主要メンバー4名が育つことになる。横田と小山は不就学であり、横塚も2年間しか学校教育を受けていない。その他、幼少時の里子体験、親をなくし施設を転々とした生活、自殺未遂など、彼らの半生は苦難に満ちたものであった。

　共同体は「解放区」と呼ばれ、最盛期には20名を超える脳性マヒ者たちが生活していたが、運営の主導権や労働の配分をめぐって、あるいは恋愛や結婚、健全者として生まれた我が子の子育ての不安など、様々な矛盾が噴出し、トラブルが絶えなかった。結局、マハラバ村の共同体自体は、下山者をつぎつぎと出し、1969（昭和44）年に最終的な崩壊をみる。

　大仏の思想は宗教色彩が濃く、親鸞の悪人正機説がその核となっている。したがってそれは、生きる姿勢や生きる構えを指し示したものであり、社会運動の理論としては未熟なものであったが、後の横塚・横田に影響を及ぼし、結果的に大仏の思想を体現化した運動を創造したのである。頼尊恒信[18]や堀智久[19]の論考でも述べられているように、「青い芝の会」の思想の背後には、

『歎異抄』の了解を見て取ることができる[20]。

　1978（昭和53）年7月、横塚晃一は胃癌で亡くなるが、その妻であった横塚りゑは、夫の死後、次のように述べている。

　　　「夫は『歎異抄』を心の拠りどころとし、また一期一会という言葉が好きであった。一生にただ1度、出会えた因縁の不思議さを思い、介護者との出会いを大切にしていた。この人と定めた人についていって、たとえだまされて地獄におちても、一向に後悔しない。他のことをして仏になれるならとにかく、地獄におちると定まっている身であるから、自分がこの人と定めた人には、どこまでもついていこうとしていたのである[21]」

　このことは、歎異抄や大仏の思想がいかに横塚の生き方や考え方に影響を与えたかを示している。横塚晃一の思想については、3節で詳しく述べたい。

2）横浜障害児殺し告発運動

　「青い芝の会」の運動方針が明確に変化したのは、1970（昭和45）年5月、横浜で起きた母親による障害児殺害事件である。この事件は2人の脳性マヒ児をかかえ施設への入所も断られた母親が2歳の長女をエプロンの紐で絞め殺したものであった。

　筆者は、脳性マヒによる両下肢機能障害を持っているが、主治医より脳性マヒの診断を受けた当時の様子を筆者の母親は、次のように語っている。

　　　「T医師から『お父さんもお母さんも気を落とさないように』と念を押されて、『軽い脳性マヒですよ。この病気は医学ではどうしようもないのです。お父さんやお母さんの努力で良くもなれば悪くもなるんですよ』と言われ、（中略）目の前が真っ暗になりました。もしあの時、私1人だったら、あのまま家に帰らずに、どこか死に場所を求めたのではないかと思います[22]」

　母親は我が子が障害を持っていると診断された時、誰もが1度は「死」を考えるという。

　1960年以降、障害者殺し・親子心中など障害者家族の悲劇的な事件がしばし

ばマスコミに取り上げられ、社会問題になっていた。たびたび発生するこの種の事件に対し、加害者である親に世論の同情が集まり、福祉政策の貧弱さと施設の増設が叫ばれるのは、当時も今も変わりがない。横浜の事件では、地元町内会や親の会による減刑嘆願運動が起こった。これに対し、「神奈川青い芝の会」は、これらの同情の声を否定し、殺される立場から障害者の生きる権利を主張して、減刑反対の運動を展開した。「青い芝の会」は意見書のなかで「生産第一主義の現代社会」で役に立たない脳性マヒ者は「あってはならない存在」とされ、「人権を無視され、ひいては人命までもおろそかにされている」と、事件の背景にある社会の価値観を批判し、「たとえ寝たきりの重症児でもその生命は尊ばれなければならない」と主張し、厳正な裁判を求めたのである。この運動は新聞報道やテレビに取り上げられるなどして大きな反響を呼ぶ。そのなかには共感の声とともに彼らに対する批判も少なからず含まれていた。減刑反対運動を行うなかで「青い芝の会」の会員たちは、一般の人々の差別意識の厚い壁に直面する。「母親もまた被害者だ」という声はあっても、殺された障害児に対して、同情する声は1つも聞かれなかった。

　もう1つの壁は「福祉施設の不備こそが問題だ」という声に代表される「障害者は施設に入るべきだ」とする「常識」である。「青い芝の会」の障害者たちにとって、施設は告発の対象であり、隔離・管理というかたちで自分たちの存在を隠蔽し、抹殺するものであり、それを必要とするのは親や資本や国家の側であり、決して自分たちでない。また「青い芝の会」では、親や家族に対しても告発の姿勢が生まれた。「1番子どもを差別しているのは親である」というある1人の会員の発言に多くの会員が共感した背景には、家の「恥」として家庭の中で孤立し、自らの存在価値や可能性を否定されながら成長した彼らの被差別体験の多くが、親や家族によるものであったことが共通体験としてあることは、想像に難くない。「親や健全者は敵だ」という言葉が生まれ、告発の対象となっていったのである。重度障害者の生きる権利の尊重と障害者を淘汰の対象とみる優生思想の反対が会のテーマになる。障害者の存在を否定しようとする思想と社会に対して、「青い芝の会」の障害者たちは問題にしたのであった。

　こうした行動のなかから生まれてきたのが横田弘によってまとめられた5項目の行動綱領である[23]。

　一、われらは自らがCP者[24]であることを自覚する

　一、われらは強烈な自己主張を行う

　一、われらは愛と正義を否定する

　一、われらは問題解決の路を選ばない

　一、われらは健全者文明を否定する

　この行動綱領は、脳性マヒ者としての自らの位置を自覚し、その場所から主張し、健全者の作り出した社会の規範を疑い、根源的な問いかけを続けるというものである。この綱領は会のなかで広まり共有されていった。

3.「青い芝の会」の思想　横塚晃一の思想を中心にして

　1970年代の「青い芝の会」の思想は、外に向かっての社会変革の思想と、内に向かっての自己変革の思想から成り立っていた。とりわけ、「青い芝の会」では内なる差別を問題にし、障害者自身の自己規定の変容を促す運動という側面をもっていた。自己変革の思想は、次のようなものである。小さい頃から、差別や抑圧によって自己の存在価値を否定し、自己主張を抑えられてきた脳性マヒ者たちは、自分の意見も主張も持てない自己喪失の状態にある。そして絶えず努力して少しでも障害を軽減し、健全者に近づきたいという意識に囚われてしまう。これを横塚晃一は、「健全者幻想」と呼び、脳性マヒ者はまずこの幻想を捨て、社会に対して強烈な自己主張をしていくべきであり、自己主張と自己発見を繰り返しながら、自己確立・主体性の確立を実現すべきだ、とした。主体性の確立とは、常に他者に依存してきた脳性マヒ者が自分で考え、決定し、行動することを指している。横塚は次のように言う。

　　「脳性マヒ者としての真の自覚とは、鏡の前に立ち止まって（それがどんなに辛くても）自分の姿をはっきりとみつめることであり、次の瞬間再び自分の立

場に帰って、社会の偏見・差別と闘うことではないでしょうか[25]」

　健全者が模範となる現在の文化のもとでは、身体の美醜も、健全者の身体が判断の尺度となっている。それゆえ健全者の身体からの偏差が大きければ大きいほど、その身体は、「醜いもの」「異形のもの」として忌避され、排斥されることとなる。もし脳性マヒ者が鏡を覗く行為が辛いものであるとしたら、それは鏡のなかの「凝視しがたい存在」が己であることを認めざるをえないからに他ならない。自己の存在を否定する「健全者文明」を自分自身の内部に発見し、それがなにものであるか、立ち止まって感じることが重要とした。つまり「醜いもの」「異形のもの」をありのままに受け入れることによって、自己の存在を認識し、その従来の見方を変えることが重要であると、横塚は訴えているのである。

　このような身体化された「健全者文明」のことを横塚は、「内なる健全者幻想」と呼ぶ。「健全者幻想」は内側から障害者に呼びかけ、彼・彼女を「健全者文明」へといざない、従属させる。「健全者文明」は、何も健全者だけによって支えられているわけではない。「内なる健全者幻想」を介して、障害者もまたそこに加担していることには変わりはない。しかも、家族をはじめとして、社会のいたるところに仕掛けられた装置を通じて、この「内なる健全者幻想」は絶えることなく再生産されていく。「健全者文明」の支配圏にいる限り、そこから脳性マヒ者が100％自由になることはできないのである。

　横塚晃一にとって、最も重要なことは健全者社会よりも自分のなかにある「内なる健全者幻想」との闘いであった。なぜならば、自分のなかにある健全者への憧れを払拭し、自らの「障害」のなかにアイデンティティを見出さなければ、自己の解放はありえなかったからである。このような状況のなかで横塚が目指したものは、「健全者文明」から自立したもうひとつの脳性マヒ者の視点を生かした強力な文化の創造であった。横塚は次のように述べている。

　　「私達脳性マヒ者には、他の人にない独特なものがあることに気づかなければなりません。そして、その独特な考え方なり物の見方なりを集積してそこに私

達の世界をつくり世に問うことができたならば、それこそ本当の自己主張ではないでしょうか[26]」

　これまで脳性マヒ者の「独特な考え方」や「物の見方」は、「健全者文明」のもとでは、異端視され、冷ややかな扱いを受けてきた。そのために障害者は、自分は駄目だと自分自身を責め、健全者に憧れもし、健全者に少しでも近づこうと努力してきたのである。横塚晃一が求めたものは、これまで否定されてきた障害者の身体とその意識・行為を受け入れ、肯定してくれるもう1つの規範・秩序だったのである。

　また横塚は賃金労働を否定し、脳性マヒ者の社会参加について、次のように言う。

　　「……本来労働とは、それぞれが自分にできる方法で社会に貢献・参加することであり、重度障害者の立場からの問題提起・社会告発をしていくことなのです。……寝たっきりの重症者がオムツを変えて貰う時、腰をうかせようと一生懸命やることがその人にとって即ち重労働とみられるべきなのです[27]」

　既成の労働観の否定と「青い芝の会」の独特な労働観の提起は、どんなに努力しても職業自立が果たせない多くの脳性マヒ者にとっては、重要な意味を持っていた。彼らの多くは、「働かざる者食うべからず」という社会的通念を家族から言われ続けながら育つ。そのため、働けない者は自己の存在を否定して生き、少しでも働ける者は、無理に身体を酷使し、職場の差別に耐えながら、生活できないような低賃金に甘んじてきた。そればかりではなく、働ける障害者と働けない障害者との間に差別を生み出した。そのような中で「青い芝の会」の独特な労働観は、否定的な規範の呪縛から脳性マヒ者を解放し、ありのままの自己を肯定して生きることを障害者たちに訴えたのである。

　横塚の言う文化の創造は、第3章で検討する「障害者自立生活センター」において実現したといえるだろう。現在の障害者自立生活センターのリーダーたちに、かつて「青い芝の会」に関わっていた者が多いことにもそれが示されていよう[28]。

4.「大阪青い芝の会」の行動と特徴

　「青い芝の会」は、川崎での車いすによるバス占拠闘争に代表されるような直接的な行動によって社会的に様々な反響を巻き起こしたが、前述したように、当初は東京で地域や家のなかで孤独になりがちな脳性マヒ者が集まって、仲間を作ったり、バス旅行、キャンプや遠足などを行って仲間との親睦・交流を深めたりすることを目的に設立されたものである。1970年代には同主旨を持って、大阪、広島、長野などの全国各地に会が設立された。それらの青い芝の会は、各地域の諸事情や障害者の置かれた立場によって、それぞれ異なる特徴を持っていた。本節では、1つの事例として、「大阪青い芝の会」（日本脳性マヒ者協会大阪青い芝の会）を取り上げたい。

　しかしながら、「大阪青い芝の会」の資料は、森修氏など個人が書いたものはあるが、会のものとしては、ほとんど存在しない[29]。記録としての書物は、結成15周年の記念誌以外には、出されておらず、また「大阪青い芝の会」として会報などは、発行されていないためである（ちなみに東京や神奈川は会報が存在している）。会報がない理由としては、障害者たちは、普段、各自でそれぞれの団体に所属して活動を行っていたため、会報は各障害者団体で発行していた。そして何かあると全員が結束して、「仲間のために」と、「大阪青い芝の会」として対応していた。つまり、「大阪青い芝の会」は1つの団体ではなく、各障害者団体が集まった集合体ということができる。このことは、他の地域の「青い芝の会」には、見ることができない大きな特徴である。そういったことを理解したうえで、「大阪青い芝の会」の会員で「CILたかつき」前代表の斎藤雅夫氏へのインタビューや「青い芝の会」関係者によるシンポジウムの内容も踏まえながら、「大阪青い芝の会」について述べていきたい。「大阪青い芝の会」の主な動向については、後項の表2−2を参照にされたい。

　「大阪青い芝の会」は、高橋栄一・鎌谷正代・玉田里美・山口宣子・井上憲一・川田欣二らによって、1973（昭和48）年4月に結成され、関西の地で初めての障害者自身による、本格的な障害者解放運動がスタートした[30]。

　しかし結成当初の「大阪青い芝の会」には、会員が11名しかおらず、「会」

が直面する課題は、在宅で暮らす脳性マヒの障害者を掘り起こすことであった。初代会長に就いた高橋栄一会長は、会のメンバー全員に在宅訪問を指示し、「青い芝の会」の健全者友人組織であるグループ・ゴリラとともに活動を始める[31]。在宅訪問活動を始めたときは、脳性マヒの障害者本人からも家族である親や兄弟からもいい顔をされず、「青い芝は変な団体や」と門前払いや拒否されることが多かった。そのようなことにめげず、何回も在宅訪問が粘り強く行われ、入会のメンバーを増やしていった。また「青い芝の会」は脳性マヒが主体だったが、頭がしっかりしていて、文章が書ければ、ポリオなども障害にかかわらず、入会できた。

　19歳の時に「大阪青い芝の会」に入会し、これまで積極的に活動してきた前述の斎藤氏は、当時のことをこう振り返る。

　　「『青い芝の会』の人たちが家に訪ねてきて、差別とか、『映画や喫茶店に行けないのは、差別があるからだ』と話していたが、はじめは生活を乱されたくなかったので断っていた[32]」

　そのような斎藤氏が「青い芝の会」に入会したきっかけは、ある日、好きなバレーボールの試合に行きたかったが、家族が都合で行けなかったので、「青い芝の会」の事務所に電話して連れて行ってもらったのが、家族以外の者が斎藤氏の介護に関わったきっかけだという。そして次のように述べている。

　　「その介護以降、『さよならCP』[33]の映画上映などの学習会に参加するようになり、障害者差別運動に取り組むようになった。その時に生まれてはじめて多くの障害者を見てカルチャーショックを受けた。とても活発な人が多かった。私の人生のターニングポイントになった」

　これまで多くの脳性マヒ者は、施設や家族などの限られた人間関係のなかでしか、生きて来られなかったこともあって、学習会やレクリエーションを通しての「青い芝の会」の活動は、自らの視野の狭さや甘さを痛感させると同時に、「同じ想いを持つ仲間がいる、その仲間と共に闘うことができる」という、人生の展望を多くの脳性マヒ者に与えることになった。また「あってはならない

存在」とされた障害者に対する健全者中心の社会のありようにも怒りを燃やすことになる。その結果、「大阪青い芝の会」では、助成金・対大阪市座りこみ交渉、和歌山センター闘争（入所者の鉄道自殺に対する糾弾）、中東闘争（車いすの教師をつくる運動）、地下鉄に乗る運動、養護学校義務化阻止運動、介護人材派遣事業やケア付き住宅の交渉など様々な運動が行われた。そしてそれらの成果は、斎藤氏や在日の障害者である金万里氏の自立生活や、大阪府及び大阪市の福祉のまちづくり条例などに生かされていく。

　また斎藤氏は、「青い芝の会」における関東と大阪の運動の違いを次のように述べる。

　　　「関東と大阪の違いは、関東は縦のつながり、大阪は横のつながり。関東は個々の運動でつながり、大阪は仲間のためにつながっていた。全国の『青い芝』は横塚さんが会長だったが、運動主体の中心となったのは、力が強かった関西の『青い芝』だった」

　さて「青い芝の会」の考え方や思想は、脳性マヒ者だけでなく、親や兄弟にも大きな影響を及ぼしている。脳性マヒの弟、和夫氏（当時46歳）を持つ西川淳子氏（当時47歳）は、大学に入学して、「青い芝の会」と出会い、健全者組織グループ・ゴリラに入って活動した経歴を持つ。当時を振り返り、「青い芝の会」関連のシンポジウムのパネラーとして、次のように述べている。

　　　「……当時、車いすの弟が地下鉄に乗れるとは思ってもみなかったし、喫茶店に入れるという発想もなかった。いつも通る喫茶店のウインドウに飾ってあるパフェを見て、家で作ってやるのが関の山だった。けれど、『青い芝』の人達は違った。出来ないという発想をくつがえして、当たり前にみんながやっていることをどんどんやっていった。弟は『青い芝』と出会ってからは『あきらめなさいはもう嫌だ』と、いろんな事を実現させている。私は『青い芝の会』と出会わなかったら、結局弟に我慢させるだけの壁になっていたのかもしれない。世間の常識のなかであきらめさせていた」

　また「『青い芝の会』の言葉に『親は敵だ』いうのがあるが、どう思っているか？」という質問に対しては、次のように述べている。

表2-2　「大阪青い芝の会」の主な動向

1972.07	さよならCP上映運動の委員会及び事務局が結成され、上映運動が展開される
1972.12	自立障害者集団姫路グループ・リボン結成
1973.01	自立障害者集団友人組織グループ・ゴリラ結成 在宅重度障害者訪問活動（こんにちは訪問）を精力的に展開
03	「大阪青い芝の会」準備会発足
04	「大阪青い芝の会」結成大会（新大阪にて）会長　高橋栄一
05	自立障害者集団グループ・リボン連合会結成（姫路、神戸、大阪）
11	障害者問題資料センターリボン社結成　優生保護法改悪阻止関西集会開催
1974.06	大阪グループ・リボン　大阪府民生部に介護料要求書提出
11	「関西青い芝の会」連合会結成
1975.03	重度障害者　金万里の自立生活に取り組む
1976.01	26～27日　和歌山県立身体障害者福祉センター糾弾闘争
1977.02	養護学校義務化阻止全関西共闘会議結成
1978.05	「関西青い芝の会」連合会解散
1979.02	おおさか行動する障害者応援センター結成
09	そよ風のように街に出よう　発刊
1980	生活要求一斉調査活動
1984.04	ノーマライゼーション研究会結成
12	中部障害者解放センターオープン
1985	南部障害者解放センターオープン
11	「全国青い芝の会」第6回大会で執行部に対して現実的な方針への転換を求めたが、受け入れられず、「全国青い芝の会」を脱会宣言
1986.02	長年の「青い芝の会」の要求を受けて、大阪市が全身性障害者介護人派遣事業をスタートさせる　月12時間が認められる
08	大阪市の施設費用徴収強行実施に対し、「大阪青い芝の会」は100人規模の抗議
1988.05	対大阪市交渉　介護人派遣事業、ケア付き住宅

『私はこうして生きてきた　森修生活史』資料「青い芝の会」の歩みを基にして筆者が作成した。

　　「私は『青い芝の会』の人から『敵でなくなるために施設を出て、地域で暮ら
　　していくために一緒にやりましょう』と言われた。そうでなかったら弟は、施
　　設にいたと思う」

　「青い芝の会」における最大の功績は、前節でも述べたが、脳性マヒ者が
持っている「健全者幻想」を捨て、社会に対して強烈な自己主張をしていくべ
きであり、自己主張と自己発見を繰り返しながら、自己確立・主体性の確立を
実現すべきだ、と横塚が脳性マヒ者たちに説いたことである。斎藤氏もこの点
については以下のように述べている。

　　「『健常者幻想』は多かれ少なかれ持っている。『ありのままに受けとめる』は
　　頭では理解できてもなかなか感情が許さない。『青い芝』の思想に出会わなかっ
　　たら、また障害に対する自分の受けとめ方も違っていたはず」

　「大阪青い芝の会」の行動と特徴を「大阪青い芝の会」の会員で「CILたか
つき」前代表の斎藤雅子氏へのインタビューや「青い芝の会」関係者によるシ
ンポジウムの内容を踏まえながら、述べてきたが、ここで明らかになったこと
は、1つめには、同じ「青い芝の会」であっても、障害者のおかれた状況や地
域性によって、会の運動や組織のあり方が異なっているということである。2
つめには、「青い芝の会」は、「親は敵だ」と親・兄弟を敵視していたが、「青い
芝の会」の思想は、脳性マヒ者だけでなく、親・兄弟たちにも良い意味でも悪
い意味でも大きな影響を与えているということである。最終節において、「青
い芝の会」の評価と残された課題についてふれたい。

5.「青い芝の会」の評価と残された課題

　ここまで取り上げてきた「青い芝の会」の運動について評価すべきは次の4
点である。第1には、能力によって人間の価値が決められる社会の価値観を否
定し、どんな重度の障害者にも同等の権利があり、能力によって差別されては
ならないことを主張したこと。第2には、障害を否定的にとらえる従来の障害

者観を批判し、障害者がありのままに生きられない社会こそが問題であるとしたこと。第3には、施設は障害者を隔離・差別するものとして批判し、どんなに重度の障害者であっても地域で普通の人と同等に生きることを主張したこと。第4には、自己主張を通して自己喪失の状態を克服し、障害者の主体性を確立させる必要を唱えたこと。これらは様々な思想や社会運動の影響を受けながら、脳性マヒ者たちの体験や運動のなかで独自に生み出されたものであったが、欧米のノーマライゼーションやアメリカの自立生活運動の動向とも一致していた。

　では残された課題は、どのようなものがあるのだろうか。第1には、障害者差別を生み出す社会システムを問題とせず、意識の問題のみを重視したこと。第2には、社会を健全者対障害者の対立としてとらえ、健常者を敵視したが、そのために社会変革のための健全者との連帯・共闘を困難にしたこと。「健全者は敵だ」という言葉は、脳性マヒ者たちの怒りを呼び起こし、運動のエネルギーにもなったが、同時に限界でもあった。第3には、重度の障害者であっても地域で暮らすことを主張したが、経済的には生活保護受給者でなければ自立生活が送れないのが実態であった。経済問題をどう解決するかの視点が抜けていること。これは障害者自立生活運動でも残る問題である。

　障害者解放運動に大きな影響を及ぼした「青い芝の会」の運動から脱施設化の動きをみてきたが、北米や欧米ではノーマライゼーションが提唱され、「収容から地域へ」の政策転換が図られていた時期、日本では社会問題化していた重度障害者問題を解決するため、大規模障害者施設が全国各地に次々と建設されていた。そのような状況のなかで「青い芝の会」の障害者たちが地域で生活することを望み、行政に対して要求運動を行い「自立生活」を営んでいたことは、特筆すべきことである。

　脳性マヒは完治することはない。一生、障害を背負って生きていかなければならない。健全者にあこがれてもなれるわけではない。大仏空は脳性マヒ者たちに「ありのままに生きる」ことを諭した。「青い芝の会」といえば、過激で直接的な行動がよく言われるが、ありのままに生きるために、健全者に囚われない「独自の障害者文化・価値観の形成」の構築を横塚晃一中心とする「青い

芝の会」の脳性マヒ者たちは、自らの身体をさらすことで社会に訴え、同じ境遇に悩む脳性マヒ者たちに呼び掛けた。

　障害者自立生活センターは、「独自の障害者文化」を体現する１つの形態であろう。横塚晃一の願いは、ようやく約30年の時を経て実現することとなったといえる。障害者自立生活センターのアイデアはアメリカから入ってきたものであるが、「青い芝の会」の運動や取り組みの土壌がなければ、障害者自立生活センターが日本で現在のように広がることがなかったのではないだろうか。

【注】

1 ）「10万人のためのグループホームを！」実行委員会編『もう施設には帰らない　知的障害者の21人の声』（中央法規出版、2002年）、同『もう施設には帰らない２』（中央法規出版、2003年）。

2 ）障害者プランは1995（平成７）年12月に政府の障害者対策推進本部が発表した1996～2002年度の「ノーマライゼーション７カ年戦略」である。関係省庁を横断した施策で、初めて数値目標を盛り込んだ。同プランを引き継ぎ、最終年度の2002年12月、新障害者基本計画（2003～2012年度）と前半５年間（2003～2007年度）の数値目標を定めた新障害者プランが発表された。(1) 社会のバリアフリー化、(2) 利用者本位の支援、(3) 障害の特性を踏まえた施策の展開、(4) 総合的かつ効果的な施策の推進を掲げている。新規の重点施策は (1) 入所施設は限定し、小規模・個室化を進める、(2) 障害者が政策の決定過程に関わる、(3) 精神障害者を法定雇用率制度の対象とすることを検討、(4) IT（情報技術）を活用した雇用の促進、(5) 学習障害（LD）や注意欠陥・多動性障害（ADHD）などへの教育支援、(6) うつ病対策などの自殺予防など。

3 ）1919～1990年。デンマーク生まれ。1944年にコペンハーゲン大学を卒業後、新聞記者になる。ナチスドイツがデンマークを占領したとき抵抗運動により捕らえられ、収容所生活を強いられた。第二次世界大戦後社会省に入り、知的障害の担当官になったとき親の会との関わりがあった。ノーマライゼーションの父と呼ばれる。福祉士養成講座編集委員会編『障害者福祉論』（中央法規出版、2003年、P68）

4 ）B.ニィリエはノーマライゼーションを「知的障害者の日常生活の様式や条件を社会の主流にある人々の標準や様式に可能な限り近づけること」と定義し、知的障害者がノーマルな生活をしていくために、具体的な８つの原理を提示した。W．ヴォルフェンスベルガーはノーマライゼーションの原理を北米に紹介し、アメリカのネブラスカ州などで実際に障害者福祉の政策に導入し実践した。福祉士養成講座編集委員会編『障害者福祉論』（中央法規出版、2003年、P5-7）

5）知的障害者入所施設だけではなく、デンマークでは1987年、日本の特別養護老人ホームにあたるプライエムも新設が中止され、ケア付き共同住居がつくられるようになった。1998年には、「施設」という概念が高齢福祉分野でも制度上、姿を消している。

6）路線バスでの車いすの乗車拒否が相次いで起こったことで、全国の「青い芝の会」の会員たち（障害当事者38名、介助者約100名）が1977（昭和52）年4月12日、国鉄川崎駅に集まり、約10時間にわたって「バス闘争」を展開した。停まっていたバスに障害者だけが乗車したことで「介助ができない」と判断され、バスはすべて回送になり、35本のバスが運休となった。通勤通学等の乗客に影響を与え、終日、混乱した。最後は警察が排除して終結した。その結果、バスなどの公共交通の障害者利用の問題に関して、国会で取り上げられるなど、一石を投じることになった。「バス闘争」の論文としては、廣野俊輔「川崎バス闘争の再検討―障害者が直面した困難とは？―」（『社会福祉学』、2015年、Vol.55-4）がある。

7）先行研究としては、1970年代初頭に始まる自立生活運動の形成過程におけるこの会の役割を明らかにした立岩真也「はやく・ゆっくり―自立生活運動の形成と展開」（安積・岡原・尾中・立岩、『生の技法―家と施設を出て暮らす障害者の社会学』、1990年、藤原書店所収）がある。また戦後社会の転換期にあたる70年代を通して会独自の思想がどのように形成され、どのように変化していったかを明らかにした荒川章二・鈴木雅子「1970年代告発型障害者運動の展開」（『静岡大学　教育学部研究報告　人文・社会科学篇』、1996年、第47号）、障害者文化の創造という新しい視点からこの会の果たした役割を述べた倉本智明「未完の障害者文化―横塚晃一の思想と身体―」（『社会問題研究』、1997年、第47号第1号）、高度経済成長期の障害者運動を取り上げた鈴木雅子「高度経済成長期における脳性マヒ者運動の展開」（『歴史学研究』、2003年）、大阪青い芝の会の活動を述べたものに定藤邦子『関西障害者運動の現代史―大阪青い芝の会を中心に』（生活書房、2011年）、障害者介護の立場から青い芝の会の運動を述べた山下幸子「健常者として障害者介護に関わるということ」（『淑徳大学社会学部研究紀要』、2004年、38号）、また青い芝の会の活動の精神的なバックボーンとなった浄土真宗との関わりについて述べた頼尊恒信『真宗学と障害学』（生活書院、2014年）、青い芝の会の行動と行動綱領について述べた荒井裕樹『差別されている自覚はあるか―横田弘と青い芝の会「行動綱領」―』（2017年、現代書館）、荒井裕樹『障害者差別を問いなおす』（2020年、ちくま新書）がある。

8）「青い芝の会」の活動に触れたものとしては、障害当事者の立場からは、安積遊歩『癒しのセクシートリップ－私は車イスの私が好き！』（太郎次郎社、1993年）、金満里『生きることのはじまり』（筑摩書房、1996年）、森修『ズバリ、しょうがいしゃ』（解放出版社、2000年）、本多節子『脳性マヒ、ただいま一人暮らし30年』（明石書店、2005年）、横田弘『否定されるいのちからの問い―脳性マヒ者として生きて―』（現代書館、2004年）、小山正義『マイトレア・カルナ―ある脳性マヒ者の軌跡―』（千書房、2005年）、横田

弘・立岩真也・白井正樹『われらは愛と正義を否定する―脳性マヒ者横田弘と「青い芝」―』（現代書館、2016年）などがある。また介護者の立場からは、河野秀忠『障害者市民ものがたり―もうひとつの現代史―』（日本放送出版協会、2007年）、角岡伸彦『カニは横に歩く―自立障害者たちの半世紀』（講談社、2010年）がある。

9）障害当事者団体の出発点としては、茨城県で結成した「県南障害者の会」を指すことが一般的である。1961年頃に「青い芝の会」茨城支部になり、障害者運動に取り組み、1960年代の障害当事者の主要団体に成長していくという歴史の原点となっていく。この会の協力者の一人が大仏空だった。また、光明養護学校での学校生活については、1930年代の障害児たちの生活を自らの体験を交えて描いた花田春兆『雲へのぼる坂道―車イスからみた昭和史』（中央法規出版、2000年）に詳しい。

10）府中療育センター闘争については、新田勲『足文字は叫ぶ！―全身性重度障害者のいのちの保障を―』（現代書館、2009年）、新田勲『愛雪（上）―ある全身性重度障害者のいのちの物語―』（第三書館、2012年）に著者自身の実体験として、詳しく書かれている。

11）マハラバ村での生活や大仏空については、岡村青『脳性マヒ者と生きる―大仏空の生涯』（三一書房、1988年）を参照。

12）鎌倉時代後期に書かれた日本の仏教書で、作者は、親鸞に師事した唯円とされる。

13）悪人正機説とは、「善人なをもて往生をとぐ、いわんや悪人をや」という言葉を一言で表現したものである。ここで言う悪人とは、ほとんどすべての人間を指す。魚や牛肉を食っているし、嘘もつけば、他人を妬み、そねみ、恨む。それが人間の本性である。善人とは、この正反対の人でそういった人は自分の力で浄土に往けるのだろう。しかし悪人には、すべての人間を極楽往生させてやろうと努力して悟りを開いた阿弥陀如来様がついてくださっているのだから、悪人は言うに及ばず成仏するのだ、ということが、この教えの真意である。

14）「青い芝の会」と浄土真宗の教義理論分析については、頼尊恒信『真宗学と障害学』（生活書院、2014年）を参照のこと。

15）横塚晃一『母よ！殺すな』（生活書院、2007年）、P112
『増補版　母よ！殺すな』（すずさわ書店、1981年）を底本として、2007年に生活書院より復刻版が出版されている。

16）前掲書15、P112

17）前掲書11、P141‐151

18）前掲書14、P107‐128

19）堀智久『障害学のアイデンティティ―日本における障害者運動の歴史から―』（生活書院、2014年）、P56‐57

20）「青い芝の会」の関連資料には、『歎異抄』からの引用はあるが、親鸞の主要著書である『教行信証』からの引用は、筆者の知る限りみられない。したがって、「青い芝の会」が『教行信証』の解に努めたという確証が得られていない。

21）前掲書15、P268

22）竹本智枝子「たくましく生きよ」全国特殊教育推進連盟監修『この子にひかれて―障害児とともに歩む親の群像―』（東京法令出版、1981年）、P109

　　福井県立福井養護学校の小学部時代の担任によって書かれた筆者の出生から小学部6年生までの記録である。

23）横田弘『障害者殺しの思想』（JCA出版、1979年）、P114

　　増補新装版『障害者殺しの思想』（現代書館、2015年）がJCA出版本を底本として、復刻出版された。

24）CP者とはcerebral paralysis：脳性マヒの略である。

25）前掲書15 、P87

26）前掲書15、P66

27）前掲書15、P56‐57

28）現在、日本の障害者運動をリードする人のなかにも、「青い芝の会」の活動を経てきた者が少なくない。安積遊歩『癒しのセクシートリップ―私は車イスの私が好き！』（太郎次郎社、1993年）や金満里『生きることのはじまり』（筑摩書房、1996年）、森修『ズバリ、しょうがいしゃ』（解放出版社、2000年）、本多節子『脳性マヒ、ただいま一人暮らし30年』（明石書店、2005年）などには「青い芝の会」での経験が語られている。

29）「大阪青い芝の会」の会長であった森氏の論文や著書には、『森修生活史 私はこうして生きてきた』（陽光出版、1990年）、『ズバリ、しょうがいしゃ』（解放出版社、2000年）、「私の生い立ち―「障害」者の解放を求めて―」（『大阪教育大学教育実践研究』、1999年、第8号）がある。2016（平成28）年逝去。

30）「大阪青い芝の会」の活動を述べたものに定藤邦子『関西障害者運動の現代史―大阪青い芝の会を中心に』（生活書房、2011年）がある。

31）「青い芝の会」の運動に賛同し、共に闘う健全者の集まり。

32）2004（平成16）年6月16日に「CILたかつき」で行った斎藤雅子氏へのインタビュー。

33）原一男監督・撮影による「青い芝の会」のドキュメンタリー映画。横塚、横田らの会の主要メンバーが出演した。

第3章 障害者自立生活センターの位置づけと課題

1. 自立について

　日本の障害者運動は①当事者主導（コンシューマーコントロール）、②草の根運動（グラスルーツ）、③仲間の権利擁護（アドボカシー）などが絡み合いながら、各団体がそれぞれのやり方で障害者運動の歴史をつくってきた。そのなかでアメリカから入ってきた障害者自立生活思想及び自立生活運動は、日本の障害者運動に新しい展開を提示したといえよう。現在、当事者主義という考え方が提唱されているが、当事者主義とは、その人自身の人格の尊厳が守られ、「自分のことは自分で決める」という自己決定権が保障されることを指している[1]。「当事者主権」という言葉もあるが、同じ意味をもっている。

　また中西正司は、障害当事者について、「障害者は障害を持っているだけで、障害当事者となるわけではない。障害者としてもたらされているニーズは、本来社会が当然のこととして障害者に配慮して用意しておくべきものが用意されていないために、障害者がニーズをもたらされている社会的問題であると気付いて、その社会を変革していこうと決意したときに初めて当事者となる。（中略）障害があるからといって、すべての障害者が当事者なわけではない」と述べている[2]。日本でこのようなことがいわれるようになったのも、障害者自立生活思想及び自立生活運動の影響が大きい。「自立生活思想」は、従来の「身辺自立」や「職業経済的自立」にとらわれない「障害者らしい生き方」をもたらした。その1つの例として障害者自立生活センターをあげることができる。

　「自立」という言葉を辞書で調べてみると、「他の助けや支配なしに自分一人

の力で物事を行うこと」とある[3]。横須賀俊司などの一部の障害者や研究者のなかには、「自律」を使用する場合もある。「自律」は「他からの支配・制約などを受けずに、自分自身で立てた規範に従って行動すること」を意味している。「自立生活」の中心的な内容は自己決定であり、他者の力を借りても構わないとする。したがって、意味合いとしては「自律」の方がニュアンス的に近いという考え方である[4]。筆者も考え方としては、横須賀らの考えに近いが、この論文では、一般的に使われている「自立」を用いたい。

　さて、障害者自立生活センターは2つの側面を持つ。1つはサービス等を利用し、自分自身の自立生活を営むために障害者が障害者自立生活センターに関わっていく側面、もう1つはこれまで就労が不可能とされてきた重度身体障害者を障害者自立生活センターの職員として雇用し、サービス提供者として関わらせることで就労を作り出しているという側面である。これまで障害者は、一般に「何にもできない不能者」というレッテルをはられてきたが、障害者自立生活センターで給料をもらって働くことで「働ける障害者」であることを他者にアピールすることを可能にした。障害者自立生活センターは、障害者福祉において、これまでの福祉機関にみられなかったユニークな存在である。しかしそれにもかかわらず、障害者自立生活センターを対象とした研究は、それほど多いとはいえないのが現状である。そこで本章では、先行研究[5]に拠りながら、障害者自立生活センターの位置づけと課題について検討していきたい。

　まず、障害者の基本的人権を重視する理念の1つとして注目されているものに、重度身体障害者たちが中心になって展開した運動が提唱した自立生活（Independent Living）思想がある。1970年代のアメリカ・カリフォルニア州の一地域から生成・発展したこの思想は、地域で活動を始めてからわずかの間に全米各地に広まり、ヨーロッパ諸国やわが国の障害者福祉の基本的理念や政策に大きな影響を与えた。ちなみにわが国においても、障害者に対する人権侵害や差別を鋭く告発し、独自の自立生活運動を展開した「青い芝の会」の運動がある[6]。

　さて自立生活の理念が注目されているのは、この理念が障害者関連のリハビリテーション分野でこれまで唱えられてきた従来の自立観とは、著しく意を異

にするものだからである。従来の伝統的な自立観では、身辺自立や職業経済的自立をしていることこそが、「自立」という考え方であった。その結果、身辺自立や職業的自立が見込める障害者には、身体機能訓練や職業リハビリテーションに力が入れられたが、身辺自立が困難な重度障害者や職業経済的自立が容易でない障害者は、「自立困難で社会に役立たない存在」とされ、地域や社会から隔離されて、施設や居宅に押し込められて、被保護的な生活を送ることを余儀なくされたのである。

　これに対して、自立生活の理念は、従来の自立観の問題点を鋭く指摘し、「身辺自立や職業経済的自立のいかんに関わらず自立生活は成り立つ」と、新しい自立観を示した。自立生活の代表的な規定は、1983年にガベン・デショングによって唱えられた「障害者が他の手助けをより多く必要とする事実があっても、その障害者がより依存的であることには必ずしもならない。人の助けを借りて15分で衣服を着、仕事に出かけられる人間は、自分の衣服を着るのに2時間かかるために家にいるほかはない人間よりも自立している」というものである[7]。この規定はこれまで絶対視されていた日常生活動作面での自立と経済的職業的自立を相対化させ、障害を持っていたとしても、その人自身の生活全体の内容を充実させる行為を自立として重視することを方向性として示したものである。

　この新しい自立観のキーポイントとなったのは、「自己決定権」である。自己決定権の行使を自立ととらえる考え方である。障害者が日常生活において介助者のケアを必要とするとしても、自らの人生や生活のあり方を自らの責任において決定し、自らが望む生活目標や生活様式を選択して生きる行為を「自立」とする考え方である。自らの人生を他の誰にも委ねることなく、自らの意思で生きることが、自立生活の理念である。

　自立生活の理念は、障害者自立生活運動の発展とともに普及し、障害者福祉や人権擁護の面で多大な成果をあげるとともに、長期間にわたり、施設や病院の管理下におかれ、自らの人生や生活のあり方を自らの責任において決定する権利を奪われてきた多くの障害者の支持を集めることとなった。この理念は単に理念的、哲学レベルにとどまるのではなく、地域社会のなかで生活主体者と

して日常生活を送っていくという、障害者自身の自発的な意思と具体的実践行
為を「自立」の要件として重視する。障害者が地域で生活していくために介護
保障や支援サービスの受け皿となっているのが、この第3章のテーマとなって
いる自立生活センターである。障害者自立生活センターについては、後頁で詳
しく述べていきたい。

2．障害者の自立生活理念の意義と課題

　これまで述べてきたように、自立生活の理念は、身辺自立や経済的職業自立
を重視する従来のリハビリテーションの考え方とは異なり、労働市場への参入
や身体的機能回復の見通しとは、関係なく、障害者の自己実現への要求の充足
を支えることを目標とし、これまで自立困難とされてきた重度障害者をその主
な対象者にして自立概念の構築を目指してきた。自立生活理念やその運動は、
わが国においても、障害者福祉や人権擁護の面で一定の役割と成果を挙げてき
たといえる。

　第1に、これまで障害者の身辺自立や経済的職業自立が重視されてきた背景
には、経済的利益をあげる生産活動にどれだけ貢献しうるかで人間の価値を評
価しようという側面があった。なかでも働けない障害者は、「あってはならな
い存在」として、烙印を社会から押されたのである。自立生活の理念は、この
問題性を鋭く指摘して、新しい人間観や価値観を提起した。つまり、この自立
観は、身辺自立や経済的職業自立が困難とされてきた重度障害者に人間として
の尊厳や生活主体者としての生き方を保障していくうえで、大きな役割を果た
したのである。

　第2に、障害者自立生活運動の発展に伴って、既存の入所施設や親元から離
れて、在宅独立生活やケア付き住宅の入所者の増加、社会参加機会の拡大によ
り、自立生活の願望や要求が一部の障害者だけでなく、軽度・重度に関わりな
く、多くの障害者とって共通かつ切実な普遍的なニーズであることが明らかに
なっていることである。

　第3には、自立生活の理念は、「自己決定権」が重要視されるが、単に哲学

や理念にとどまるのではなく、実際の日常生活のなかで用いられ、行使されるところに特徴がある。定藤丈弘は (1)「介助者管理能力」の獲得、(2)「主体的な社会参加の行為」、(3)「ピア・カウンセリング」、(4)「リスクを侵す行為」の４つを「自立の要件」に含めている[8]。

(1)「介助者管理能力」の獲得は、障害者本人が「介助者を募集し、雇用し、訓練し、監督し、必要とあれば解雇する」能力、「ケアのあり方をサービス提供者ではなく、障害者が管理する能力」を自らが習得する能力である。これは介助者なくしては、生活形成が困難な障害者にとって、生活主体者となって生きるためには、自己決定権の行使は、介助者ケアの場で行われる必要があるからである。なぜならば、自らの身体のケアを他者に依存することは、自らの主権を放棄することにつながるからである。この考え方は、従来の介助者主導で行われてきたケアのあり方を障害者の主体性を損なうものとして、批判のなかから生み出されてきたものである。この理念を実行するためには、まず介助者を自由に選択できることが前提であるが、十分な給付水準を持った公的な介護手当の支給により有料介助者を自由に選択できるシステムの確立が課題となる。

(2)「主体的な社会参加の行為」は、障害者の社会参加の場における自立を指している。具体的には障害者が自らの生活に影響を受ける諸政策、制度、サービス、事業などの計画立案、決定、運営管理の過程に参加する行為を自立の一環に位置づけていることである。「障害者のことを１番わかっているのは、障害者自身である」というエド・ロバーツの言葉[9]にあるように、障害者の生活を規制する諸政策、サービス供給に関する計画立案と決定を行う権利は、障害者のニーズや問題を熟知し、より正しく評価する立場にある障害者自身にもあるとすることを社会的な根拠としている。障害者が自らの生活に影響を受ける諸政策、制度、サービス、事業などの計画立案、決定、運営管理を障害者も担って、参加することを保障されてこそ、主体的な社会参加が果たせるとしている。具体的な例として、各自治体の市町村障害福祉計画における障害当事者委員としての参加などが挙げられよう。

(3)「ピア・カウンセリング」は、社会参加の行為の１つで、自立体験を持つ

障害者自身が専門家となり、同じ自立を求める障害者の自立生活形成にかかわる悩みや生活技術の習得などの相談、助言、援助を行うことが、障害者の自立生活形成のために効果的であるとされるものである。もちろん、自立生活体験だけで誰でもが、ピア・カウンセラーになるわけではない。ピア・カウンセラーには、障害者問題を客観的に把握し、専門的な援助技術の手法を取得することも求められる。しかしながら、専門技術の有効性はもちろん、ピア・カウンセリングは、「障害者しか行えない」というところに主体性と特徴がある。

　(4)「リスクを侵す行為」であるが、自立生活理念は、「障害者が失敗の可能性に挑む行為」を自立の要件にしている。これまで身辺自立が困難な重度障害者は、「安全管理能力を欠き、もしもの事故や危険の発生を防止する」という理由から、社会参加を含むあらゆる場面で厳しい制約を受けてきた。そのようななかで重度障害者は、自らの意思と責任において、リスクに挑む決意とその行為の社会的是認がなされることをなくして、自らの人生を切り開いていくことはできないし、また自立生活も成り立ち得ないのである。筆者のまわりにいる自立生活を営んでいる重度障害者たちも、たとえ介助者のちょっとしたミスによって事故や死に至ることがあったとしても、それは介助者の責任にはならず、障害者自らの責任として処理をしようとする。重度障害者にとっては、そこまでの覚悟をしないと自立生活は営めないものとなっている。そのようなリスクにもかかわらず、施設等を出て自立生活を行う、めざす重度障害者が増加している背景には、生活主体者として、自らの意思で「生きている」ことを実感したいからに他ならない。

　それでは残された課題は、どのようなものがあるであろうか。第1には、前述したように自己決定力は、すべての障害者が保有しているが、「介助者管理能力」まで含めると自己決定力に制限のある重度の身体障害者や知的及び精神障害者に適用されうるかという課題が残る。近年は、重度の知的障害があっても、福祉援助者のサポートを受けながら、地域でアパートを賃貸して暮らす事例も出てきている[10]。また自立生活運動が能力主義的側面を有していることも否定できない。第2には、生活保護が受給できなければ、所得の面で障害者は「自立生活」を営むことが難しいという現実がある。障害者は、これまで

「労働」の対象から外されてきたために、所得は障害者基礎年金（月約6万円）のみという障害者が大半である。「青い芝の会」などの障害者介助料要求運動の成果として、1974（昭和49）年の重度脳性マヒ者介護人派遣事業や1975（昭和50）年の生活保護他人介護加算を勝ち取ったが、特に生活保護他人介護加算に関しては、生活保護を受給している身体障害者手帳1級を所持している障害者しか認められていない。生活保護を受給していても、身体障害者手帳2級では、他人介護加算は出ないのである。自立生活をしたいと障害者が思っていても、家族や親族に資産があれば、もちろん生活保護の対象にならない。そしてその親や家族は、「危険だ」と障害者が自立生活を営むことに反対するのである。そういうことになると、自立生活が営める障害者は、「自己決定能力があり、身体障害者1級を所持している生活保護受給者」のごく限られた階層になってしまう。もしくは障害者本人に何らかの資産がある場合になってしまう。障害者本人が望んだ形態で暮らせるような所得保障のシステムを一刻も早く構築すべきことが望まれる。

　これまで述べてきたように、自立生活理念は、身辺自立や経済的職業自立が困難とされてきた重度障害者に人間としての尊厳や生活主体者としての生き方を保障していくうえで、大きな役割を果たしたことは、間違いない。そのことは評価すべきであろう。次節からは、障害者自立生活センターの具体的な内容に入っていく。

3．障害者自立生活センターの誕生と展開

(1) アメリカの動き

　かつては、「身の回りのことを自分でできること」＝「身辺自立」や「手に職をつけて生活の糧を得ること」＝「職業自立」という考え方が中心であり、これらの考え方は、いずれも障害を環境との関係でとらえるという視点に欠け、障害者を現在の社会に適応させることをめざすという点で共通している。そのような「社会適応論」から障害者だけを集めた施設や学校をつくり、一般社会から隔離する結果をもたらした。また障害者は「治療・訓練の対象」「保護の対

象」という受身的な役割を負わされ、主体的な意思を持った存在とは見なされなかった。主導的な役割を担うのは、医師をはじめとする「専門家」と言われる人たちで、その自立観は「医療モデル」とよばれる。

これに対して、1970年代以降、障害当事者による運動のなかで提唱され、その実現に向けて取り組まれてきたのが「自立生活」「地域での自立」という新しい自立観であった。新しい自立観の特徴は次のとおりである。第1に、障害者自らの意思に基づき、どこで住むのか、どのような生活をしたいのか、などを決定し、自らの生活をコントロールすること。第2に、障害者だけが一般の社会から保護・隔離されるのは普通の状態ではない。何よりもこのような状況のもとでは、障害者の自己決定を実現することは困難である。そうした保護・隔離から地域社会の中での生活を目指し、確立していくこと。第3に、「自立生活」「地域での自立」を実現するための制度や社会資源等の整備、障害者に対する差別的な意識・態度を払拭することである。

こうした自立観は「医療モデル」に代わる概念として生み出され、「自立生活モデル」と呼ばれる。また、当事者主義という新しい考え方が提唱されはじめているが、当事者主義とは、その人自身の人格の尊厳が守られ、「自分のことは自分で決める」という自己決定権が保障されることを指している。当事者主権という言葉もあるが、同じ意味を持っている。すなわち国家にも、家族にも、専門家にも、障害者本人に代わって自分が誰であるか、自分のニーズが何であるかを決めることを許さないということである。

このようななかで障害者自立生活センターは、アメリカで展開された障害当事者による自立生活運動のなかから誕生してきた。障害者自立生活センターの原型はカリフォルニア州立大学のバークレー校で実施された障害学生プログラム（Disabled Student Program）にある。これは学内の障害者に様々なサービスを提供することで学生生活を支援することを目的としている。この障害学生プログラムは、後に「障害者自立生活センターの父」と呼ばれるエド・ロバーツがポリオ後遺症による車いす使用の重度障害学生第1号として、入学した時に始まる[11]。エド・ロバーツの入学以降、障害者学生の入学も増加し、その後、地域に住む卒業生の障害者にもサービスが提供されることになり、や

がて学外者へのサービス供給量のほうが学内者を上回ってしまう。学内機関でありながら学外者にサービス提供する矛盾を解決するためには、地域で新たなる類似機関の設立が必要との声が上がり、作られたのが障害者自立生活センターである。最初の障害者自立生活センターは1972年にバークレーで設立されている。1974年にはボストンにも障害者自立生活センターが開設され、全米各地の障害者自立生活センター設立のモデルとなった。

　障害者自立生活センターの目的は、自己選択・自己決定をしながら生活をしている障害者を支援することである。①有料介助者の紹介、②権利擁護（アドボカシー）、③ピア・カウンセリング、④自立生活プログラム、⑤住宅相談、⑥情報提供といったサービスを提供している。民間の非営利組織であったため、財政基盤が弱かったが、連邦政府が障害者自立生活センターに巨額の補助金を出して整備を図ったこともあり、全米各地でその数が飛躍的に増加した。現在では、全米で200を超える障害者自立生活センターが活動をしている。

　障害者自立生活センターの特徴としては、障害当事者主体によって運営されている点があげられる。当事者主体を担保するために次の４つの要件がある。①意思決定機関の構成員の過半数が障害者であること、②重要な決定をくだす幹部の少なくとも１人は障害者でなくてはならない、③職員の１人は障害者でなければならない、④多様なサービスの１つ以上を行っていることである。この要件は、連邦法であるリハビリテーション法にも明記されている[12]。またこれらをクリアしなければ、州から予算をもらうことができない。これは今まで障害者の生活が専門家の手によって支配されてきたことに対するアンチテーゼを具体化したものである。そこには「障害者に何が必要か、その必要をどう満たせばよいかを１番よく知っているのは、障害者自身である」という哲学がある。

　財政支出の根拠としては、先に述べたリハビリテーション法504条があげられる。また1978年にはリハビリテーション第7条において、障害者自立生活センターを設立するための基金を提供するための条項が盛り込まれている。

(2) 日本の動き

　では日本での障害者自立生活センターの展開は、どうだったのだろうか。わが国では1980年前後あたりからアメリカの自立生活運動の理念や活動が紹介されるようになった。その頃、ダスキンやミスター・ドーナツが障害者に対するアメリカなどへの海外留学研修制度[13]を開始したことにより、障害者自立生活運動や障害者自立生活センターを学ぶ機会が開け、障害者の人材養成ができるようになったのである。この留学を終えて帰ってきた障害者たちを中心にして、1986（昭和61）年にわが国で初めての障害者自立生活センターである「ヒューマンケア協会」が中西正司、阿部司、樋口恵子、安積純子らによって東京の八王子に設立された。障害者自立生活センターの重要な業務であるピア・カウンセリングもこの時に安積によって紹介されている。

　また彼らによって、ピア・カウンセリング講座やリーダー養成講座が開催され、これらを通して、自立生活の理念や障害者自立生活センター使命が伝えられた。それ以来、全国各地で障害者自立生活センターの設立が進むことになった[14]。なお、障害者自立生活センターの運営を担った主要メンバーには、障害者運動において先駆的な役割を果たした「青い芝の会」と関わりのある障害者が少なくない。1990（平成2）年には各地の障害者自立生活センターのノウハウの交換、人材育成、権利擁護活動を目的に全国自立生活センター協議会が結成されている[15]。

　全国自立生活センター協議会が定めた障害者自立生活センターの定義は、①意思決定機関の構成員の過半数が障害者であること、②所長（運営責任者）と事務長（実施責任者）は障害者でなくてはならない、③権利擁護と情報提供を基本とし、介助派遣サービス、住宅相談、ピア・カウンセリング、自立生活プログラムのなかから2つ以上のサービスを特定多数に提供しているということ、④障害種別を超えたサービスの提供、⑤協議会の会費が納入できることである。

　アメリカではこれまで述べてきたように、障害者自立生活センターの財政支出の根拠としては、リハビリテーション法504条がある。日本には2016（平成28）年に施行された障害者差別解消法があるが、第7条第2項で「費用負担が

過重でないとき」は、行政や企業に「合理的な配慮」を求めているが、この法律では財政支出までは踏み込んでいない。しかし、在宅の障害者等に対して在宅福祉サービスの利用援助、社会資源の活用や社会生活力を高めるための支援、当事者相談（ピア・カウンセリング）等を実施することなど、障害者の自立と社会参加を促進することを目的とした市町村障害者生活支援事業が1996（平成8）年に創設されている。この事業は、既存の相談や支援では十分に行うことができなかった障害者の地域での自立に向けての取り組みを進めるために作られたものである。

　さて2003（平成15）年4月1日には、障害者福祉制度には、支援費制度が導入され、措置制度から契約制度に改められた。それに伴い、「利用者本位」が叫ばれ、障害者福祉サービスや福祉事業者が自己選択によって、選べると同時に自己責任も問われるようになった。支援費制度が始まり、サービス対象が拡大したことで、これまで様々な制約があってサービスが利用できなかった知的障害者や障害児のサービス利用が飛躍的に伸びた。しかしそのことが財政を圧迫し、支援費制度の財源不足を招くことになった。そこで政府は、支援費制度の是正を図るべく、新たに障害者自立支援法を制定し、この法律が2006（平成18）年4月1日から施行された。法律の内容としては、①支援費制度では対象外だった精神障害者を制度に組み入れ、サービス提供主体を市町村に一元化を図り、障害の種類（身体障害、知的障害、精神障害）にかかわらず、共通の福祉サービスを提供、また認定調査による障害程度区分による支給決定方式の導入、②障害種別毎の施設・事業体系を6つの事業に再編、③収入に応じて費用を支払う応能負担からサービスを利用した分だけ原則1割の負担が生じる応益負担への変更、④地域生活支援事業の実施などが盛り込まれた。

　しかし、この制度の運用が開始されると、応能負担から応益負担への変更により利用者負担が増加したことで、サービスの利用負担ができない障害者が多数出現し、利用している訪問介護や通所デイサービスの取りやめや入所施設からの退所が相次いだ。利用者がいなくなると障害者施設の運営も当然に苦しくなる。結果的に施設職員の人員や給与の削減、退職の増加など予期しない結果を生んだ。そこで政府は、2012（平成24）年、障害者自立支援法を障害者総合

支援法に改正し、緩和策を打ち出す事態に発展した。2013（平成25）年 4 月 1 日から再度、応益負担から応能負担に戻された。

　さて、話は前後するが、障害者自立支援法の実施により、従来の市町村障害者生活支援事業は廃止され、地域生活支援事業に組み込まれ、委託相談支援事業として市町村や地域の実情に応じて行われることとなった。この事業を実施する市町村は、事業の全部または一部を施設等で実施している身体障害者更生施設等リハビリテーション施設、身体障害者療護施設等の生活施設、身体障害者福祉センター、デイサービスセンター、機能訓練実施施設、障害者に対する相談・援助活動をしている社会福祉協議会や障害者自立生活センターをはじめとする非営利のNPO法人等に委託できることになっている。

　さて委託相談支援事業実施団体には、行政・福祉公社・社会福祉法人をはじめ、障害者自立生活センターなどの非営利のNPOも含まれている。しかし障害者自立センターであれば必ずしも市町村から委託されるわけではない[16]。委託相談支援事業は、お金の使途が限定される国の補助金とは異なり、財政状況や地域の実情に応じて市町村の裁量により、行われるものであることから、既存の受託団体の予算切り下げ、新規受託団体の整備が進まない、あるいはこの事業を実施しない、途中で事業を中止するなどの問題が起こった。そのことについては、次節で述べたい。

　さらに2010（平成22）年12月10日に「障がい者制度改革推進本部等における検討を踏まえて障害保健福祉施策を見直すまでの間において障害者等の地域生活を支援するための関係法律の整備に関する法律」が公布され、2012（平成24）年 4 月 1 日に障害者、障害児の保護者等への 3 種類の相談支援サービスが創設された。

　(1) 計画相談支援（サービス利用支援、継続サービス利用支援）
　(2) 障害児相談支援（障害児支援利用援助、継続障害児支援利用援助）
　(3) 地域相談支援（地域移行支援、地域定着支援）

(1) 計画相談支援とは、市町村から指定を受けた「指定特定相談支援事業者」が障害福祉サービス及び地域相談支援を利用する障害のある人に対して

「サービス利用支援」と「続サービス利用支援」のサービスを提供するものをいう。

(2) 障害児相談支援とは、障害児が障害児通所支援（児童発達支援や放課後等デイサービス、保育所等訪問支援）を利用する前に、障害児支援利用計画を作成し、一定期間ごとにモニタリングを行う等の支援を行うものをいう。

(3) 地域相談支援とは、障害者支援施設等に入所、入院している障害者につき、住居の確保その他の地域における生活に移行するための活動に関する相談、外出の際の同行、障害福祉サービス（生活介護、自立訓練、就労移行支援及び就労継続支援）の体験的な利用支援、体験的な宿泊支援その他の必要な支援を行うものをいう。

　これらの相談支援サービスは、障害者自立生活センターなどが行政からの委託を受けて行っているところが多い。障害者福祉制度の移り変わりのなかで障害者自立生活センターの果たす役割は、ますます重要になっている。

4．障害者自立生活センターの活動と役割について
──特定非営利活動法人　茨木市障害者生活支援センター
「すてっぷ21」を中心として──

　筆者が2002（平成14）年4月1日から2011（平成23）年10月16日の法人解散まで、非常勤の自立支援相談員及び監事として関わっていた特定非営利活動法人茨木市障害者生活支援センター「すてっぷ21」を1つの例として取り上げたい。法人は解散をしてしまい、過去の歴史となってしまったが、存在した証として、記録を残しておきたい。まずは「すてっぷ21」設立の経緯について記しておく。

　大阪府では2000（平成12）年4月の同和対策特別措置法の失効を目前にスクラップ＆ビルドの理念に基づき、将来の国庫事業（市町村障害者生活支援事業）の受託を前提に、1999（平成11）年に大阪府の単独事業としてステップアップ事業は始まった。当時、この事業は、国庫事業へのスムーズな移行と市町村障害者生活支援事業を府下に誘致する目的で行われたものである。当初は、法人

格が必要とされたが、障害当事者団体等の運動により、任意団体でも実施できるようになった。茨木市障害者生活支援センター「すてっぷ21」は、ステップアップ事業の実施団体の第1号である。なお、同和対策特別措置としてのステップアップ事業は2002（平成14）年に終了したが、「すてっぷ21」の他には、枚方市の「自立生活情報センター　パーソナルサポートひらかた」と泉佐野市の「障害者生活支援センター　ホライズン」の2か所で同事業が実施されている。

　「すてっぷ21」の主な動向と当時の事業内容及び活動内容、職員配置、相談・支援件数について、表3−1及び表3−2にまとめておく。「すてっぷ21」は障害者自立生活センターがいう基本事業の他、各種のボランティア活動、障害者カヌー教室、ふれあいサマーキャンプなどの他、後述するプロゴルファー杉原輝雄氏と代表の山口誠氏の関係から「杉原輝雄キャリティーゴルフ大会」の開催といった独自性を持った行事もやっていたが、日常の活動で特に力を入れていたのは、移送送迎サービスであった。

　身体障害者、特に足の不自由な障害者にとってタクシーは、移動手段としては重要である。しかし医療機関や買物に行くのに毎日毎回タクシーを利用するのは、金銭的負担が大きくなる。しかも電動車いすでは一般のタクシーには乗車することができず、昇降リフト型やスロープ設置のUD型あるいはワゴン型の車が必要となる。タクシーは未だにセダン型が多い。そこで「すてっぷ21」では、通常の交通機関が利用困難な障害者や高齢者の移動に対して、道路運送法79条登録に基づき、日本財団寄贈車をはじめ、リフト付きワゴン車2台を稼働して福祉有償運送を実施していた。運転は、スタッフ・ボランティアを含めて5名が担当し、会員登録している個人会員20数名、団体会員4〜5団体に対して、車1台につき、1か月あたり約80件、年間260日で約600件の送迎を行っていた。利用料金は1回の乗車につき、茨木市内は一律500円、それ以外は1,000円である。この移送送迎サービスは、医療機関を受診しなければならない時、家族が他の用事で本人を送迎できない時はもちろん、買物やレクリエーション、ちょっとした外出にも利用された。障害者生活自立センターのサービスの1つに外出支援があるが、その一環として行われた。

表3-1　特定非営利活動法人　茨木市生活支援センター「すてっぷ21」の
　　　　主な動向と活動

1998年 12月頃	「すてっぷ21」設立準備会が立ち上がる。 以後、月1回のペースで会合が開催される。
1999年 4月	茨木市が障害者生活支援事業ステップアップ事業を受託 茨木市障害者生活支援センター「すてっぷ21」を設立 （予算750万円　大阪府　50％・茨木市　50％）
2000年 10月	茨木市が市町村障害者生活支援事業を受託 （予算1,500万円　国　50％・大阪府　25％・茨木市　25％） 市町村障害者生活支援事業を受託を機に円滑な事業を図るため、独立して事務所を構える。 茨木市片桐町の茨木市立障害者福祉センター「ハートフル」から茨木市大住町に事務所を移転する。
2003年 4月	2002年12月末に市町村障害者生活支援事業は、市町村が弾力的に事業展開できるように、「国庫補助事業」から「一般財源化」されたが、それに伴い、1,500万円から1,175万円に減額となる。
2005年 5月	特定非営利活動法人の認可を受ける。（5月18日認可） 職員配置 職員数6名（うち障害者4名）　常勤　2名　非常勤　4名 専門援助者職種 社会福祉士　精神保健福祉士　介護支援専門員　ホームヘルパー　ガイドヘルパー　障害者ケアマネジャー　ピアカウンセラー（肢体1名 視覚1名　聴覚1名） 相談・支援数 介助制度利用援助　　　　　月平均25件 社会資源の活動資源　　　　月平均20件 社会生活力向上の支援　　　月平均10件 ピア・カウンセリング　　　月平均5件

「すてっぷ21」関係者の聞き取りを基にして筆者が作成。

表3-2　特定非営利活動法人　茨木市生活支援センター「すてっぷ21」の
　　　　主な動向と活動

事業内容

①　基本事業

　(1) ホームヘルパー等、在宅サービスの利用援助

　　　在宅サービスの情報提供、利用助言、申請支援等

　(2) 社会支援を活用するための支援

　(3) 福祉施設等の紹介、福祉機器の利用助言、コミュニケーション支援、外出
　　　支援

　(4) 社会生活力を高めるための支援

　　　障害についての理解、家族関係、人間関係、家事、金銭管理等

　(5) 当事者相談(ピア・カウンセリング)

　(6) 専門機関の紹介

②　独自事業・その他の活動

　(1) 移動支援サービス

　　　通常の交通機関が利用困難な障害者や高齢者に対して、リスト付きワゴン
　　　車を使用し、移動支援を行う。

　　　現在、日本財団寄贈車をはじめ、リフト付きワゴン車2台を使用。

　　　　運転担当者　　　　2名
　　　　個人会員　　　　　20名
　　　　利用回数　　　　　年間450〜600件
　　　　1日利用数　　　　最大で4名

　(2) 地に根ざした各種活動の企画・参加

　　　「すてっぷ21」の活動を市民により広く知ってもらうこと、市内外の各種
　　　団体との連携を図っていくことを目的に様々な企画に参加・立案。

　　　各種のボランティア活動、障害者カヌー教室、ふれあいサマーキャンプ、
　　　杉原輝雄キャリティーゴルフ大会など。

「すてっぷ21」関係者の聞き取りを基にして筆者が作成。

　なお「すてっぷ21」の当時の活動や相談内容の特徴として、障害者福祉分野においては、支援費制度及び障害者自立支援法の導入により、障害の種別をこえてサービスを利用している障害者本人やその保護者、小・中学校及び特別支援学校の教師からの相談が多かった。その相談の内容は、費用負担に関することや度重なる障害者福祉サービス・制度の変更についての問いあわせ、その変更に伴う不安の訴えが多く、また相談内容も複雑なケースが多かった。また利用者のサービス利用や援助の方向性について、茨木市内の関係各団体及び事業者との連携・連絡調整の必要性からケース会議等に参加する機会が増加していたが、知的障害や精神障害に対する支援援助の歴史が浅いこともあり、「相談者のニーズに対応できているのか」という不安も持っていた。

　前述したように「すてっぷ21」は、大阪府のステップアップ事業を契機に設立されたこともあり、他の障害者自立生活センターのように昔から地域のなかで障害者のニーズやサービスを勝ち取る運動を行ってきた団体とは異なり、「すてっぷ21」の法人理念及び地域の諸事情に少し弱いところがあった。障害者自立生活センター設立以来、この「弱さ」の克服が課題だったが、克服できなかったことも法人の解散につながった原因の1つだと、筆者は思っている。もちろん、解散理由は複数あるが、特に2つの出来事が大きい。1つは主要な役割を担う代表理事の病死や事務局長の体調不良の問題である。もう1つは、2002（平成14）年12月末に市町村障害者生活支援事業が「国庫補助事業」から「一般財源化」されたが、それに伴う茨木市のプロポーザル（競争入札方式）実施による委託費の不安定化である。委託費は当初の1,500万円から1,175万円に、プロポーザル実施以降は1,060万円、558万円と年々減額されていった。委託費の不安定化については、訪問介護の障害者福祉サービスに参入により、減収分の収入を補おうとした。そしてある程度、それは成功したが、人件費や人材確保の問題から事業を拡大していくことはできなかった。

　結局、法人の継続が困難となり、総会決議により役員辞任、2011（平成23）年10月16日をもって通常活動を終了し、法人は円満解散となった。最終的には事務局長を清算人として、2012（平成24）年2月末日で清算完了した。特定非営利活動法人　茨木市生活支援センター「すてっぷ21」は約13年間の活動

の幕を閉じた。

　次に「すてっぷ21」閉所の影響についても少し触れておきたい。閉所の影響を受けたのは、公的制度である「計画相談」及び「重度訪問介護」と「移送送迎サービス」の利用者及び「すてっぷ21」に雇用されている職員である。重度訪問介護の利用者と介護職員については、茨木市内のA事業所と大阪市内のB事業所の2か所が引き受けてくれたが、移送送迎サービスの利用者については、「すてっぷ21」の場合、利用者の懐具合を考慮して、他の同業者より低料金の設定だったため、同じような料金で引き受けてくれる業者が見つからなかった。法人解散により移送送迎サービスができなくなったことで、移動に関して心理的に不安になり、その不安を口にする障害利用者や家族もいたので、協力してもらえる同業者に今後のことを依頼してその影響を最小限にすることで事態を切り抜けた。

　また職員の立場から法人が解散した後に「すてっぷ21」閉所の影響を感じることが多々あった。例えば、筆者は「すてっぷ21」在職時、大阪府の相談支援従事者研修を受講し、相談支援専門員の資格を得たが、5年間のうちに研修を受講して更新しないと資格を失ってしまう。相談支援従事者研修は、介護支援専門員のように研修受講のための試験はないが、原則として、どこかの法人に所属していないと研修の受講はできない。「すてっぷ21」はすでに解散してしまっているので、筆者は相談支援専門員の資格を更新することができなかった。もう1つは、法人が無くなってしまうと、「すてっぷ21」で何年間勤務しようと、実務経験年数にカウントされないことである。介護支援専門員の受験時や福祉サービス事業所開設などの際には、所定の実務経験年数が必要になるが、法人が解散した場合は、実務経験年数が無いことになってしまい、仕事に不利に働くこともある。そのような自らの体験からどんなに小さな法人であっても継続・存続することが大切だと改めて学んだ。

　さて、障害者自立生活センターの果たす役割は、どのようなものがあるかを明らかにしよう。わが国で障害者自立生活センターが誕生、普及したことは、障害者が社会のなかで生きていくうえで必然的な要請であったといえる。障害者が自立生活を送るためには、年金・介助・住居・情報などといった社会資源

が最低限必要であるが、公的サービスは量・質ともに十分ではない。しかもサービスを供給する側に主導権があり、サービス内容等の決定権は障害者にはない。これでは障害者が主導権を持つとする自立生活の考え方と矛盾してしまう。さらに「専門家」が必ずしも障害者のことをすべて理解しているわけではなく、自立生活障害者のニーズは障害者が1番よく知っている。これらのことから社会資源の開拓、確保を障害者が行っていくことが求められたのである。この役割を果たしていくのが、障害者自立生活センターである。

　障害者自立生活センターは障害者が中心となって運営がなされ、障害者のニーズに適したサービスの確保等を組織的に行い、それを障害種別に関係なく誰に対しても提供している。障害者が社会の中で生きていくために、自らの生活基盤を作り出したのである。

　障害者が社会資源を確保するために必要不可欠な障害者自立生活センターは、次のような役割も果たしている。第1に、障害者自立生活センターは、障害者であることで否定されることがない、ということである。障害者はこれまで障害者であるために自信がもてなかったり、引け目を感じていたり、「障害者のくせに」とか「お前は何もできない」など、悪く言われたり、非難されたりすることが多い。しかも社会に自分が受け入れられた実感にも乏しい。そのため、自己否定的な感情を持っている場合が多い。障害者は肩身の狭い生き方をせざるを得なくなっている。障害者自立生活センターでは、どのような障害の状態にあっても全面的に受け入れられる。そこでは相互承認が行われ、ピア・カウンセリングなどで個人的な経験も開示される場合もある。このようなサポートを受けながら、自己充足感を得たり、自己信頼を取り戻したり、精神的な癒しを受けたりするのである。第2に、障害者自立生活センターは人間関係を形成し、自己確認ができるサポートがある、ということである。障害者自立生活センターでは、仲間との交流を通して、孤独感を防ぎ、自分の居場所や自分が生きていることの確証をつかみとることができる。このようなことが仲間意識、連帯感、共同性を育んでいくことになり、強固な結びつきを生み出すのである[17]。

　そこで障害者自立生活センターでの1つの事例として、車いすのプロゴル

ファーであり、「すてっぷ21」の代表でもあった故山口誠氏（享年60歳）の人生を紹介したい。彼の生き方こそが、典型的で自立生活思想のめざしているものだと、筆者は考えるからである。この論文では、山口氏の生存時の希望により、本人の氏名は、仮名とせず、実名で掲載する。当時の本人の状況は、下記のとおりである。

> 　家族関係は本人、母との２人家族、経済状況は障害基礎年金など複数の収入、ADLは電動車椅子で自走可、食事はセッティングが必要だが、補助具を使用して自力摂取可、排泄は膀胱ろう造設、入浴・座位保持及び移乗などは、生活全般にわたって要介護レベル。ホームヘルパー、ガイドヘルパーを利用。

　19歳でプロテストに合格し、若くしてツアートーナメント初優勝を飾った山口誠氏は、若手のゴルファーの中でも期待される存在であった。彼の同期には、中村通、山本善隆プロがいた。ゴルフに詳しい方なら1度は、それらの名前を耳にしたことがあるだろう。師匠は故杉原輝雄プロである。山口氏の順調なゴルフ人生に転機が訪れたのは25歳の時であった。ゴルフ場からの帰りに車がガードレールに衝突する交通事故に遭い、助手席に座っていた山口氏は、頚椎5番を損傷してほぼ全身が動かなくなる。（頚椎損傷による上下肢機能全廃）事故から半年後、「生きていても仕方がない」と、自殺を考えるが、障害が重いため、自分では自殺もできないことに愕然とする。そしてA病院退院後は、約20年にわたり、母親と姪の介護を受け、月1回の通院の日を除いては、自宅に引きこもり、寝たきりの生活を送ることとなる。福祉サービスについては、無知であることに加え、本人が障害を持った自分の存在を受け入れられず、他人の目に触れたくないという気持ちから何も福祉サービスを受けていなかった。また家族にも福祉サービスを受けることについて抵抗が強かった。また山口氏は同じ立場にある中途障害者の先輩から「車いすに乗っている夢を見てはじめて1人前の障害者だ」と諭されていたが、反発を感じていた。

　そのような山口氏に転機が訪れる。それはこれまで介護をしていた姪の結婚であり、姪の結婚により1人で介護をするようになった母親の疲労であった。介護にあたっていた母親も当時70代後半になっており、在宅での介護も限界

にあった。寝たきり生活から生ずる褥そう（床ずれ）もひどく、入浴も母親1人では困難になっていた。介護のしやすさ、在宅のしやすさも考え、膀胱ろうの手術をするために一時A病院に再入院した。この入院が山口氏の気持ちを大きく変化させ、後に人生にも転機をもたらすことになる。

　再入院したA病院はB地域でも有数の整形外科があり、いろいろな障害を持つ人たちが必死に生きようとしていた。後に障害者自立生活運動で大きな役割を担うことになるS氏もそのなかにいた。その障害者たちの姿を見て、山口氏は、「僕もこのままではいけない」と思い始める。その後、山口氏はA病院を退院。地域で生活していくために地域のT社会福祉センターでホームヘルプサービスやデイサービスを調整して利用を始める。それとあわせて生活のリズムを整え、外に出ることを実行するためにH作業所にも通うようになる。電動車いすに乗り始めたことも山口氏の外出を助けることになった。外出が自由にできるようになったことで、「自分のできることを生かして仕事がしたい」と思うようになる。そんな折、B市のD障害者スポーツセンターで「障害者ゴルフ」の講座があることを知り、「何ができるかを考えたとき、僕にはゴルフしかない。僕にできることがありますか？」と申し出て、センターで週2回、障害者たちにゴルフを教えることになる。ゴルフを教えることが生きがいとなり、人生を前向きに考えるようになると新たなチャンスも巡ってくる。地元の中学校と高校では、特別授業科目として週1回、ゴルフの授業を担当するようにもなった。日曜日には山口氏自身が車いすサッカーの選手として活躍した。車いすサッカーの本場であるイギリスにも視察旅行に行く熱心さであった。海外だけではなく、飛行機を利用しての国内への旅行もよくした。障害者生活支援センター「すてっぷ21」の代表として、ピアカウンセラーとして、障害者が地域で生活していくことを支援する活動を仲間とともに行っていた。しかしながら、徐々に体調を崩し、床に伏せることが多くなり、2011（平成23）年3月2日、脊髄空洞症による呼吸不全のために60歳で永眠する。

　以上、故山口誠氏の事例を用いて述べてきたが、山口氏だけではなく、多くの障害者たちが障害者自立生活センターとの関わりのなかで自らの人生に光明を見いだし、自分と同じように他の障害者にも「生かされていることのすばら

しさ」を伝えようと、日常活動を通して行っている。障害者は長い時代にわたって、施設や病院で「保護されるべき存在」であった。障害者自立生活センターは、そのような境遇の障害者に対し、「外の世界」へいざない、「人生は他人でなく、自分の意志で決めること」を教えている。また地域で暮らすことを望む障害者に対しては、その生活をサポートするためのサービスを提供している。日本における障害者自立生活センターは、北欧のノーマライゼーション的な流れとアメリカの自立生活思想がミックスされて日本独自のものが形成されていることを筆者は、指摘しておきたい。さらに、障害者自立生活センターは、障害者自身に対する労働の機会の提供という機能を持っている。それでは障害者自立生活センターで働くということはどういうことなのか、次節で検討したい。

5．障害者自立生活センターで働くということ

　障害者自立生活センターはこれまで述べてきたように、障害者をサービス受給者からサービス供給者へと変え、運営における当事者参加を確立するなど、障害者福祉を考えるうえで重要な意義を持つ組織に成長してきた。また単なるサービス供給機関であるだけでなく、権利擁護（アドボカシー）といった運動的側面を合わせ持っているなど他の機関にはあまりみられない存在でもある。

　障害者自立生活センターが持つ独自の特色としては、第1に、障害者自立生活センターは障害者主導で運営されているということである。介助サービスや自立生活プログラム、ピア・カウンセリングにしても、それを実行していくことができるのは、障害者自身が運営しているからといえる。

　なぜなら障害者が主導でサービスを運営することで、サービスを利用する側の求めているものをしっかり把握することができるからである。いいかえれば、障害を持っていることを仕事の武器としていることが、障害者自立生活センターが働く場として存在する理由である。第2に、介助サービスや自立生活プログラム、ピア・カウンセリングでは、ボランティア（無料奉仕）を排除し、有料のサービスとしている点があげられる。有料のサービスを運営していくた

めに企業のような運営形態をとっていることが障害者自立生活センターで働い
てある程度安定した収入を得られる理由である。有料のサービスを計画し、調
整し、運営していくという作業は、当然に有給の仕事になっていく。ボラン
ティアを排除する理由は、ボランティアの善意に依存することが障害者から自
立性を奪ってしまうからである。障害者とボランティアの関係は対等ではない。
ボランティアは都合でいつでも介助を放棄、辞めることができる。そうなると
障害者の生活が脅かされてしまう。有料としているのはサービスの供給を確保
する意味もある。

　では障害者自立生活センターの給料はどこから出ているのだろうか。障害者
自立生活センターには、障害者だけではなく、障害のない人も働いている。職
員数は10人前後のところが多く、勤務形態はフルタイム、パートタイムと人
によって様々である。また仕事の内容は介助サービスを行う介助部門、ピア・
カウンセリングや自立生活プログラムの企画を行う自立生活部門、機関紙発行
を担当する通信部門、会計・総務を担当する管理部門に分類される。それは通
常の企業形式と変わらず、障害者、健常者を問わず、基本的には事務職になる。
しかし障害者自立生活センターが特徴的なのは、障害者はピア・カウンセリン
グや自立生活プログラムなど障害者しかできない仕事を担当し、健常者は介助
スタッフとして介助を担当するということである。

　障害者自立生活センターでは、有料のサービスを行っても職員に給料を払う
額までは、なかなか稼げない。なぜならば、有料サービスによって受け取る手
数料の多くは、100〜200円だからである。それ以外の収入としては、団体会
費や寄付金などがある。障害者自立生活センターは利益を得るための団体、つ
まり営利団体ではない。利益は生まれないのだから、運営によって生じる利益
を職員の人件費にするということはできない。

　では障害者自立生活センターで働く人の給料はどこから出ているか。それは
各障害者自立生活センターが受けている委託費、ピア・カウンセリングや自立
生活プログラムを行う際の各種の助成金である。助成金は自治体にピア・カウ
ンセリングや自立生活プログラムは障害者自身が行うことが効果的であると認
めさせ、その給料の一部として支払われているものである。障害者自立生活セ

ンターは、障害者にとっての何種類かの職業形態を提供しているといえる。いいかえれば、委託費、自治体やその他の助成金を得ることができるかどうかが、障害者自立生活センターが障害者の働く場としての機能を持てるか、どうかの鍵になる。障害者自立生活センターでは、そこで働く障害者と健常者が限りある資金を対等に分配しながら給料を得ているのである。

　これまで障害者は、一般に「何もできない不能者」というレッテルをはられてきた。しかし障害者自立生活センターで給料をもらって働くことで「何もできない」という他者からの視線を消滅・解消することができる。障害者自立生活センターで「有給で働いている」という形を見せることで「何もできない不能者」という障害者に対する考え方の不当性を示すことができ、他者に向かってアピールすることもできるのである。

　また一方で障害者自立生活センターは、障害者運動としての側面も持っているが、障害者がある活動をやっても単なる「無給」の障害者運動としかみられないが、障害者自立生活センターを通して行うと、「有給」の仕事になる。それは有給のシステムを取り入れることで生じる差になる。障害者は能力がないから仕事ができないのではなく、活動をしても「仕事」と認められないために「何もできない」とレッテルをはられてしまう。障害者自立生活センターはその活動を有給にすることで、障害者が力をもった存在であることをアピールしているのである。

6．障害者自立生活センターの意義と課題

　障害者自立生活センターを「労働の場」としてとらえた場合の課題としては、次のような点が挙げられる。

　第1に、障害者自立生活センターは、たとえ重度の障害者であっても「働けること」を証明したが、障害者であれば、誰でも障害者自立生活センターで働けるとは限らない。障害者自立生活センターの運営は委託費、自治体やその他の助成金によって賄われており、その金額も決まっているから雇用される障害者の人数も限られてしまう。第2に、障害者自立生活センターは営利団体でな

いので、利益を上げることはない。しかし景気悪化など、委託費、自治体やその他の助成金の主な財源である税金収入が落ち込んだ場合、委託費を減額されることがあるが、減額された場合はそこで働く障害者をはじめとする職員の給料が減ってしまうことや職員が失業・解雇されてしまう場合もある。第３に、障害者自立生活センターは、限られた委託費や助成金などを職員同士で分配することで、運営が成り立っている。また営利団体でないので、営利利益や勤務年数よって、給与が上がるわけでもない。何年勤務しても、何年勤務しても給与が同じということは、決して珍しくない。勤務している職員としては、そのことは頭では理解しているが、仕事を一生懸命やってもやらなくても貰える給料が同じとなれば、職員の士気に関わってきてしまう。特に健常者の職員にとっては、定着率の問題にもなり、その職員定着率は、障害者自立生活センターの介護サービスや質に影響を及ぼす。

　ここでは３つの課題を挙げてきたが、これらの課題を解決するための方法として障害者自立生活センターのなかには、介護職員初任者研修の実施、ガイドヘルパー派遣や障害者福祉制度によるサービスの参入など、新しい事業収入を確保して、委託費や助成金に頼らない組織の自立を模索していく動きも盛んにみられる。「すてっぷ21」においても、任意団体から特定非営利活動法人を取得して、訪問介護及び移動支援サービスなどを行っていた。加えて地域の通所就労継続支援事業Ｂ型の運営に理事や第三者委員として関わることによって、新しい事業展開や地域のニーズの掘り起こしを図っていたし、図ろうとしていた。最終的には先述したように、「すてっぷ21」は代表理事の死、組織を支えていた中心的な職員の病気、行政機関からの委託費の減額など、いくつかの要因が重なったことで法人解散を選択することになり、その役割を終えることになった。

　本章で述べてきたように、障害者自立生活センターは、重度の障害者であっても給料をもらって働くことを可能にした。しかしその給料は、主に自治体からの委託費や助成金で賄われている。景気状況が悪く税収が落ち込む、あるいは福祉にお金が回って来ない状況が生まれたならば、必要なものであっても、事業の委託費はカットせざる得なくなる。減額された金額分は、何らかの形で

障害者自ら確保しなくてはならなくなる。

　田坂広志は、障害者自立生活センターなどの「非営利組織にも「事業性」が求められる時代になっている」と述べているが、その理由として2つの側面が挙げられる[18]。第1には、非営利組織の民営化である。わが国で進められている構造改革は民営化ということが主要なテーマになっている。その理由として、これまで政府や自治体が「社会性」や「公共性」を掲げて、国民や住民の税金を使って運営してきた様々な政府機関や公的機関などの非営利組織が運営の非効率性や事業の欠如を強く指摘されていることがある。そのため、こうした非営利組織を民営化し、民間企業の経営手法やマネジメント技術を導入することによって、運営の効率性を高め、事業性を重視しょうとする動きも出てきている。第2には、非営利組織の自立化である。これまでボランティア団体やNPO法人などの非営利組織の多くは、その活動資金を政府や自治体からの委託金や助成金、企業や個人からの寄付金によって賄ってきた。しかし活動資金を外部に依存しているため、非営利組織活動の「自立性」や「中立性」を保つことが難しく、組織として長期的に活動していくうえで、「持続性」が危ぶまれることも少なくない。

　一方で委託費や助成金を出している行政をはじめ、ボランティア団体やNPO法人に寄付をしている企業や個人から提供した資金が有効に使用しているか否かを問う声が強くなっており、財務や使途チェックが厳しくなっている。そのようなことも背景となり、ボランティア団体やNPO法人においても、活動資金を委託費や助成金、寄付金に頼るのではなく、活動の資金をその組織自身の事業を通じて獲得するともに、その資金を有効かつ効率的に運用していくために、民間企業の経営手法やマネジメント技術を活用するという動きが生まれてきている。これは非営利組織も事業性を重視し、組織の自立性と持続性を図っていこうという動きに他ならない。

　このような課題を解決するための方法の1つとして、近年は、北海道の「べてるの家」のような任意団体から社会福祉法人や特定非営利活動法人、株式会社を設立し、障害者自身が主体的に事業や当事者活動するという形態がみられるようになってきた[19]。これまでに述べてきたように、茨木市障害者生活支

援センター「すてっぷ21」も活動存続のために、任意団体から特定非営利活動法人になり、訪問介護事業所を設立したこともこれに該当する。

　また京都府舞鶴市にある「ワークショップほのぼの屋」（就労継続支援A型事業・就労継続支援B型事業）は、障害者生活支援センターを併設し、2002（平成14）年4月にカフェ・レストラン「ほのぼの屋」を開店して以来、京都ロイヤルホテルの総料理長をしていたシェフやフレンチ料理店のオーナーシェフらが腕を振るう料理のおいしさもあって、ディナーコースは、1か月前から予約をしておかないと、食べられないほどお客さんで賑わっている[20]。繰り返し訪れる舞鶴市民やリピーターも多い。知的障害者や精神障害者十数人が補助の施設職員とともに、接客や調理、ユニフォーム洗濯・アイロン掛け・店舗周辺の掃除などを分担し、その働きに応じて工賃を得ている。施設全体の月額平均工賃は46,000円（B型事業所）を超えている。また近隣には系列店としてBONOカフェ（就労継続支援B型事業）もオープンし、そちらはパティシエがスイーツを制作し、「ほのぼの屋」同様に身体障害者や精神障害者数人が補助の施設職員とともに、接客、会計業務、店舗周辺の掃除などを分担している。筆者もこれまでにBONOカフェを含めて数度訪問し、視察を兼ねて料理を味わうことができた。

　「べてるの家」や「ほのぼの屋」の事例は、委託金や助成金からの「自立性」及び事業の「持続性」についての課題を解決するとともに、「障害者は雇用するもの、雇用されるもの」という従来からある障害者雇用とは一線を画すものである。またこれまでの雇用は、身体障害者、知的障害者、精神障害者と障害分野ごとに分かれていたが、障害種別の違いを越えて協力し合う事例もでてきていることは、注目すべき事柄である。このような形態が生まれてきたのも、障害者福祉施策の変化や時代の流れもあるが、障害当事者が運営の中心となり、重度の障害者があっても給料をもらって働くことが可能であることを証明した障害者自立生活センターの影響があるだろう。

【注】

1）中西正司・上野千鶴子『当事者主権』（岩波新書、2003年）、P13

2）中西正司『自立生活運動史―社会変革の戦略と戦術』（現代書館、2014年）、P10-11

3）松村明編『大辞林』（三省堂、1988年）、P1218

4）横須賀俊司「ピアカウンセリングについて考える」北野誠一ほか『障害者の機会平等と自立生活―定藤丈弘　その福祉の世界―』（明石書店、1999年所収）、P187

5）わが国における自立生活センターの紹介や考察をしたものとしては、北野誠一「自立生活運動の日本的展開と自立生活センター」『桃山学院大学社会論集』第23巻第2号、1990年、P65-84、定藤丈弘ほか編著『障害者の自立生活センター』朝日新聞更生文化事業団、1993年、全国自立生活センター協議会編『自立生活運動と障害文化―当事者からの福祉論―』、現代書館、2001年、立岩真也「自立生活センターの挑戦」安積純子ほか『増補版　生の技法』、藤原書店、1995年所収、P267-321、茨木尚子「当事者による社会福祉サービス供給組織運営の現状と展望―障害者自立生活運動の展開をもとに―」『明治学院論叢』第592号、1997年、P33-63、横須賀俊司「自律生活センターと障害者の「文化」」『鳥取大学教育地域科学部紀要　地域福祉』第1巻第1号、1999年、P21-30、茅原聖治「最近の障害者福祉諸思想における人的資本の役割」『龍谷大学経済学論集』第38巻第1号、1998年、谷口明広「自立生活運動が示した意味」及び「「自立」の概念と「自立生活」の概要」『障害をもつ人たちの自立生活とケアマネジメント』（ミネルヴァ書房、2005年）、P57-98、田中耕一郎『障害者運動と価値形成―日英の比較から―』（現代書館、2005年）、岡部耕典『障害者自立支援法とケアの自律』（明石書店、2006年）、これらの研究は、自立生活センターの役割、障害者の自立や権利の面からは研究が為されてきたが、労働あるいは雇用の問題としてとらえているものは、筆者の知る限り、石井雅章「就労の場としてのCIL」『障害者という場所―自立生活から社会を見る（1993年度社会調査実習報告書）―』所収、千葉大学文学部社会学研究室、1994年、P172-187の研究のみである。

6）第2章「脱施設化の営み「青い芝の会」の運動を中心にして」を参照のこと。

7）定藤丈弘ほか編著『障害者の自立生活センター』（朝日新聞更生文化事業団、1993年）、P8

8）定藤、前掲書7、P17-20

9）谷口明広「自立生活運動が示した意味」及び「「自立」の概念と「自立生活」の概要」『障害をもつ人たちの自立生活とケアマネジメント』（ミネルヴァ書房、2005年）、P58

10）現在、知的障害者の生活は、その多くが親元や入所施設といった場所に限られているが、2014（平成26）年に重度訪問介護制度の対象が拡大され、重度の知的障害者・精神障害者も介護者付きで一人暮らしができる可能性が広がった。従来の捉え方では、知的障害者は自己決定力が十分ではないため、自立生活を送ることが難しいとされてきた。しかし、東京の多摩地域や京都市内において、知的障害者の自立生活の実践が進められている。この自立生活の様子は2019（平成31）年公開のドキュメンタリー映画『道草』（宍戸大祐監

督）を参照のこと。

11）エド・ロバーツの生涯と思想については、谷口明広「エド・ロバーツの生涯と思想―自立生活運動における地域福祉思想―」『地域福祉研究』NO.20（日本生命済生会福祉事業部、1992年）、P43-48

12）リチャード・K・スコッチ著　竹前栄治監訳『アメリカ初の障害者差別禁止法はこうして生まれた』（明石書店、2005年）、P75

13）「ダスキン障害者リーダー育成海外研修事業」による障害者リーダーを育成するための研修で、1981（昭和56）年の国際障害者年に始まり、これまでに350名を超える障害者を海外に派遣している。帰国後は海外での体験を活かし、様々な分野で活躍している障害者が多い。

14）ヒューマンケア協会については、『自立生活センターの誕生―ヒューマンケアの10年と八王子の当事者運動』（ヒューマンケア協会、1996年）に詳しい。

　　ヒューマンケア協会HPはhttp://www.humancare1986.jp/

15）全国自立生活センター協議会は自立生活センターの定義を定め、その条件により加盟を認めている。2020（令和2）年8月現在、北海道4団体、東北9団体、関東35団体、中部12団体、関西34団体、中国9団体、四国3団体、九州10団体、沖縄4団体の120団体が加盟している。全国自立生活センター協議会HPはwww.j-il.jp/

16）委託相談支援事業は、法第5条第17項第1号に規定される相談支援。

　　これまで身体障害者福祉法、知的障害者福祉法、及び児童福祉法などに位置づけられていた「相談支援事業」にかわって、市町村及び都道府県が実施主体となる地域生活支援事業（法77、78条）に位置づけられた相談支援サービスである。

17）近年、障害者の自立生活及び障害者自立生活センターがドキュメンタリー映画になっている。2020（令和2）年公開の「インディペンデントリビング」（田中悠輝監督）では、大阪府の3つの障害者自立生活センターの活動、そこに所属する障害者の自立生活の模様を3年間にわたって追い続けている。障害者にとっての自立とは何か、障害者自立生活センターの理念、活動がわかる内容になっている。

18）田原広志『これから働き方はどう変わるのか』（ダイヤモンド社、2003年）、P105

19）北海道浦河町にある精神障害者の共同住居「べてるの家」では、メンバーたち自らが会社をつくって、日高昆布の加工販売や福祉医療機器の販売、全国での講演活動、当事者研究をはじめとする多彩でユニークな活動を展開している。年商1億円。

　　べてるの家のHP　https://urakawa.bethel-net.jp/

20）カフェ・レストラン「ほのぼの屋」については、高橋清久・藤井克徳編『いらっしゃいませ「ほのぼの屋」へ』（クリエイツかもがわ、2003年）を参照のこと。

　　カフェ・レストラン「ほのぼの屋」HP　http://www.honobonoya.com/

　　BONOカフェHP　https://www.bono-maizuru.com/

第4章 障害者の就労 スワンベーカリーの挑戦と限界
──スワンベーカリー茨木店の取り組み──

1．障害者が働くということ

　人生を豊かにしていくことが、働くことの原点である。働くということは生活の糧を得る手段であり、個人の生活を支えていく基本でもある。日本国憲法第27条においても「すべての国民は、勤労の権利を有し、義務を負う」と国民に対して労働権に関する権利と義務を明確にしている。また働くということは、収入を得ること以外にも、いくつかの側面を持っている。1つめには、多くの人たちと仕事を通して自分の持っている力量を発揮し、周囲からの承認を得ることである。働く以外の行動によっても周囲の承認を得られることは少なくないが、社会に出て働くという行動ほど、承認を得やすいものはないだろう。2つめには、働くことを通して社会参加をし、働くという役割を遂行することによって、納税などの社会貢献を果たすことである。3つめには、働くことを通して自尊心を満たし、生きる喜びを感じ、自分の人生の自己実現をはかることである。働くということは、収入を得て生活の糧を得るばかりでなく、社会からの承認、社会参加、社会貢献、自己実現など、様々な側面を持っているのである。障害者であったとしてもそれは同じである。

　ところが障害をもつ多くの人たちは、「働く」という選択肢を自らの意志で選ぶことができない。多くの障害をもつ人たちは、特別支援学校などを卒業しても、労働市場で企業に就職できない状況にあるため、社会参加や自立が難しい。その結果として、在宅や社会福祉施設に入所、または通所している現状がある。社会福祉施設や小規模作業所は、就労継続支援事業所A型（旧福祉工場）

を除いて、職業訓練を受ける場と規定されており、労働法による雇用契約は結ぶことができない。仕事をこなしても、労働とは見なされずに対価としての賃金は、支払われない。社会福祉施設や小規模作業所は、最低賃金法の適用外とされている。多くの若者が学校を卒業して労働市場に出て行くとき、障害をもつ人の大半は労働市場に乗り出すことさえできない。障害を理由に多様な選択肢のなかから自分の能力を生かせる進路を見つける理由を奪われてしまっている。

　毎年、文部科学省が行っている「学校基本調査」などをみると、特別支援（養護）学校の高等部を卒業した肢体不自由と知的障害者（児）の進路先は、毎年の傾向として両者とも社会福祉施設が過半数を占めている。肢体不自由の約6割、知的障害の約7割が福祉施設を進路先として選んでいる。就職する障害者は、知的障害の約2割、肢体不自由に至っては、1割もいない。注目すべきは、どこにも行くところがなく、ニート化している障害者が肢体不自由約2割、知的障害約1割とかなりの割合で存在することである。

　一方で、家族や学校の教員は、企業が能力主義や効率主義で運営されている厳しい現実を見ているため、働くことを希望している障害者本人に対して、企業での就職は、無理だと初めから決めつけてしまいがちである。家族や学校の教員が企業におけるコンピューターや機械化のオートメーション化の流れを無視して障害があるから労働ができないと判断しているのならば、その人が持っている可能性をつぶしてしまうことにもなってしまう。特別支援学校などによくみられる傾向であるが、社会や地域から隔離され、純粋培養的に育っていくと、社会生活の経験が不足して自分の力量を確かめる機会をも奪われてしまう。また、働くことの意味を理解していない障害者もいる。その結果として自分の力に自信が持てず、自分がどこまでやれるのかもわからず、自分の望みを抑えてしまう。たとえ、障害を持っていても、社会のなかで経験を積み、自分の持っている力量を高め、広げていくことが必要である。その体験が持てないと、障害者自身の力量はいっそう狭まってしまう。それによって企業での就職は、ますます難しくなるという悪循環が生じることになる。

　また、家族や教員たちが、「保護」の意識から先回りして心配する場合もあ

る。障害を持つ人が雇用を求めても、企業では仕事の能率を上げる目的があり、経営者や上司・同僚に迷惑をかけるのではないか、職場の人間関係がうまくいかず苦しむのではないか、障害者本人も労働条件が厳しくて耐えられないのではないか、などと不安が先立ち、企業への就職活動を自粛することもある。そのため、家族や教員たちは、仕事も自由に選べてペースも維持ができるとみなされている授産施設や小規模作業所を勧めがちである。その授産施設や小規模作業所にしても、職員から「あなたにはこんなことできない。あなたにはこれしかできないから、これをやりなさい」と言われ、仕事をしている現実がある。

　ここで1つの例として、筆者自身のことを取り上げたい。脳性小児マヒによる両下肢機能障害を持つ筆者は、中学までは肢体不自由の養護学校（現特別支援学校）に在籍していた。その当時、教師や家族は、養護学校の高等部を卒業したら、施設や作業所に進むと思っていた。その理由として、一般企業で働くことは、障害の程度などにより、総合的に考えて難しいのではないかと、教師や家族が判断していたことによる。これまで一般企業に就職する卒業生もあまりいなかった。上記に述べた理由などが、そのまま筆者にも当てはまるのである。「特別支援学校から施設・作業所へ」、この考え方は、障害者としての「定められた人生のルール」として長く続いてきた。そのことがすなわち、障害者としての「安定した安全な生き方」だったのである。しかし逆にいえば、チャレンジのない人生である。「人生はもう決まっているから、勉強なんかしなくてよい」と筆者は考えていたが、自分と同じ脳性マヒを持つ教育実習生との出会いにより、「このままでは本当にダメだ」「自分を変えなければ」と思うようになる。それが一般高校への受検とつながっていくわけだが、「合格は無理だ」という特別支援学校の教師と喧嘩をしながら、高校を受験し、何とか合格することができた。すると今度は、「いじめられる」「授業についていけない」「ここにいたほうが君のためだ」などの特別支援学校や社会福祉関係者のいろいろな声が聞こえてきた。確かにいじめにもあったが、まわりの友人の協力や励ましもあり、乗り越えることができた。人によっては、小・中学校は地域の学校に通ったが、様々な問題から高校は特別支援学校という場合もある。それはケースバイケースとなる。

その後、大学を経て、金融機関に最初の就職をした。一般企業に就職するにあたっては、家族やまわりの人から働くことが「無理なのでは」と不安に思われていたことは、確かである。しかし最初の社会生活といえる高校や1人暮らしをした大学で人間関係のつきあい方など、様々な体験をしたことが、後の職業生活にも役立つことになったし、筆者が今まで何とか企業や社会のなかでやって来られた一因であると思っている。学ぶにしろ、働くにしろ、障害者自身の意志を無視して、障害があるからと、「特別支援学校から施設・作業所へ」という家族や教師の考え方を押しつけてはならないと、自分自身の経験から思う。人間は誰しも可能性があり、それは紙一重の差だと。しかしながら高等教育機関への進学率は、依然として低いし、これまで述べてきたように、労働市場の入り口で労働力と認められない結果、企業で働いている人の割合も低いというのが、障害を持つ人のおかれた現状である。障害者であっても、自らの能力を発揮して社会貢献したいという思いやお金を稼いで自立したいという気持ちは、健常者と何ら変わるところはない。

　ではなぜ、障害をもつ人は、労働市場で労働力として認められないのか、それは障害があることで「できない」ということがある。労働の場では、働くことが求められ、その機能や能力が問題になる場である。できて当たり前の場である。私たちは、「あの人は仕事ができる」とか「あいつは仕事ができない」とかよく言うが、健常者においても、人にはできる・できないの差は、必ずあり、解消されない部分も存在する。そしてその評価は、人によって様々で抽象的なことが多い。そのようななかで、障害者が働く、雇用されるということは、どういうことなのかが、問われてくる。障害者の労働については、機能や能力が問題になるが、働ける環境かどうかにも左右されてくる。

　交通事故による脊髄損傷で車いすになった会社員のAさんがいるとする。その人は、受傷前に事務の仕事をしていたが、車いすで仕事をする環境がその会社にはなく、設備を整えるコストを考えると同じだけ仕事ができる他の人を雇用した方が得なので雇用・採用しない。一方、Bさんは軽度の知的障害を持っているが、ある仕事をするには一定の知的能力を必要とするので、その仕事ができない。それで雇用・採用されない。またCさんは、そこで求められている

仕事をすることができるが、しかし他の人の倍は時間がかかる。それで雇用・採用されない。同じ仕事が短時間でできる人もいるし、時間が多くかかる人もいる。仕事の中には短時間で仕上げないと困る仕事もあり、早くできなかった場合には、仕事ができないということになる。筆者もこれまで企業、医療・福祉施設、学校などで働いてきたが、障害者の業務遂行能力は、立岩真也が述べているように、障害当事者である筆者の体験も踏まえると、大きく分けて「できること」「できないこと」「時間をかければできること」の3つに区分することができると思う[1]。重い荷物などを運ばなければならない場合は、誰かに手伝ってもらわなければならないので、「仕事ができない」ということになる。時間をかければできることでも、商品の数量などを早くチェックしなければならない場合は、「できない」という評価をまわりの人から下されることが多いだろう。労働というのは、いくつかの動作の流れの組み合わせで成り立っているので、「働く」ことが難しい側面がどうしても出てきてしまうことになる。

　しかし、大学や専門学校で教鞭や研究に携わる場合は、労働条件や環境にもよるが、担当科目の決められたコマ数、最低限教えなければならない項目をクリアすれば、自らの裁量によって授業を進めていくことができる。この場合は、障害があっても「できる」ということになる。このように「できること」「できないこと」「時間をかければできること」は、仕事や業務の内容によって、大きく変わってくる。また業務内容のなかでも、あることはできるけれども、もう1つのことはできないというようなことも出てくる。

　一般的に日本の企業で働くことは、正社員であろうと、契約・派遣社員、アルバイトであろうと、いくつかの複数の仕事をこなすことが求められる。コンビニエンスストアの仕事を1つの例として挙げると、わかりやすいのではないだろうか。コンビニエンスストアの業務は、レジなどの接客、商品の運搬、陳列・管理、商品売れ行きのチェック、店内の清掃と、多様で広範囲に及ぶ。これらを同時進行で行わなければならないことも珍しくない。また、目の前の起こった出来事に対して、素早く対応しなければならない。これはコンビニエンスストアに限ったことではなく、多くの業種で複数の仕事をこなさなければならないことが多い。正社員であれ、アルバイトであれ、それは同様である。し

かし障害者の場合、目の前の作業に精一杯で、複数の業務について目配りするのは、難しいことが多いのではないかと思う。なかには障害の程度によって、そのことが可能な障害者もいるかもしれないが、それは少数にとどまるだろう。

　ある事例を示そう。現在、筆者が支援に関わっているある30代の女性は、10代で脳出血を発症し、その後遺症で左下肢機能障害（4級）及び両視野欠損（5級）と高次脳機能障害で身体障害者手帳と精神保健福祉手帳を交付されている。彼女は大学を卒業後、障害者雇用枠で一般企業に就職したが、当時の主治医の指導により、高次脳機能障害があることを会社に告げずにいたが、新人研修期間中に業務に必要な暗記や接客業務を会社が定める所定時間内にできず、高次脳機能障害であることが露呈し、就職6か月後に解雇となる。高次脳機能障害だと採用してくれない企業も多く、当時の主治医は診察室で診察する限りでは、仕事に何の支障もないと判断したと思われる。本人にとって、障害を隠して企業に就職することは、会社に障害を理解されていないということであり、大変つらいことである。スムーズに業務ができないと「なぜ、こんな簡単なことができない」と叱責を受けることが多くなる。退職後は、失業保険を受給しながら就労移行支援事業所に通い、再就職のチャンスを待った。その結果、2社目は住宅関連大手企業に就職が決まり、総務部門に配属され、来客の案内・お茶出し・パソコンでの文書作成などの仕事をこなしていた。

　次の職場では、高次脳機能障害を持っていることを告知して入社している。当初は上司や同僚にも恵まれ、高次脳機能障害の障害特性を上司は理解し、本人に適切な指示を出していたこともあって、仕事も順調で上司の評価も高かった。しかし、大手企業は職員間の人事異動が頻繁にある。人事異動が行われれば、上司や同僚も変わり、また職場の雰囲気も変わる。次の上司は、高次脳機能障害の理解が十分でなく、本人の些細なミスが度重なったこともあり、半年の間に人事評価が急転し、退職に追い込まれてしまった。現在、彼女は障害基礎年金を受給しながら、地元の就労継続支援事業A型の事業所で、1日4時間、週4日、UVレジンを使用して作品を制作、また、つまみ細工でヘアゴムやピアスを作成して、インターネットで販売している。就労継続支援事業A型の事業所に転職してからは元気で働いている。一般的に大企業は、資本があるので

倒産しにくく、福利厚生も充実していて、働きやすいと言われているが、個人的にはリストラもある。一方で中小企業は、異動も少なく、アットホームで高次脳機能障害や発達障害者には、働きやすい企業も多い。大企業だからよいとは、限らないのである。このように高次脳機能障害や発達障害者が働く際には、障害特性への理解と職場の周りの協力が欠かせない。

　ある障害者就労支援関係事業所では、就労した元利用者の企業での勤務を支援するために、上司が代わった時は企業に対し、上司交代の報告を求め、面談を実施して本人が持つ障害特性を伝え、理解を求めている。障害者が企業で働く時は、細やかな支援が必要になることもあるが、そのことが長期勤務につながり、勤務歴が25年以上になる障害者もいるという。支援がうまくいって、社会参加ができている例といえよう。

　では、ここで参加機会の平等について述べておきたい。民主主義社会においては、日本国憲法14条第1項によって、すべての国民は法の下に平等であって、人種、信教、性別、社会的身分または門地によって、政治的、経済的または、社会的関係において、差別されないことが定められている。人は、1人として同じ人はおらず、その人が個人として尊重されるように、性別や皮膚の色や民族、学歴、財力などで差別していけないことを意味している。

　しかし障害者においては、伊藤智佳子が述べているように、憲法14条第1項の差別を禁じる項目のなかに「障害」は含まれてはいない[2]。憲法のなかに差別をしていけない項目に「障害」を含めていないことによって、日常生活の場面で、「障害」が原因で「受ける」または「してしまう」差別であっても、差別だと認識されないことがあったりする。障害者自身もほんとうは「差別」にあたる事柄でも「差別」されていることに気づかなかったり、「自分に障害があるから我慢しなければならない」と思っていたりする。

　また、すべての参加希望者に社会的活動についての参加機会の平等が認められている。憲法によって、思想・信教・集会、結社・言論、出版などのあらゆる表現や居住・移転・職業選択・学問・婚姻の自由が謳われ、法制度的には参加機会の平等は、保障されている。

　参加機会の平等の面においても、障害者は、保護すべき社会保障・社会福祉

の対象として社会的弱者と位置づけられ、社会参加、とりわけ資本主義市場経済社会への参加の平等は、実質的に保障されていなかった。もちろん、市場経済社会が制度的に経済・職業活動の参加を認めなかったわけではない。しかし、健常者の中で障害者が経済・職業活動に参加をしたとしても、また健常者と同じようにスタートラインに立てたとしても、身体的・知的能力の相対的な不足によって、競争の進行につれて、健常者と障害者の間のギャップが拡大し、結果として、必然的に障害者は、市場経済社会からの脱落を余儀なくされる。社会保障・社会福祉は、資本主義市場経済社会から脱落していく社会的弱者を保護する、職場復帰させるという名目で成立し、現在に至っている。このような経緯で障害者は、「保護すべき存在」という固定観念は、皮肉にも参加機会の平等の結果として生じている。

　ではなぜ今、機会平等の理念が障害者福祉を語るうえで、重要視され、問題になっているのであろうか。それは従来の理念先行型の消極的な機会平等の理念でなく、具体的な方法論と実質的な意義をもった積極的機会平等の理念への転換が図られていることに端を発しているからである。その発端は、アメリカの障害者運動の流れのなかにみることができる。アメリカでは、黒人や他のマイノリティ・グループが、教育・雇用・選挙など、様々な分野における差別に抗議し、白人と同様の権利を求めた公民権運動が展開されてきたが、1964年に「公民権法」が成立し、黒人差別の禁止が明言され、参政権など、白人と同様の権利の行使が黒人にも保障された。その公民権法の精神を受け継ぎ、自らの権利の保障を求めて、障害者たちも立ち上がった。その結果、1973年にリハビリテーション法が改正され、第504条が新たに追加された[3]。そのことにより、初めて、障害をもとにした差別の禁止が明文化された。リハビリテーション法は、最初の重要な障害者権利法である。障害者の完全な社会参加を確立し、これまでの慈善としての障害者支援の考え方から、障害者の人権保護・差別撤廃へと連邦政府の障害者政策の転換を図るものとなった。

　もともと、この法律は、1960年代に始まったベトナム戦争によって、障害を負った多くの負傷兵を受け入れるために成立したものである。リハビリテーション法の改正により、障害を持つという理由のみを持って、「連邦政府の資

金援助を受ける事業、活動及び政府機関、郵政公社の運営する事業、施策において、その参加を阻まれたり、受けるべき利益を損失したり、差別をしてはならない」という差別禁止条項が明文化され、その施設やプログラムの利用を広く保障するものとなった。以前のリハビリテーション法では、公的資金を使っている施設やプログラムに適応されるだけだったが、法律の改正をきっかけにして、障害者の扱いが、それまでの慈善やリハビリ対象者としての観点から、社会や政治に平等に参加する存在としての扱いに大きく変換を遂げた。第504条の施行により、大学などの高等教育機関に障害者が入学できるようになり、その通学のために、リフト付きバスなどが運行されるようになった。このように、行政機関や公共建築物、店舗、公共交通機関など多くの建築とサービス提供の改善が必要となり、多額の経費が投じられている。

　そしてさらにすすんで、1990年のADA法（障害を持つアメリカ人法）では、雇用、連邦及び州政府や地方自治体による公的サービス、ホテルやレストランなど不特定多数の客を相手にするサービス、通信サービス、教育、交通手段など、あらゆる生活場面領域において、障害を理由とする差別を禁じられた。特に雇用については、すべての企業・事業所における障害者雇用差別禁止が明言されている。それは、障害者に特別な保護を与えるのではなく、適切な配慮によって、生活のすべての場面で、障害のあるなしにかかわらず、機会が均等に与えられることにある。

　アメリカで制度化された新しい積極的機会平等の理念が、従来の理念先行型の消極的な機会平等の理念と異なる点は、定藤丈弘が述べているように、差別禁止と対で考えられていることにある[4]。新しい機会平等の理念は、積極的な差別禁止措置（affirmative action）によって、実現可能で具体的な政策体系を持つ理念として、再構築されたのである。アメリカのADA法などの障害者法制では、企業や自治体が法律で定める基準を遵守しない場合、差別を受けた障害者が行政機関による救済、さらには裁判所による救済を求めることができる。救済の内容は、違法な差別の禁止や改善措置命令、損害賠償の請求がある。

　雇用を例に挙げると、前述したように、市場原理的な経済活動において、障害者は、身体的・知的能力の相対的な不足によって、労働市場からの脱落を余

儀なくされ、機会参加の平等が法制的に保障されていたとしても、実質的には経済活動から排除され、不平等が生じてしまう。新しい機会参加の平等では、障害者に対して積極的に働きかけ、教育や訓練の場から不合理に締め出されるのを禁止し、適切な教育や訓練への機会参加の保障がなされる。雇用の段階においても、応募手続き、採用や解雇、給与報酬、昇進、業務訓練、その他の雇用条件・処遇に関して、障害があるがゆえの差別は、ADA法第102条で行ってはいけないと定めている5)。また障害者がこなしうる職務の選択、労働時間の配分、職務遂行ための機器装置の設置・購入、エレベーター、スロープ、トイレなどの整備及び増改築、視覚・聴覚障害者に対する朗読者・手話通訳者の提供など、障害者が職務を遂行するための多岐多様な配慮を行うことが、企業には必要となる。これらの措置が講じられなかったり、明らかに差別が行われたりすれば、監督行政機関に不服を申し立てることができ、公的救済、調停が図られるのである。

　さて、アメリカでは、ADA法などの障害者法制の制定によって、機会参加平等の理念を実質的なものにすることができたが、それの裏には、価値観の転換があったことを忘れてはならない。経済効率や労働能力だけを重視する考え方からすれば、市場原理経済のなかで障害者は、排除されても仕方がないと考えられてきたが、法律の制定により、企業にとっては負担であるとは考えずに、労働条件を整備することで、労働能力のある「有資格」及び「適格」障害者には、「公正に雇用の機会を与える」という社会のルールを作った。「経済効率を重視し能力主義を重視する」という企業に対して、一部分ではあるにせよ、価値観の転換をもたらしたのである。このことは、企業が従来の価値観を持ち続けるなら、障害者雇用はなかなか進まず、機会参加平等の理念も実現できなくなるが、企業のその価値観を一部分でも変更させることができるなら、障害者雇用の機会参加平等の実現の可能性は高くなることを示している。そして何よりも、障害者にとっては、「保護すべき存在」から「納税者」になり、社会に対して貢献することにもなるのである。

　しかし定藤は、機会平等理念の限界として、教育と雇用については、能力のある「有資格障害者」「適格障害者」に適用され、それ以外の障害者には、適

用されないことを指摘している[6]。

　なお、ADA法以降、EU、オーストラリア、ニュージーランド、インド、香港、メキシコ、韓国の各国で障害者差別禁止に関連する法律が相次いで成立していたが、日本は諸外国に比べて障害者差別禁止に関連する法律の制定が遅れていた。そこで障害者差別解消法成立及び障害者権利条約批准までの流れを述べておきたい。

　まず、日本では2004（平成16）年の障害者基本法の改正で基本理念として第3条に「何人も、障害者に対して、障害を理由として、差別することその他の権利利益を侵害する行為をしてはならない」と差別禁止に関する規定が新たに設けられた。その後、2006（平成18）年12月に障害者の人権保障に関する初めての国際条約である「障害のある人々の権利に関する国際条約」（障害者権利条約）が第61回国連総会で採択される。日本の署名は、2007（平成19）年9月である。日本政府も当初、すぐに条約を批准しようとしたが、批准に向けた国内の法整備が不十分だと、日本障害フォーラム（JDF）などの障害当事者各団体が指摘や反対したため、まずは条約批准に向けた国内法整備が進められることとなった。

　そこで2009（平成21）年12月には、同条約の締結に必要な国内法の整備を始めとする障害者制度の集中的な改革を行うために、内閣に「障がい者制度改革推進本部」が設置された。さらに同本部の下では、障害者施策の推進に関する事項について意見を求めるため、障害当事者、学識経験者等からなる「障がい者制度改革推進会議」（以下「推進会議」という）が開催された。その「推進会議」で議論された意見を踏まえて、政府では、同年6月に「障害者制度改革の推進のための基本的な方向について」が閣議決定された。この中で、障害を理由とする差別の禁止等を検討し、2013（平成25）年の通常国会への法案提出をめざすこととされたのを受け、新しい法制の制定に向けた検討を効果的に行うために、2010（平成22）年11月からは推進会議の下で「差別禁止部会」が開催された。差別禁止部会では、「障害を理由とする差別の禁止に関する法制」（以下「障害者差別禁止法」という）の制定に向けた検討が行われた。

　また条約批准に向けた国内法整備の一環として、2011（平成23）年になされ

た障害者基本法の改正（2条）では、障害者を「身体障害、知的障害、精神障害（発達障害を含む。）その他の心身の機能の障害（以下「障害」と総称する）がある者であって、障害及び社会的障壁により継続的に日常生活又は社会生活に相当な制限を受ける状態にあるものをいう」と、社会的障壁を「障害がある者にとって日常生活又は社会生活を営む上で障壁となるような社会における事物、制度、慣行、観念その他一切のものをいう」と定義された。

また諸外国の法制度についてのヒアリングに始まり、差別禁止法の必要性、差別の捉え方やその類型といった総論的な議論を踏まえ、雇用・就労、司法手続、選挙、公共的施設及び交通施設の利用、情報、教育、日常生活（商品、役務、不動産）、医療の各分野について検討され、2012（平成24）年3月には論点の中間整理が行われた。その後、ハラスメント、欠格事由、障害女性等の残された課題や差別を受けた場合の紛争解決の仕組みのあり方について検討され、同年6月からは部会の意見の取りまとめに向けた議論が始められた。その障害者基本法の改正を踏まえて、2012（平成24）年7月には、推進会議の機能を発展的に引き継ぐものとして障害者政策委員会（以下「政策委員会」という）が発足したことから、障害者差別禁止法のあり方の検討の場も推進会議から政策委員会へと移された。政策委員会の下に新たに設置された差別禁止部会では、推進会議の下で開催されてきた差別禁止部会における議論も踏まえて、2012（平成24）年9月14日に差別禁止部会としての意見が取りまとめられた。

この意見を踏まえ、政府では「障害を理由とする差別の解消の推進に関する法律案」を作成し、同法案は2013（平成25）年4月26日に閣議決定され、第183回通常国会に提出された。その後、5月29日に衆議院内閣委員会で、同31日に衆議院本会議でそれぞれ可決され、続いて6月18日に参議院内閣委員会で、翌19日に参議院本会議でそれぞれ可決され、原案のまま「障害を理由とする差別の解消の推進に関する法律」（通称：障害者差別解消法）が成立し、同26日に公布された。障害者差別解消法の施行は、2016（平成28）年4月1日である。

2013（平成25）年12月4日、日本の参議院本会議は、障害者基本法や障害者差別解消法の成立に伴い、国内の法律が条約の求める水準に達したとして、条約の批准を承認した。日本の批准は140番目で、2014（平成26）年1月20日付で

国際連合事務局に承認された。以上が障害者権利条約批准と障害者差別解消法成立の経緯である。人権や福祉の分野で法律の名称に「差別の解消」が初めて入ることとなった。障害者権利条約と障害者差別解消法の特徴は、「社会的障壁」の除法と「合理的配慮」の提供である。「社会的障壁」とは、障害者が日常生活や社会生活を営むうえで、障壁となる事物、制度、慣行、観念などである。例を挙げれば、街中での移動を妨げる階段や段差、交通機関、利用しにくい制度、障害者の存在を無視したような規制や慣習、障害者に対しての差別意識や偏見である。障害者権利条約と障害者差別解消法では、こうしたものを背景とした「不当な差別的取扱い」については、行政機関等や民間業者に対して禁止している。ただし、「安全の確保」「財産の保全」「損害発生の防止」「事業の目的・内容・機能の維持」などの正当な理由がある場合は差別にならないとされている。

　また「合理的配慮」の提供とは、障害のある人が障害のない人と平等に人権を享受し行使できるよう、一人ひとりの特徴や場面に応じて発生する障害・困難さを取り除くための、個別の調整や変更のことである。公平な参加機会を確保するための個別的な環境調整を求めるこの義務は日本の法律の中に初めて登場した考え方である。この「合理的配慮」の提供については、行政機関等（独立行政法人や特殊法人含む）には法的義務、事業者に対しては努力義務があるとされている。事業者の過重な負担になる場合は、この限りではない。

　前述したように、民間事業者の場合、障害者が合理的配慮を求めた時は、負担が過重でない場合、必要かつ合理的な配慮をするように努めなければならない。ただし、事業における障害者との関係が分野・業種・場面・状況によって様々であり、求められる配慮の内容・程度も多種多様であることから、合理的配慮の提供については、努力義務とされているのである。例えば、車いすの障害者が食事をするためにレストランに入った場合、トイレの介助まですることが合理的配慮にあたるのかどうか。トイレの介助はレストランの本来の業務ではない。しかし、食事をするための配慮は過重な負担がない範囲でできるだけしなくてはいけない。こういうことを含めて、合理的配慮の不提供だったかどうかが判断されることになる。

　さて地方公共団体レベルでは、千葉県で2006（平成18）年10月に障害者差別禁止条例が可決、2007（平成19）年7月に施行されている。これは都道府県では初めてとなるものである。条例は、3つの基本的理念、障害者の差別としての①不利益的取り扱い、②合理的な配慮の欠如の2つの類型の差別を定めている。不利益的取り扱いの内容としては、商品及びサービスの提供、福祉サービス、医療、雇用、建物及び交通アクセス、不動産取引、情報の提供の8つを挙げている。また①解決、②議論、③応援の障害者差別をなくすための3つの仕組みも定めた。千葉県の障害者差別禁止条例以降、北海道、岩手県、京都府、長崎県、熊本県、沖縄県の各都道府県で同様の条例が制定され、施行されている。市町村レベルでは、さいたま市、八王子市、別府市などで制定され、施行されている。

　雇用の分野をみると、2013（平成25）年6月に障害者差別解消法成立にあわせて、障害者の雇用に関する法律（障害者雇用促進法）も改正され、障害者差別解消法の施行と同時に改正障害者雇用促進法も施行となった。改正のポイントは3つある。

　1つめは雇用の分野での障害者差別の禁止である。募集・採用、賃金、配置、昇進、教育訓練などの雇用に関するあらゆる局面で、①障害者であることを理由に障害者を排除すること、②障害者に対してのみ不利な条件を設けること、③障害のない人を優先すること、以上は障害者であることを理由とする差別に該当する。2、3の例を挙げれば、単に「障害者だから」という理由で、求人への応募を認めないこと、業務遂行上必要でない条件を付けて、障害者を排除すること、労働能力などを適正に評価することなく、単に「障害者だから」という理由で、異なる取扱いをすることなどが差別に該当し禁止される。

　2つめは雇用の分野での「合理的配慮」の提供義務である。雇用における合理的配慮とは、①募集及び採用時においては、障害者と障害者でない人との均等な機会を確保するための措置、②採用後においては、障害者と障害者でない人との均等な待遇の確保または障害者の能力の有効な発揮の支障となっている事情を改善するための措置のことをいう。障害の種類によっては、見た目だけではどのような支障があり、どのような配慮が必要なのか、わからない場合が

ある。また、障害部位・障害等級が同じ場合であっても、障害者1人ひとりの状態や職場環境などによって、求められる配慮は異なり、多様で個別性が高いものである点に留意が必要となる。例えば、就業時間・休暇等の労働条件面での配慮が必要か、障害の種類や程度に応じた職場環境の改善や安全管理がなされているかなど、具体的にどのような措置や配慮を行うかについては、当該障害者と事業主の間で話し合いにより、決定していくことになる。募集・採用時の「合理的配慮」の具体的な例を挙げると、視覚障害者に対し、点字や音声などで採用試験を行うこと、聴覚・言語障害者に対し筆談などで面接を行うことが該当する。採用後の「合理的配慮」の具体的な例を挙げると、肢体不自由の身体障害者に対し、机の高さを調節するなど作業を可能にする工夫を行うこと、知的障害者に対し、図や絵を活用した業務マニュアルを作成、業務指示の内容を明確にしてひとつずつ行うなど作業手順を分かりやすく示すこと、精神障害者に対しては、出退勤時刻・休暇・休憩に関し、通院・体調に配慮することである。

　3つめに、事業主には、障害者からの相談体制の整備が義務付けられ、苦情に対しても自主的に解決することが求められている。それは努力義務となっている。障害のある労働者と事業主の話し合いによる自主的な解決が困難な場合には、都道府県労働局職業安定部による紛争解決を援助する仕組みが整備されている。紛争解決を援助する仕組みには、①都道府県労働局長による助言・指導・勧告と②障害者雇用調停会議による調停の2種類がある。

　さて手塚直樹は、障害者の就労形態として、おおよそ5つの就労形態を挙げている[7]。
　①　一般雇用（一般企業、官公庁等における雇用）
　②　保護雇用（何らかの保護的措置が継続的に講じられている雇用）
　③　自営（個人でまたは家内労働的に自らが事業主等になっての就労）
　④　福祉的就労（就労支援施設における就労）
　⑤　作業活動（小規模作業等における趣味、創造等の多目的作業活動）
　以上のような就労形態のなかで障害者は働いているといえる。次節では行政や企業による障害者雇用についてみていこう。

2．一般雇用について

（1）民間企業及び行政機関の雇用について　日本の場合

　障害者雇用が増加している。障害者雇用が増加している背景には、バブル崩壊後の長い景気低迷から脱して、少しずつ景気が回復してきたことが挙げられるだろう。加えて、2005（平成17）年7月の「障害者の雇用の促進等に関する法律」の改正で、2006（平成18）年4月から精神障害者保健福祉手帳を所持している精神障害者を雇用している企業は、それらの障害者についても雇用率にカウントできるようになった。また2018（平成30）年4月1日から従来の身体障害者・知的障害者に加えて、精神障害者を法定雇用率の算定基礎に加える「障害者の雇用の促進等に関する法律」の改正法が施行され、併せて障害者雇用率が引き上げられたことも雇用の増加の理由であろう。

　毎年12月になると、厚生労働省から民間企業や公的機関における、その年の障害者雇用の状況が発表される。「障害者の雇用の促進等に関する法律」では、事業主に対し、常時雇用する従業員の一定割合以上の障害者を雇用することを義務付けている。毎年6月1日現在の身体障害者、知的障害者及び精神障害者の雇用に関する状況（障害者雇用状況報告書）は「ロクイチ調査」と呼ばれ、企業の本社の所在地を管轄するハローワークに報告する必要がある。

　2018（平成30）年「障害者雇用状況報告書」の集計結果によると、民間企業（法定雇用率2.2％）は、雇用障害者数、実雇用率とともに過去最高を更新した。雇用障害者数は53万4769.5人、対前年度7.9％（3万8974.5人）増加し、15年連続で過去最高となっている。雇用者のうち、身体障害者は34万6208人、知的障害者は12万1166.5人、精神障害者は6万7395人と、いずれも前年より増加し、特に精神障害者の伸びが大きかった。実雇用率は、7年連続で過去最高の2.05％で、法定雇用率達成企業の割合は45.9％であった[8]。

　障害者の雇用がよりいっそう求められるなかで、働ける身体障害者は企業ですでに働いており、知的障害者も一定数の雇用が必要な者がいるものの、現在は売り手市場で特別支援学校卒業時に就職が決まっている場合が多い。その結果、障害者雇用として採用をかけた時には、精神保健福祉手帳を所持する精神

障害者等の応募が多くなっていくであろうし、今後もこの傾向が続くと考えられる。実際に中堅・中小企業がうつ病など精神障害を抱える人材の活躍の場を整備することが増えている[9]。精神的負担を少ない環境をつくり、能力を引き出している。人手不足が続いていることもあり、各社は精神障害者の戦力化に力を入れている。知的な能力が高かったり、過去の就労経験を生かせたりする場合もある。精神障害者に関しては、精神障害への無知、無理解があり、仕事が難しいと感じている企業の採用担当者がいるが、勤務時間や人間関係の調整、仕事内容の工夫などいろいろな可能性を検討していくことが大切になってくる。ある企業は、潜在能力を引き出すため面談に力を入れ、本人の特性をつかむことや自己否定に陥らないよう評価と期待を伝える、納期やノルマを設けず余裕を持たせるなどの配慮や工夫をしている。顧客にも「納期は守れない」と説明して理解を得ている例もある。

　一方で法定雇用率未達成企業の状況については、2018（平成30）年の法定雇用率未達成企業は54,369社で、そのうち1人不足企業が64.0％と過半数を占めている。また、障害者を1人も雇用していない障害者雇用ゼロ企業は、31,439社であり、未達成企業に占める割合は、57.8％となっている[10]。

　企業が障害者を雇用しない理由としては、「障害者に向く仕事がない」「作業能率が落ちる」「障害の人事管理に不安を感じる」などの理由が多いとされる[11]。そして障害者を雇用する場合には、次のような障害者の雇用コストが生ずる。

① 作業能率、安全維持のために従業員・指導員を置く、または増やす。
② 社内にトイレ、手すり、スロープ、エレベーター、車イスガードラインなどを設置・改修する。
③ 生活指導係を置く、アパート、寮などの改修、または借り上げなどの福利厚生面の充実を図る。

そのような理由などにより、雇用コストが余分に掛かってしまうため、企業は障害者の採用を躊躇してしまうのである。だからこそ、障害者雇用には、法律による強制的な制度が必要になってくるのである。

　わが国における障害者雇用施策の基本となる法律は、「障害者の雇用の促進

等に関する法律」である。1960（昭和35）年に「身体障害者雇用促進法」として制定され、国、地方自治体及び民間企業に一定割合の身体障害者の雇用を義務づける「雇用率制度」などにより、障害者雇用をすすめることを意図したものである。当初この制度は、強制力を伴わず、事業主の努力事務でとどまっていた。そこで障害者雇用をさらに促進するために、1976（昭和51）年の法改正で身体障害者の雇用が努力義務から法的義務へと強化されるとともに、「身体障害者雇用納付金制度」が新たに設けられた。それ以降、「雇用率制度」と「雇用納付金制度」を中心にわが国では、障害者の雇用促進が進められてきた。1987（昭和62）年には、法改正によって、同法の対象に知的障害者及び精神障害者が加わった。ただし知的障害者に関しては、身体障害に準ずる取り扱いがなされたが、精神障害者については、雇用率制度の対象とはされず、1992（平成4）年の同法改正による納付金制度に基づく助成が受けられるにとどまった。

また1992（平成4）年の同法改正では、「身体障害者雇用促進法」から「障害者の雇用の促進等に関する法律」に名称が変更された。1997（平成9）年には、同法の一部が改正され、翌年（平成10年）から法定雇用率が民間企業は1.8％に引き上げられ、法定雇用率の算定基礎に知的障害者が加えられた。

2002（平成14）年の同法改正では、特例子会社を保有する企業が、特例子会社以外のその他の子会社を含めて障害者雇用をすすめる場合には、それらの子会社で雇用されている労働者も特例子会社に雇用されている者と同様に、その企業で雇用されているとみなし、雇用率として計算できることとなった。

2005（平成17）年の同法改正では、前述した手帳を所持している精神障害者の雇用率のカウントに加えて、(1)自宅等で就業する障害者支援の一環として、企業が仕事を発注元企業に雇用納付金制度に基づく特例調整金等を支給すること、(2)障害者福祉施策との効果的な連携を図りながら就職の支援などを行うことにより、障害者の一般就労への移行を促進するための施策を講じることなどが定められた。障害者福祉施策との連携は、具体的には、①公共職業安定所が福祉施設等と連携して、就職を希望する個々の障害者に応じたモデル事業の実施、②障害者の一般就労に移行支援に取り組んでいる社会福祉法人等に訓練を委託して、就職の促進を図ることなどである。2013（平成25）年の同法改正

では前述したように、障害者の権利に関する条約の批准に向けた対応（1）雇用の分野での障害者差別の禁止、（2）「合理的配慮」の提供義務、（3）苦情処理・紛争解決が講じられた。法定雇用率が引き上げられ、法定雇用率の算定基礎に精神障害者が加えられた。2018（平成30）年 4 月 1 日以降、「障害者の雇用の促進等に関する法律」の法定雇用率は、以下のようになっている。

　　　一般の民間企業（常用労働者数45.5人以上規模の企業）…2.2％

　　　特殊法人、国、地方公共団体……………………………2.5％

　　　都道府県等の教育委員会…………………………………2.4％

　さらに2021（令和 3 ）年 3 月 1 日には、「障害者の雇用の促進等に関する法律」の法定雇用率は、以下のようになる[12]。

　　　一般の民間企業（常用労働者数43.5人以上規模の企業）…2.3％

　　　特殊法人、国、地方公共団体……………………………2.6％

　　　都道府県等の教育委員会…………………………………2.5％

　法定雇用率が民間企業で2.3％になった場合は、障害者を雇用しなければならない民間企業の事業主の範囲も従業員45.5人から43.5人に広がることになる。

　なお、身体障害者及び知的障害者で重度障害者については、 1 人を 2 人分として、カウントすることができるが、これは、雇用が困難な重度障害者の雇用を進めるためである。また、通常の勤務時間では、仕事をすることが困難な重度障害者を短時間労働者として、雇用した場合には、 1 人分としてそれぞれカウントできることになっている。精神障害者の場合は、0.5人分としてカウントされることになっていたが、さらに特例として、2018（平成30）年 4 月以降、次の 5 年間の時限措置が取られる。精神障害者である短時間労働者であって、雇入れから 3 年以内の者、または精神障害者保健福祉手帳取得から 3 年以内の者で、かつ2023（令和 5 ）年 3 月31日までに雇い入れられ、精神障害者保険福祉手帳を取得した者については、対象者 1 人につき、 1 人とみなすことになった[13]。

　障害者を雇用するためには、作業施設、設備の改善、職場環境の整備、特別の職業指導などが必要となることが多く、健常者の雇用に比べて一定の経済的

負担を伴うこともあり、「雇用率制度」に基づく雇用義務を誠実に守っている企業とそうでない企業では、経済的負担のアンバランスが生じる。そこで法律は、事業主間の経済的負担を調整するとともに、事業主に対して助成、援助を行うため、事業主の共同拠出による「障害者雇用納付金制度」を設けている。前述したように、一定規模以上の事業主などは、毎年6月1日現在における障害者の雇用状況を報告することとされている。

　ちなみに建設業や大学や短大の高等教育機関などの一部の業種は、雇用率の算定基礎でもある従業員数を一定の割合で減らす「除外率」の制度を設けているが、厚生労働省は、この措置を廃止する方針で今後、段階的に縮小していく方針になっている。

　さて、障害者雇用納付金制度は、次の4つから成り立っている。それぞれの内容をみていきたい。

　① 　障害者雇用納付金の徴収

　② 　障害者雇用調整金の支給

　③ 　報奨金の支給

　④ 　助成金の支給

① 　障害者雇用納付金の徴収

　常時300人以下の労働者を雇用する事業主については、これまでは、障害雇用納付金制度は適用なしだったが、平成22(2010)年7月からは、201人以上300人以下の企業に、平成27(2015)年4月からは、101人以上200人以下の企業に拡大された。

　常時、101人以上の従業員を雇用する法定雇用率に満たない企業（事業主）から、不足1人あたり5万円、年間60万円を徴収することになっている。大企業になると、その規模によっては、年間数千万円の納付額にのぼる。しかし、現に身体障害者や知的障害者・精神障害者を雇用している企業（事業主）については、その雇用数に応じてその額を減額することになっている。したがって、納付金を納めなければならないのは、身体障害者や知的障害者・精神障害者を法定雇用数まで雇用していない企業（事業主）だけとなる。障害者雇用納付金

は、制裁金とか罰金的性格のものではないとされている。独立行政法人高齢・障害・求職者雇用支援機構の各都道府県支部に障害者雇用納付金は納付されることになっている。

　②　障害者雇用調整金の支給

　常時、101人以上の従業員を雇用する企業（事業主）が、法定雇用率を超えて身体障害者や知的障害者を雇用している場合に、その超えている人数に応じて、1人につき月額27,000円の障害者雇用調整金が支給される。

　③　報奨金の支給

　従業員100人以下の企業（事業主）で一定数を超えて、身体障害者や知的障害者を雇用している場合に、その一定数を超えている人数に応じて、1人につき月額21,000円の奨励金が支給される。

　④　助成金の支給

　障害者を雇用するために、必要となる職場環境を整備・改善したり、訓練あるいは職場介助者の配置など、適切な雇用管理を行ったりするために必要な費用を助成するためのものである。

　ところで、厚生労働省から公表されている「障害者雇用状況報告」を複数年でみていくと、法定雇用率達成企業の割合が年々増加しており、障害者雇用は確実に進展している。しかしながら、改善を要する点も多い。例えば中小企業の実雇用率は、大企業に比べて低い水準に留まったままである。中小企業の経営環境は、厳しい状況が続いており、障害者がまずリストラの標的になっている。法定雇用率を達成している企業が増加しているといっても、規模別でも、産業別でも、ほとんどすべての企業において法定雇用率を下回っている状況がある[14]。ただし、電気・ガス・熱供給・水道業、及び医療・福祉については、法定雇用率を達成している企業が多い。また、市場経済化や経済のグローバル等に対応するための雇用の流動化や雇用形態の多様化などを考えれば、雇用率制度対象企業における障害者雇用の前途は、必ずしも楽観できない状況にある。

　しかし、法律で決まっている法定雇用率がなぜ、多くの企業で守られていないのであろうか。法定雇用率が守られていない理由は、前述したように、法定雇用率に達していない企業は、不足人数1人につき、月額5万円の雇用納付金

を納めなくてはならないが、そのお金は、罰金とか制裁金ではない。納められた雇用納付金は、「高齢・障害者雇用支援機構」を通じて障害者を多数雇用する中小企業主への報奨金や助成金に充てられている。そのために障害者を雇うよりも雇用納付金さえ支払っていればいいと安易に対応する企業が非常に多く、責任逃れができるようになっているからである。そのことが、平均の「実雇用率」が法定雇用率に現在も遠くおよばず、企業の法定雇用率を守る「義務」が形骸化している最も直接的な要因になっている。

　2003（平成15）年9月8日、情報公開制度によって、30年近く非公表とされてきた東京都内の9040社の障害者雇用率が初めて厚生労働省東京労働局から開示された。そしてこのことは、法定義務と実態のズレを物語ることにもなった。しかしその公開は、すんなり決まったわけではなかった。DPI障害者権利擁護センター所長の金政玉氏などの障害者団体関係者やメディアの情報公開請求を受けて、内閣府の情報公開審査会が2002（平成14）年11月、「公開が妥当」と答申、それまで原則非公開としてきた厚生労働省が方針転換したものである。

　これに対して、未達成企業のうち約110社余りが「公開されると製品のボイコット運動になる恐れがある」などと公開決定の取り消しを求めて争ったが、同審査会は2003（平成15）年8月、再び公開を促す判断を示して、ようやく企業名が開示されたものであった。東京労働局だけではなく、大阪でも市民団体の公開請求に基づいて、大阪労働局が大阪府内に本社がある企業5,675社の雇用率を公表している。企業名が開示されたことを受け、情報公開を求めた障害者団体や市民団体は、各企業に障害者雇用の改善を働きかけている。それでも改善されない場合は、「企業が社会的責任を果たしていない」として株主代表訴訟も辞さないとしているが、実際、日本航空が「障害者雇用率を達成せず、年間4,000万円〜5,000万円台の障害者雇用納付金を支払っていたことに対して、法定雇用率を長年に亘って達成しないままに、障害者雇用にかえて雇用納付金を払えばよいとして、法定雇用率達成を怠ってきたことは、取締役としての注意義務違反であり、障害者雇用納付金相当額の損害を与えた」として株主代表訴訟が争われてきた。結果として、日本航空では、2010年度末を目標に法律に定められた法定雇用率を達成するように努力するとともに、障害者を雇用する

ため、職場環境の改善及び障害者の就労を支援するための補助機器の導入を含む支援体制を推進することを条件に和解している。この和解について厚生労働省は、「大企業ほど、未達成の傾向がある。日本の代表的な企業の和解は、影響が大きいのでないか」と厚生労働省の担当者は、新聞にコメントを寄せている[15]。

　厚生労働省では、障害者の雇用状況が悪化している中小企業も含め、雇用率達成指導（雇入れ計画作成の命令等）の強化などが図られている。2007（平成19）年6月29日、企業名の公表を前提とした特別指導など、同省は再三の指導をしたにもかかわらず、障害者雇用に一定の改善が見られず、同省の定められた基準を満たさなかった不動産取引業とコンピューターソフト販売業の2社を「障害者の雇用促進等に関する法律」第47条の規定に基づいて企業名を公表した。2社は公表以降、労働局や職業安定所から継続的な指導を受けることになった[16]。その後も障害者雇用に一定の改善が見られない企業については、たびたび企業名を公表している。

　また厚生労働省は、障害者の雇用率が高い企業の上位20社（従業員5,000人以上）を初めてまとめている[17]。そうした状況などを踏まえて、企業の障害者雇用も大企業を中心に徐々にではあるが、進んできている。前述したように、自社の「雇用率」を情報公開で公開されるようになったこと、雇用率を満たしていない企業に対しては、社会的責任を果たしていないとして、株主や市民団体から株主代表訴訟に持ち込まれたりすることで、製品購入のボイコット運動が起きたり、企業イメージの低下など、世間の「外の目」を企業が意識しなければならなくなったことも原因の1つに挙げられよう。

　その障害者雇用率をアップさせるために、企業は様々な取り組みを行っている。例えば、某大手家電メーカーでは、障害者が衝突しないように通路の出入り口にセンサーをつけたり、音やランプで接近を知らせたりする取り組みを行っている。また腎臓病の社員のために人工透析の機械を置いた部屋を設けている。某印刷会社では、月1回程度、手話ができるハローワークの障害者職業相談員を招いている。某百貨店では、商品包装や書類の作成など障害に応じた仕事を見つけ出すように努力している。

なお、青山英男によれば、障害者をよく雇用している企業は4つのパターンに分類できるとしている[18]。

（イ）生産形態、作業形態に特性があり、障害の程度、種類によっては、障害者雇用が経営にとって経営にとってまったくハンディキャップとも、コスト負担とも意識されず、心理的、経済的負担が認められないタイプ。特に聴覚障害者の就労が多い企業。

（ロ）生産手段の改善、合理化によって、障害者と一体化した生産点を形成しうる経営類型。組織化された工程管理の下で特に肢体不自由者を中心とする軽度の障害者をラインの中に組み込んで生産展開、経営展開しているもの。家電産業に多い。

（ハ）劣悪な環境、作業条件の中で健常者の継続就労が不可能な単純作業に代替的な形で障害者を雇用しているもの。建設資材製造や清掃センターなど。知的障害者が多い。

（ニ）経営採算を度外視した、成功者の「善意」、または道楽意向から雇用するタイプであり、障害者雇用に伴って生ずる財務負担は他の部門、貯蓄財源でカバーする類型。

これらの雇用は、単一モデルで構成されているのではなく、様々な要因が混在した状態で、雇用がはじまるのである。

さて、企業の障害者雇用率をアップさせるために、有効で重要な役割を果たしているのは、前述した「特例子会社」である。特例子会社は、障害者雇用を全面に押し出して多数の障害者を雇用し、企業経営の基本的なひとつの命題として障害者雇用が位置づけられているということに特徴がある。特例子会社は、「障害者の雇用促進等に関する法律」第14条の2によって定められており、一定の条件を満たせば特例子会社として認可される。すなわち、親会社が障害者の雇用に特別の配慮をした子会社を設立した場合、一定の要件のもとに、雇用されている労働者を親会社に雇用しているとみなして、実雇用率及び納付金額、調整金額、報奨金額に利用できる制度である。

親会社及び子会社についての特例子会社の認可要件は、以下のとおりである。

○親会社の要件

　①　50％を超える子会社の株式所有または資本総額の50％以上を出資していること

　②　厚生労働大臣の認定を受けていること

○子会社についての要件

　①　雇用される障害者が5名以上で、かつ全従業員に占める割合が20％以上であること

　②　雇用される障害者のうち重度身体障害者及び知的障害者の割合が30％以上であること、子会社の役員のうち少なくとも1人以上は親会社の役員または従業員から選任されていること、子会社の従業員のうち相当数が親会社から派遣されているなど、親会社と子会社との人的交流が密であること

　③　障害者のための施設改善及び雇用の安定が確実に達成されると認められること

　2018（平成30）年6月1日時点で、486社の特例子会社があり、雇用されている障害者は32,518人で、身体障害者11,478.5人、知的障害者は16,211人、精神障害者は4,828.5人となっている[19]（表4-1参照）。

　特例子会社は、1977（昭和52）年に大阪府のシャープ工場と大分県別府市の「オムロン太陽」に認可されたのが始まりである。自社の雇用率をアップさせるために、大企業を中心に特例子会社を設立するところが増加している。特例子会社の業務内容は、①自社製品の部品組み立てや箱詰め、②印刷、③清掃、

表4-1　就労支援施設及び特例子会社の状況

施設種類	施設数
就労移行支援事業	3,471か所
就労継続支援A型事業	3,776か所
就労継続支援B型事業	11,041か所
特例子会社	486か所

④社内の郵便物の集配などが多いようである。特例子会社は、前向きな考えを持って取り組んでいる印象を受ける。

　大阪に本社がある大手空調設備メーカーであるダイキン工業の障害者雇用率は、トップクラスであるが、それは第3セクター方式の子会社「ダイキンサンライズ摂津」が雇用率を押し上げている。従業員は約50名で、健常者は社長以下4名しかいない。空気清浄機用フィルターの組み立てなどを行っている。肢体不自由者だけでなく、聴覚、知的障害者もおり、全員で協力して補いながら仕事をしている。筆者の知人も勤務していたことがあるが、会社のトップの理解は、「良い」とのことであった。筆者も「親の会」のあるセミナーで「ダイキンサンライズ摂津」の担当者の話しを聞いたことがあるが、「今の状況は、障害者たちと働きながら積み重ねて作り上げてきたもので、一朝一夕にできたものではない」と強調していたのが、印象的であった。

　また、武田薬品の特例子会社である「エルアイ武田」は、100％出資の子会社であり、武田薬品本体の障害者雇用率達成するために設立された会社であった。設立直後は、赤字だったが、以後は関連会社の諸基準をクリアして、内部留保も蓄積できている。清掃などの一部業務は、業務委託料として支払われるため、安定収入となるが、印刷など他の業務は、単価主義で市場価格との競争になっている。障害者雇用率も常時クリアできている。同社社長の熊田芳光氏（当時）は、次のように述べている。

　　「企業は、社員に対し、職能、責任感、人間性などさまざまな面で、できる限りの力を要求する。それは障害者であっても同じであり、だからこそ仕事の素晴らしさを実感でき、仕事を通して成長もできる。「エルアイ武田」は常に温かく、時に厳しく、障害者の自立を目指して、いつも愛の心を忘れない会社であり続けたい[20]」

　筆者が教鞭を執っている某福祉系専門学校の卒業生は、社会福祉士を修得し、カップ麺大手の日清食品の特例子会社である「日清食品ビジネスサポート株式会社」[21]に大阪の職員として採用された。（現在は退職している）「日清食品ビジネスサポート株式会社」は東京と大阪にあり、東京では20名（障害の内

訳は知的障害者19名、精神障害者１名）、大阪では６名（障害の内訳は知的障害者５名、精神と知的の重複障害者１名）が雇用されている。

業務内容については、（1）ビルメンテナンス、（2）オフィスサポートに分かれており、ビルメンテナンスは、６：30～14：00までの業務で、日清食品ホールディングスの東京本社及び大阪本社のフロアや階段、トイレなどの日常清掃と明星食品本社ビルの日常清掃の一部を受託している。職員は社内ではリーダーと呼ばれ、雇用されている障害者はメンバーと呼ばれて、一緒に清掃業務を遂行している。オフィスサポートは８：00～15：30までの業務で、現在は東京のみで行っている。郵便・社内便の仕分け、ダミー作成、主要商品であるカップヌードルの形をした名刺作成など、様々な事務業務で他部署の業務をサポートしている。他にも特別支援学校から就職体験実習を受け入れている。採用に当たっては、欠員が出た場合は、就労移行支援事業所からの採用が多いようである。

さて、時代を反映して、インターネットサービスの主要各社は、特例子会社を設立して障害者の雇用を拡大させている。ネット企業は、人員の増加ペースが速く、法定雇用を達成するには、積極的な採用が必要となっていることが理由としてある。主な業務内容は、ブログ（日記風の簡易型ホームページ）閲覧状況の確認、ネット競売サービスに出店される商品のチェック、システム開発、社内伝票の処理業務などに従事している。パソコンで仕事をこなせるネットサービスは、一般企業に比べ障害者が働きやすい面がある。在宅でしか勤務できない重度障害者の採用もインターネットの特色を生かして今後、進んでくるだろう。実際、筆者の知人は重度の身体障害を持ち車いすに乗っているが、普段は在宅勤務でインターネットの監視の仕事を行い、不適切な発言・表現などの投稿がなされた際の削除等を行っている。本社への出社は１週間に１回とのことである。

また人工知能（ＡＩ）など先端分野でより高度な業務に従事したり、新製品の開発を担ったりする障害者も増加している。障害から得た気づきをスマートフォンなどの製品開発に生かす人も出てきている。

それから現在では、分身ロボット、仮想現実（ＶＲ），センサーなどを駆使

して、自分の分身（アバター）が職場で働く未来が現実になりつつある。ある大手企業では、オリィ研究所が開発した「オリヒメ」という分身ロボットを利用して、出張中の上司や在宅勤務中の社員が出先や自宅からロボットを操作し、同僚や部下と会話をしながら仕事を進めている。また分身ロボット「オリヒメ」は、重度障害者の就労にも道を開こうとしている。ALS（筋萎縮性側索硬化症）の人のなかには、「オリヒメ」を出社させ、働き、給料を得ている人もいる。ALSの重度障害者10名が日本財団とオリィ研究所が期間限定で開店した「分身ロボットカフェ」でパソコンを通じ、瞳の動きなどで「オリヒメ」を自宅で操作して働いた。彼ら障害者は、外出も難しい状態だが、ロボットで注文を聞き、コーヒー等をテーブルに運ぶ。飲み物を運ぶだけではなく、テーブルでは来店者と重度障害者がロボットを介して会話を楽しんだ。時給1,000円と給与も支払われた。ロボットの動作速度や通信の安定性などに課題は残ったが、来店者からの苦情はなく、常設可能だと自信を深めている。このように重度障害者であっても就労可能な環境ができつつある。そのような障害者を採用する企業や特例子会社がさらに生まれてくるに違いない[22]。また企業のなかには、リモートワークを導入し、通勤せずに働ける環境整備に動いているところもある。東京に本社を置くコンピューターソフト会社は、地方在住のために働く能力がありながら、職がない、就業の機会を失っている障害者に対して、リモートワークを導入して、新規採用を行った[23]。その背景には、障害者の雇用割合を高める目的や人手不足の解消にとどまらず、多様な人材を獲得して、競争力強化につなげたい企業の思惑がある。

　なお、重度障害者の就労については、この原稿を執筆している時点（2020年8月）では、障害福祉サービスを利用している重度障害者が働く場合、勤務中や通勤時の介助は障害福祉サービスの対象外となっている。「個人の経済活動に公的な障害福祉サービスは使えない」というのが、その理由であるが、2019（平成31）年7月の参議院議員選挙で2名の重度障害者が当選したことなどを受け、国会からは制度の改善を求める指摘があがっていた。そこで厚生労働省は、重度障害者の勤務時間中や通勤中の介助について、2020（令和2）年10月から市町村を実施主体とした新事業を始めることになった。現在、重度障害者

の働く企業に対し、障害者雇用促進法に基づく介助費助成を行っているが、この助成金を拡充する。拡充された助成金を活用しても不足する部分を障害者総合支援法の市町村事業（任意事業）で賄う。障害者本人の自己負担の有無や金額は市町村が判断することになっている。

　対象となる障害者は、障害福祉サービスの重度訪問介護、同行援護、行動援護のいずれかの支給決定を受けた者である。①その市町村に住んでいること、②民間企業に勤務しているか、自営業であることが条件となる。なお、就労継続支援A事業所で働く障害者は対象外になる[24]。

　それから近年、「農福連携」と呼ばれる取り組みも増加している。農業サイドと福祉サイドが連携して、農業で障害者の働く場をつくる取り組みである。その動きは、人手不足の農家や農業法人の農作業を障害者福祉施設が手伝う取り組みから広がり、障害者を本格的に雇う農業法人が増えている。農業分野での障害者雇用の取り組みは比較的古く60年余りの歴史がある。障害者支援施設「こころみ学園」は1950年代に栃木県足利市でブドウ畑を開墾し、障害者と農業を始め、連携の源流を作った。現在では、そのブドウを使ってワインづくりをしている。静岡県浜松市で野菜の水耕栽培を手掛ける「京丸園」では人手不足をきっかけに障害者雇用を開始し、現在では従業員の4分の1が障害者となっており、地域の社会福祉機関と連携をしながらユニバーサル農園に取り組んでいる。また企業による農業分野での障害者雇用も拡大している。大手文具メーカーのコクヨは、2006（平成18）年に大阪府で特例子会社「ハートランド」を設立して野菜の水耕栽培を手掛けている。伊藤忠テクノソリューションズの特例子会社「ひなり」は2010（平成22）年に設立され、農家や農業法人から農作業の手伝いを引き受けて障害者の働く場を確保している。

　農地法改正によって、企業が農地を借りるかたちで、農業ができるようになったのも、企業による農福連携の後押しになっている。全国486社の特例子会社のうち、農業分野に進出している企業は1割弱ある[25]。企業の社会的責任が重視される中で障害者の活躍の場を増やすことが企業には求められている。農作業には多様な工程があるので、障害者の状況にあわせた仕事を割り振ることができるメリットがある。今後も企業による農福連携の動きが促進され

ていくと思われる[26]。

　手塚直樹は、特例子会社の持つ経営課題、雇用管理の課題について次のように指摘している。経営課題としては、「受注確保の拡大」「新規事業の展開」「生産の効率化」「障害者雇用の拡大」「親会社の継続援助」「親会社の障害者理解」などを挙げ、雇用管理の課題としては、「障害者のキャリアアップ」「従業員の能力開発」「高齢化への対応」「障害者の職務開発」「処遇賃金」「従業員の活性化」「人材の定着確保」「障害者の生活指導」を挙げている[27]。これらの課題や問題点は、各特例子会社に共通するものである。まとめると、次のようになるだろう。

① 親会社に営業上の依存が高いために、経済情勢、経営環境の変化により、親会社の経営状況の悪化が子会社の主要な業務へ直接影響してしまう。

② 特例子会社が障害者雇用を専門的に行うために、親会社の障害者雇用に対する当事者意識が低下する傾向がある。

③ 設立時の状況を理解している人の異動・退職により親会社の支援が得られにくくなる傾向がある。

④ 従来から親会社に雇用されている障害者との関係を調整する必要がある。

⑤ 事業再構築、業務効率化、価格競争などにより、親会社の他の関連会社と同列で対応される厳しさがある。

⑥ 障害者の働く場所が限定され、障害者ばかりが集まっているため、ノーマライゼーション推進の観点では、逆行してしまっている。

　このような課題があるなかで、筆者が1番、問題だと思っているのは、特例子会社は、ノーマライゼーション推進の観点では、逆行するのではないかということである。特例子会社で障害者を雇用すれば、親会社の障害者雇用率にカウントされるが、障害者雇用は、子会社の役割ということで、3,000～5,000名を超える親会社の障害者は、数名という例もある。この制度が親会社の障害者雇用をむしろ弱くしているともいえる。前述してきたように、能率を追い、経済的なものに絶対的価値を認めている企業競争社会のなかで障害者は、これまで非生産的な存在として、同情され、保護されてきた。特例子会社は、これを

解消する手段として用いられてきたが、そこで働いている障害者は、「納税」という社会参加はしているが、大企業である親会社から「頑固な拒絶」によって「隔離」されてしまっているとはいえないだろうか。これは、ノーマライゼーションの考え方に反している。やはり親企業本体の中での障害者雇用が進んでこそ、雇用率が本当にアップしたということがいえるのではないかと考える。

　一方、特例子会社ではないが、経営学者で法政大学教授の坂本光司氏が著書で取り上げ、「日本でいちばん大切にしたい会社」の1つと坂本氏が絶賛した神奈川県川崎市の「日本理化学工業株式会社」のような会社もある[28]。この会社は従業員約50名のうち、およそ7割が知的障害者で占められている業界トップシェアのチョーク製造会社である。会社は1937（昭和12）年に設立され、現在は主にダクトレスチョーク（粉の飛ばないチョーク）を製造しており、50年ほど前から障害者雇用も行っている。障害者雇用のきっかけは、会社近くの東京都立青鳥養護学校の40代の男性教師から「障害を持つ2人の女子生徒を採用してほしい」という依頼だった。社長である大山泰弘氏（当時は専務）は受け入れを断るが、粘り強く3度も訪問して懇願する教師に根負けし、2週間の就業体験ならと受け入れる。2週間が経ち、就業体験が終わろうとする時、ラベル貼りの作業を受け持つリーダー格の女性社員が大山社長のところへ来て言った。

　　「あの子たち、明日で就業体験が終わってしまいます。どうか、大山さん、来年の4月1日から、あの子たちを正規の社員として採用してあげてください。あの2人の少女を、これっきりにするのではなくて、正社員として採用してください。もし、あの子たちにできないことがあるなら、私たちがみんなでカバーします。だから、どうか採用してあげてください[29]」

　それは全社員の総意だという。簡単なラベル貼りの仕事だったが、2人が本当に幸せそうな顔をして、一心不乱に、一生懸命に作業をしている姿は、社員たちの心を動かした。大山社長は社員の心に応えて、女子生徒2人を正社員として採用することにした。これがきっかけになって会社は、知的障害者を少しずつ採用するようになっていった。しかし、最初はどうやって仕事を教えれば

いいのか、わからなかったが、やがて大山氏は、「人を工程に合わせるのではなく、工程を人に合わせればいい」と思いいたる。雇用した障害者たちが精一杯の仕事ができるように、一人ひとりとつき合いながら、何ができて、何ができないのかということを少しずつ理解していき、一人ひとりの状態に合わせて機械を変え、道具を変え、部品を変えていき、人に合わせて工程を組み立てていった。例えば、チョークにはいろいろな色があるが、青色であればラインに流す材料も容器の色であらわす。また数字が読めない人は、量りの目盛りが読めなくても使えるように、必要な分量分のおもりを作成して「青い容器の材料は青いおもりで量って混ぜる」と教えれば間違いない。

　このように創意工夫をし、能力に合わせて作業を考え、その人に向いている仕事を与えれば、その人の能力を最大限に発揮させることができ、健常者に劣らない仕事ができることを大山社長は知ったのである。それ以来、日本理化学工業は50年にわたって障害者雇用を続けてきた。採用にあたっては、近隣の特別支援学校から在学中に実習生として働くことを経験してもらい、働き続けたいと希望する生徒の中から採用してきた。生徒の採用の条件として大山氏は(1)食事や排泄を含め、自分のことは自分でできること、(2)簡単でもいいから意思表示ができること、(3)一所懸命に仕事をすること、(4)まわりに迷惑をかけないことの4つの条件を挙げている。

　しかし日本理化学工業のような企業は、日本ではまだ少数であろう。グローバル社会の厳しい経済状況のなか、会社が生き残っていくために、日々社員のリストラや派遣切りが行われている。今はクビがつながっている人も、「明日は我が身」と怯えつつ過ごさなければならない。働いていても、常に不安が付きまとっているのではないだろうか。しかも時代や経済の移り変わりのなかで企業の寿命は平均で30年といわれている。それゆえに「日本でいちばん大切にしたい会社」といわれ、新聞や雑誌、テレビなどのマスコミが挙って取り上げているのである。

　さて次に、障害者雇用が抱えている問題点や課題は、どのようなものがあるのか、みていきたい。繰り返し述べることになるが、「障害者の雇用の促進等に関する法律」は、「雇用率制度」「割当雇用制度」「義務雇用制度」「雇用納付

金制度」を根幹として成り立っている。民間企業は、2.2％の障害者を雇用しなければならず、雇用率に達しない場合は、不足分1人あたり月額5万円、年額60万円の雇用納付金を納めなければならない。例えば、1万人の企業で2.2％の法定雇用率を満たすには、220人を雇用しなければならない。もし1人も雇用していなければ、年間60万円の220人分、1億3.200万円の雇用納付金を納めることになる。雇用納付金を納めたからといって雇用義務が免除されるわけではなく、雇用が進まなければ行政から勧告がなされて、最終的には企業名が公表されて社会的な制裁を受けることになる。企業名が公表されることは、社会的な信用を失うことにもなりかねず、企業にとっては大きなダメージになる。これは、企業にとっては厳しい制度になっている。ところが企業による障害者雇用が進むとこの制度が成り立たなくなるという矛盾も持っている。

　そこで問題の1つめは、雇用納付金制度である。企業から納入される雇用納付金を財源として、調整金、報奨金、助成金、制度の運営費等が支出されているが、障害者雇用が進み、仮に企業が法定雇用率を達成したら、雇用納付金はゼロになるので、調整金、報奨金、助成金、制度の運営費等の支出ができなくなり、制度が崩壊することになる。雇用率が達成できれば目的が達成されたということにはならない。達成された雇用率を継続していくのには、さらに大きな労力と財源が必要になる。法定雇用率を達成するための努力をしながら、一方では財源を確保する必要がある。現行の雇用納金金制度を採用している限りは、次の方法が考えられるだろう。

　①　雇用納付金の単価を上げる。
　②　法定雇用率を引き上げる。
　③　制度を改正する。
　④　助成金などの支出を抑える。

　特に現在は、常用従業員100人以下の企業が障害者を雇用すると、助成金は支給されるが、雇用率制度の対象となっていない。将来的には100人以下の企業からも雇用納付金を徴収、除外率制度を廃止するなどが行われるであろう。またNPO法人や一般社団法人をはじめとする非営利組織等も含め、多様な雇用の場を開拓することが求められる。

　２つめの問題としては、企業が障害者を雇用すると、一定期間（最長で１年半）、助成金が企業に支給されるが、助成金が打ち切られると、その障害者を解雇して、求人し、新たに障害者を雇って助成金を得る企業もある。赤字か黒字が瀬戸際の会社にとっては、助成金のカットは痛い。ハローワークでは、このような企業に対しては、指導や助成金をカットするなどの対策を講じているが、結果的には、雇用の拡大にはつながっていかないことになる。

　３つめの問題としては、ハローワークや労働基準監督署などの労働行政は、障害者の採用までのことに関しては、とても熱心にやるが、採用された後のことに関しては、企業の問題として低賃金、リストラ、人権侵害の問題などに関与しなくなる。そのことが過去に茨城県のアカス事件や滋賀県のサン・グループ事件などの障害者に対する経営者による虐待、暴行、賃金不払い、詐欺及び横領事件を引き起こしてもいる[30]。企業によっては、専任の担当者を置いて仕事上の悩みや人間関係、日常生活の指導など行っているところもあるが、行政においても、何らかのしくみは必要ではないか。

　最後に行政機関についても触れておきたい。国や地方自治体においても、障害者雇用率を定め、民間企業のお手本となるべく、障害者雇用を進めてならないいとされているが、2018（平成30）年８月中旬、業界紙をはじめ、新聞各紙に『障害者雇用水増し』の見出しが一斉に躍った。

> 「企業や行政機関などに一定割合の障害者雇用を義務付ける制度をめぐり、所管する厚生労働省や国土交通省など複数の中央官庁が実績を水増ししていた可能性があることが17日、分かった。20日には総務省が水増しの事実を認めた。対象ではない軽度障害の職員も加えていた疑いがある。厚労省は現行制度が始まった1976年から続いているとみて全省庁を対象に調査を始めた[31]」

　障害者雇用促進法では、これまで述べてきたように、民間企業は法定雇用率を下回れば、雇用納付金が徴収されるなどのペナルティがある。国や地方公共団体は雇用納付金の対象外で、自主的に報告し、雇用計画を策定して改善を図るだけで済む。罰側もない[32]。

　厚生労働省の対象となる障害者を確認するために利用するガイドラインで

は、障害雇用の対象となるのは、原則として身体障害者手帳を、療育手帳、精神保健福祉手帳所持者である。その他に身体障害者については、都道府県知事が定める医師や産業医の診断書・意見書がある者、知的障害者は精神保健指定医などの判定書がある者に限って認めている。障害者手帳を持っていない軽度障害者は、企業や行政機関の実績には含めないことになっている[33]。それを知りながら実績に含めていたとすれば、重大な背信行為になる。率先してお手本を示すべき国が水増しをしていたことは、雇用を作り出す努力をしている民間企業に対して示しがつかないし、民間企業から「努力不足」と言われ、批判や不信感を持たれても何も反論できないだろう。「知らなかった」「理解が不足していた」という言い訳は通らない。

　中央省庁の障害者雇用の水増し問題を巡り、設置された国の検証委員会が公表した報告書[34]の結果によると、国税庁や国土交通省、法務省など多くの中央省庁では、約10年前の退職者やすでに死亡している人を障害者算定に計上していたほか、「うつ状態」の職員を身体障害者と判断したケース、統合失調症、うつ、適応障害などの職員について障害者手帳を所持していないのに計上したケース、また視覚障害者は、眼鏡やコンタクトレンズなどの矯正視力で0.1以下が対象なのに、裸眼で0.1以下の職員を計上したケースなどがあった[35]。報告書の結果からは、行政機関がずさんな運用を行い、恣意的に解釈し、「前例踏襲主義」で水増しが長年続いた実態が明らかになった。水増し計上された障害者数は28機関3,700人に上る。障害者雇用水増し問題が発覚する前は、中央省庁の障害雇用率は、法定雇用率を上まわっていたが、問題発覚後の再点検の結果、法定雇用率は、ダウンしている。

　中央省庁だけでなく、都道府県や市町村、都道府県の教育委員会でも国の指針に反し不適切に障害者算定に計上していたことが分かった。自治体全体では3,800人に上る。国と同様、障害者雇用水増し問題が発覚する前は、自治体の障害雇用率は、法定雇用率を上まわっていたが、問題発覚後の再点検の結果、法定雇用率はダウンした[36]。

　国は障害者雇用の水増し問題を受け、再発防止策を盛り込んだ改正障害者雇用促進法を国会で成立、可決させた。改正法案は、(1)国と地方自治体に対し、

障害者が安心して働くための取り組みを障害者活躍推進計画にまとめ、公表することを義務付けた。(2) 国と地方自治体に対し、障害の確認に使った書類などの保存を義務付けたうえで、厚生労働省に点検や勧告を行う権限も付与した。また法改正とは別に必要な障害者数を満たしていない省庁の予算を減額する制度も設けた[37]。

　この水増し問題を踏まえ、民間企業に比べ低調な雇用率の向上に向け、人事院は障害者を対象とした国家公務員試験を実施している[38]。政府は2019(令和元)年度末までに法定雇用率(2.5%)の達成、常勤と非常勤で4,000人の雇用を目指していたが、水増ししていた28の行政機関を中心に採用を進めた結果、現在では、国のすべての行政機関が法定雇用率2.5%を達成している。今後、国には障害者が長く職場定着できる環境づくりが求められる[39]。

　さてこれまでは、日本における民間企業及び行政機関の雇用をみてきたが、障害者雇用では進んでいるとされるアメリカの障害者は、どうなのか、次項でみていくことにしよう。

(2) アメリカの場合

　アメリカでは障害者雇用については、1990年のADA法(障害を持つアメリカ人法)によって、すべての企業・事業所における障害者雇用差別禁止の明言がされている。アメリカでは、障害者がある仕事を希望し、応募した場合、その仕事を遂行するために必要とされる最低の「資格」を満たしている場合には、他の応募者と平等に扱わなければならない。また雇用者は、応募者の障害に関することを根ほり葉ほり尋ねるという差別をしてはいけない。雇用者が尋ねられるのは、あくまでも職務に関する事柄だけに限定される。しかし、雇用者がその仕事に関する一番重要な「本質的」な能力について聞くことはさしつかえない。障害者は、その仕事を遂行できることを証明しなければならない。そして「本質的」でない部分に関しては、職場にいる他の人々に代わってもらうことになる。そこでソーシャルワーカーの仕事を例に挙げよう。例えば、車いすの脊髄損傷の障害者が病院の医療ソーシャルワーカー(MSW)の職種に応募するとする。雇用者は、「医療ソーシャルワーカーは、患者さんや家族と相談

や話しをするだけではなく、時には患者さんの家を訪問し、医師や看護師など
の他の職種と連携して、必要な福祉サービスを利用できるように調整しなけれ
ばなりません。福祉制度の知識も移動も必要になりますよ。どうしますか？」
と、尋ねるだろう。それに対して障害者は、「ソーシャルワーカーの資格を
持っています」「車の運転免許は持っているので移動は大丈夫です」「コミュ
ニケーションは大丈夫です」などと、アピールすることが必要になる。障害
者側は、「職務を遂行するために本質的なことが自分にはできるのか？」「それ
はどうやれば可能なのか？」を自ら問わないといけない。また雇用者は、求職
を希望する障害者の持っている能力を認識し、理解を示すということが肝要に
なる。障害者が常識的で理にかなった提案をしたにもかかわらず、企業側がそ
れを拒否し、雇用しない場合、障害者は苦情申し立てができる。雇用者は、
「障害者に職を提供するために、どのような妥当な配慮を提供することが可能
なのか？」ということを検討しなければならない。

　ADA法（障害を持つアメリカ人法）では、「資格者」とか「資格のある資格
者」という表現が出てくる[40]。「資格者」とか「資格を持った資格者」とは、
どのような者をいうのであろうか。雇用者が何のために従業員を雇用するかと
いうと、それは必要な仕事を遂行し、利益を得るためである。障害者といえど
も、「仕事ができる」という資格がないといけない。「資格のある資格者」とは、
必要な設備や作業環境などの配慮を伴う場合もそうでない場合も含めて、職務
を遂行できる能力をもっている障害者のことをさす。

　ADA法が求めているのは、基本的に仕事のできる人を差別してはいけない
ということである。仕事ができるかどうかをどのように判断するかが問題にな
る。重要なのは、仕事の中心となる本質的な部分を遂行できるかということで
ある。このため、その職務に必要な能力について、雇用者が判断するのはかま
わない。

　例えば、電話交換手の仕事というのは、外部からの電話を受けて必要な部署
にまわす仕事であるが、視覚障害者にはできるが、聴覚障害者には明らかにで
きない。実際、筆者には大手新聞社に電話交換手として、勤務する視覚障害者
の女性の友人がいるが、スムーズに業務を行っており、視覚障害があってもな

んら支障がない。しかし求職を希望する聴覚障害者が「私を電話交換手で雇ってください」と言ってきても、電話交換手としての「中心となる仕事」ができないのであれば、雇用者は雇わなくてよいのである。先に述べたように、障害者で「中心となる仕事」ができれば、「お茶くみができない」「ごみが運べない」「宿直ができない」というような理由で雇用者は、雇わないということはできない。文化や精神的な風土の違いも、もちろんあるが、「本質な」業務以外の仕事もやらなければ、「雇用をしない」日本の企業との考え方の違いではないだろうか。しかしADA法においては、職務の周辺的・付随的な機能を遂行できないという理由によってその個人を無資格者と見なせないことが保障されるのであって、採用に当たって「有資格の障害者」を他の有資格者（非障害者）より優先する必要はない。非障害者を採用してもいいのである[41]。またADA法は、「有資格の障害者」に対しては、「理に適った配慮」がなされなければならないとしているが、それ以外の障害者については、対象外とされている。

　一方、身体障害者及び発達障害者や知的障害者の職業訓練は、嘗てのアメリカでは、特殊教育の延長と考えられており、中学校レベルになると職業前教育から作業指導がカリキュラムに盛り込まれ、学校生活から職業生活への移行指導が行われていた。そのなかには、無給の職場実習なども含まれていた。そして義務教育を修了すると、18か月間の職業訓練を受け、就職に備えることになっていた。しかしその結果、職業訓練の後、就職できたのは、軽度障害者たちだけであり、重度障害者たちは、結局就職できず、授産所や通所活動センターで日中の時間を過ごすことになった。「訓練して就職」させるというごく当り前と考えられていた方法は、重度障害者たちには効果をもたらさなかったのである。

　わが国でも特別支援学校の中学部及び高等部を卒業して、障害者職業能力開発校に入校し、職業訓練を受ける障害者がいる。障害者職業能力開発校とは、障害者に対して様々な職業についての知識や専門的な技術、技能を取得するために、職業能力開発促進法に基づいて、国及び地方公共団体に設置されている。国が設置しているものは、北海道から鹿児島までの13校、地方公共団体が設置しているものは6校ある[42]。設置されている訓練科は、機械加工、機械製

図、貴金属・宝石、編集及び工業・商業デザイン、金属塗装、縫製、OAシステム、電子機器、電気機器、コンピューター制御、経理事務、一般事務、OA事務、医療事務、電話交換、製版、洋裁、トレース、義肢・装具、ショップマネジメント、建築設計、CAD設計、プログラム設計、陶磁器製造、ソフトウェア管理など、多岐にわたっている。訓練期間は、原則として1年となっている。訓練科によっては、プログラム設計や義肢・装具などのように、修業年数2～3年のものもある。ただし、技能取得の程度により1年間を限度に修業期間を延長できることになっている。障害者職業能力開発校に設置されている訓練科は、時代の流れや社会情勢、産業構造の変化に合わせて、取得する技能を変えてきている。障害者職業能力開発校を修了した障害者は、有名大手企業をはじめ、行政など様々な場所で活躍をしているが、産業の動きや技術革新の流れが速く、学んだ技能が役立たなかったり、障害の程度により企業から採用に結びつかなかったりして、在宅や施設に戻ってしまう障害者も多くいる。我が国でも「訓練して就職」をいう考え方をとっているため、結果として軽度の障害者を除くと、なかなか採用に結びつかない現実がある。

　そこでアメリカでは、1986年にリハビリテーション法を改正して、「訓練して就職」させる方法から「就職して訓練」という方法に改めたのである。つまり「援護就労」（supported employment）である[43]。「援助付き雇用」ともいわれるが、この論文では「援護就労」という呼び方を使用したい。「援護就労」いう方法に改められた背景には、ヴァージニア・コモンウェルス大学、オレゴン大学、イリノイ大学などに研究費を出して、この方法が優れていると研究結果から実証できたからである。わが国でも、「障害者の雇用の促進等に関する法律」による職場適用訓練制度[44] や「知的障害者福祉法」による職親委託[45] があるが、助成金や金銭給付によるものである。

　アメリカの援護就労は、①従来就職できると考えられなかった、②以前に就職したことのない、③重度の知的障害をもつ人々が、④最低賃金以上の給付を得て、⑤一週20時間以上一般就労をするというものである。援護就労には、(1)「個別就労」、(2)「エンクレイブ」、(3)「移動作業班」、(4)「小規模事業所」という成功している4つのモデルがある。いずれも一般就労であるが、共

通していることは、ジョブコーチ（job coach）と呼ばれる専門家が一緒につ
いて就労することである。

　ジョブコーチの職務は、多くの技能に精通し、また多面性が求められる。障
害や福祉に対する理解とビジネスに対する理解の両方が必要となる。ジョブ
コーチは、障害者に組織的な訓練を施し、機械を操縦し、本来の仕事をできる
ようにするとともに、その仕事に付随した様々ことを教えなければならない。
またジョブコーチは、障害者と職場の代弁者、橋渡し役でもある。ジョブコー
チは、障害者が職場での人間関係が円滑にいくように同僚や上司にその障害者
の性格や特徴や関心を伝え、どのようなことができ、どのようなことができな
いか、また職務を遂行するための業務改善等の必要可否を間に入って話し合う。
また障害者には、職場の要望やノルマなどを伝えたり、職場の同僚や上司との
接し方を教えたりする。生活指導や相談も重要な業務になる。

　援護就労には、先に「個別就労」「エンクレイブ」「移動作業班」「小規模事
業所」の４つの成功しているモデルがあると述べたが、どのようなものである
か、説明しておこう。

１）「個別就労」

　個別就労は、障害労働者とジョブコーチが１組になって就職する。そして雇
用主が求める生産量をジョブコーチは、障害労働者に教えながら、一緒に働く
のである。障害のない労働者の生産性にほぼ近い動きを障害労働者ができるよ
うになったら、ジョブコーチは職場での直接の指導から徐々に手を引いていく。
しかし、従来就労が不可能と考えられていた労働者なのだから、どこでつまず
くかわからない。ジョブコーチは、必要が生じた時にいつでもその職場に行け
るようにしておく「ファローアロング」（follow- along）と呼ばれる体制を整
えておく。連邦政府は、ジョブコーチが手を引くまでに使う費用に、18か月
間の職業訓練費を用いてもよいとしている。

２）「エンクレイブ」

　障害を持つ障害者が１人で、職場で働くのが望ましいが、ジョブコーチの手

が長期にわたって、あるいは、一生必要とする人もなかにはいる。そのような障害者に用いられるのが「エンクレイブ」（enclave）である。障害労働者4〜5名とジョブコーチが職場に「班」をつくり、ジョブコーチの指導を受けながら一緒に働くというものである。一例を挙げると、ある障害者がコンピューターで宛名シールラベルを作成し、もう1人の障害者が宛名シールラベルをはがし、別の障害者にシールを渡す。その障害者が封筒に貼るというようにである。

3）「移動作業班」

　なかには、1ヵ所でじっとしているのが苦手な障害者もいる。このような障害者の場合には、「エンクレイブ」が「移動作業班」に変わる。移動作業班では、障害労働者4〜5名とジョブコーチが、移動しながら、作業をしてまわる。公園や敷地の清掃、ショッピングモールやビルの清掃、花壇の管理などがある。

4）「小規模事業所」

　小規模事業所は、2〜3名の障害者と同数の健常者が1つの事業所をつくる。障害のない人が障害者を指導しながら、事業を行うものである。

　このように1）から4）を見ると、すでにわが国の福祉施設や小規模作業所などで実践されているものであることに気がつくであろう。なお、我が国でも、アメリカのジョブコーチにならい、1992（平成4）年に「職域開発援助事業」が導入され、2002（平成14）年の「障害者の雇用の促進等に関する法律」の改正により、「職域開発援助事業」に代わって「職場適応援助者事業」が創設された。職場適応援助者（ジョブコーチ）には、全国の地域障害者職業センターに所属しているものと地域の社会福祉法人、特定非営利活動法人や民間企業に所属しているものがある[46]。2005（平成17）年の「障害者の雇用の促進等に関する法律」の改正で、障害者の就労支援に実績がある社会福祉法人や特定非営利活動法人等がジョブコーチを配置する場合には、「ジョブコーチ助成金」（納付金制度に基づく助成金）が、民間企業が障害のある従業員の職場支援を行うジョブコーチを配置する場合には、「企業内ジョブコーチ助成金」の給付金を

それぞれ受け取ることができることとなった。

ジョブコーチになるためには、独立行政法人高齢・障害・求職者雇用支援機構のほか、NPO法人ジョブコーチ・ネットワークなど7か所の民間機関や大学が実施している研修と実習を修了しなければならない。講義や受講者同士のディスカッションの4日間の研修を経て、この後は4日間の現場実習後、修了証を受け取ることになる[47]。

現在、佐川急便やヤマト運輸などの大手企業でジョブコーチが障害者と一緒に働きながら、職業指導を行い、職場に定着させるなどの成果を挙げている例がある。

次節では、福祉就労について述べていきたい。

3. 福祉的就労について

「福祉的就労」とは、様々な支援策を講じることによって、業績主義を建前とする産業社会にあっても障害者の労働を確保するしくみのことで、国・地方公共団体などから公的資金や運営補助を受けて実施されている。福祉的就労は、一般の競争社会には耐えることができないであろうと考えられる障害者に対して、訓練の場所と活動機会の提供に主眼をおく就労を意味する。福祉就労の主な体系は、「福祉工場」「授産施設」「小規模作業所」として長く展開されてきたが、2006 (平成18) 年4月から施行された障害者自立支援法 (現障害者総合支援法) に基づいて「福祉工場」は「就労継続支援事業Å型」に、「授産施設」は「就労継続支援事業B型」に再編された[48]。また働く意欲と能力のある障害者が企業等で一般就労へ移行することを福祉側から支援するために、「就労移行支援事業」が創設された。(表4-1参照) これは障害者施設での保護から障害者が「働ける社会」を目指しての政策転換といえるであろう。まずはかっての「福祉工場」「授産施設」、そして「小規模作業所」の概要について述べていきたい。

福祉工場

「福祉工場」は、一定の拘束と賃金を得ていながら労働基準法の適用が除外

されている「授産施設」の矛盾点を改めるために制度化されたもので、「作業能力はあるが、職場の設備・構造、通勤時の交通事情等のため一般企業に雇用されることの困難な者に職場を与える」とされていた。福祉工場は、障害者の雇用企業を社会福祉法人が経営するもので、事業体として経営努力をしながら社会福祉事業として障害者雇用を達成するという2つの目標を掲げる事業体でもあった。利用者は、施設設置者（雇用主）と雇用契約を結んだ労働者であり、労働関係法が適用された。身体障害者【1972（昭和47）年創設】、知的障害者【1985（昭和60）年創設】、精神障害者【1993（平成5）年創設】の各福祉工場があった。

授産施設

「授産施設」は、「雇用されることの困難なもの又は生活に困窮するもの等を入所させて、必要な訓練を行い、かつ職業を与え、自活させる施設」とされていた。第二次世界大戦後の傷痍軍人対策に端を発し、1949（昭和24）年の身体障害者福祉法の施行に伴う身体障害者更生援護施設の一種として入所授産施設が設置された。1979（昭和54）年には、通所授産施設が制度化された。知的障害者については、知的障害者福祉法に基づき、1964（昭和39）年に知的障害者入所授産施設、1964（昭和42）年に知的障害者通所授産施設、また精神障害者については、精神保健及び精神障害者福祉に関する法律に基づき、1987（昭和62）年に精神障害者通所授産施設、1992（平成4）年に精神障害者入所授産施設が設置された。

　さて授産施設の利用者の日中活動の大半は、何らかの生産活動に従事することに費やされていた。生産活動に必要な資産、職員の人件費、事業費は公的資金で賄われ、その多募は別として、施設職員や利用者の労働力をもとに一定の収益を見込んだ運営がなされていた。商品開発や市場開拓、業務の効率化や製造原価の抑制、生産設備の拡充など、ある意味では企業経営とさほどの相違はなかった。利用者には、生産活動の対価としての工賃が支払われるが、「生産活動の場」を提供すること自体が福祉的な支援であるということから労働関係法の適用は受けないとされていた。授産施設は、一般就労への訓練の場、ステップの場として設けられながら、これまでは、高い生産能力を持つ利用者を

施設側が手放さないということがあり、利用者の流動化は好まれず、授産施設在籍者から「雇用就労」に向かう人は少ないという問題点があった。そのようなこともあり、授産施設在籍者からの一般就職率は、年間1％前後に止まっていた。

小規模作業所

小規模作業所は、特別支援学校を卒業したものの、障害があるため、進路が決まらなかったり、1度は一般の事業所に就職したものの、仕事になじめず、就業が継続できなかったりして、地域の行き場のない障害者を対象に、働く場や生活・交流の場の確保をめざす民間事業所である。障害を持つ利用者の生きがいづくり、機能訓練、生活支援、仲間づくり、学習、レクリエーション、雇用促進のための訓練や工賃を得ることを目的としている。障害者団体や障害者の親・家族の会、ボランティアなどの関係者が設置の中心となることが多い。無認可作業所・協同作業所・地域作業所・ミニ授産所とも呼ばれ、社会福祉に関連する法律の定めのない事業として、1970年代に創設された。

小規模作業所は当初は、知的障害者・身体障害者を対象としてスタートしたが、1980年代には、精神障害者、1990年代には、脳血管障害やアルコール・薬物依存症など新たな障害群にサービスを提供する重要な社会資源になっていった。

小規模作業所は、国の補助金制度が確立されているが、その補助額も極めて限られていたことから、小規模作業所の大半は現実的には、都道府県や市町村の単独補助などによってその運営を支えている。しかし、その補助額は1か所あたり250～1,500万円（年間平均補助額約750万円）で地方自治体によって大きな格差があり、運営費としては十分とはいえない[49]。

ところで、社会福祉法人は、社会福祉事業を行うことを目的として、社会福祉法に基づき設立された法人である。自主的にその経営基盤の強化を図るとともに、その提供する福祉サービスの質の向上や事業経営の透明性の確保を図らなければならないという「経営の原則」や社会福祉事業を行うために必要な資産を備えているという要件も課せられている。

また、社会福祉法人の認可については、社会福祉事業の種類や役員、資産な

どについて規定した定款を定めて都道府県知事等の認可を受けなければいけない。例えば、法人認可のためには、施設建設用地については、借地でなく自己所有地、1億円以上の資産保有などの諸条件が必要となる。そして国・地方公共団体を除き、都道府県知事等の認可を受けた法人以外は、第一種社会福祉事業への参入を認めず、日本国憲法89条に定められている「公の支配」により、社会福祉法人に対してすべての面で厳しい行政監督を受ける一方、社会福祉法人の行う事業に対する建設費、設備費、運営費、人件費などの公費助成が容易となっているが、そのハードルは高い。

　そこで2000（平成12）年6月の社会福祉事業法改正（社会福祉法に改正）で、小規模授産施設（定員10～19名）の設立を目的とした社会福祉法人の設立要件（基本財産及び施設・設備など）が時限的に緩和された[50]。それは主に、小規模作業所から小規模授産施設の移行を促し、小規模作業所の不安定な経営の安定を図ろうとする目的があった。設立要件が緩和された結果、一定の要件（資産保有1,000万円以上など）を満たせば、運営費（1か所あたり年間1,050万円）及び施設・施設整備費が補助されることとなった。問題点は、設立要件を満たせる作業所はいいが、基本財産や施設・設備をもっていない作業所は、小規模授産施設になれないし、またなれない作業所が大多数を占めているということであった。

　さて、障害者の親たちが社会との接点を我が子に持たせるために、設立したのが小規模作業所であるが、小規模作業所の多くは、「仕事」をしている。その仕事の内容は、メーカーの「下請け仕事」である。1つの例をあげれば、メーカーの工場から回された部品にネジを締めつける仕事、新聞の朝刊に挟み込まれているチラシがあるが、印刷所から上がってきたチラシを折りたたんで何種類かを組にして、新聞販売所に運ぶ仕事やホテルが使うタオルのクリーニングなどがある。下請け仕事は、メーカーを支えるための大切な存在で、その下請けがないと、また日本の産業は成り立たない。メーカーである親会社が指導を行っているので、技術的には非常に優れている面もあるし、そのことが小規模作業所の評価につながっている場合もある。しかし、下請け仕事は賃金が安く、非常に繁閑のある仕事でもある。結果として、賃金が安く、商品の納期

期限が迫ってくれば、施設利用者ばかりでなく職員まで休日返上の非常に悪い労働条件のなかで働くことになる。メーカーである親会社や発注先の会社との力関係があるから、悪い労働条件であっても、なかなか改善を言い出せない。そうなると、そこで働く障害者も低賃金に甘んじるほかない。その下請け仕事であっても、いつもある仕事ではないから、自分たちで独自に仕事を作り出さなくてはいけない。小規模作業所で一番多いのは、空き缶のリサイクルである。空き缶を集めて潰し、それを業者に1キロいくらで売って収入を得る。あと、よく見受けられるのが、「自主製品」の製作である。1つめには、牛乳パックを回収して、はさみできざんで水で溶かして漉いて、紙を再生し、はがきにして100円で売る。2つめには、家庭やお店でいらなくなったてんぷら油をもらってきて、カセイソーダを入れてかき混ぜると固まって石けんができるので、これを売る。3つめには、木工所から木の切れ端をもらってきて、作業所の職員の指導を受けながらペンダントやキーホルダーを製作して売る。4つめには、縫製やさをり織の仕事である。縫製は、縫製工場で布の切れ端をもらってきて、切って小さな袋を作り、お手玉や匂い袋に加工する。さをり織は、専用の織機で縦横の織物を作る。そうすると、テーブルクロスや枕カバー、フキン、財布などができる。5つめには、陶芸である。電気窯を使用して茶碗や置物を焼いて売る。6つめには、クッキー作りである。お菓子作りの得意な職員の指導でチョコレートやナッツなど、様々な種類のクッキーを作って売る。多くの共同作業所がこのような仕事をしている。平均的な年間の売上高も50万円あるかないかであろう。多くの作業所の責任者が嘆くように、「障害者に給料を払いたくても払えない」のも当然である。

　以前、筆者がある共同作業所を見学に行った時、そこの作業所は、ある大手着物メーカーの下請けをしているのだが、その日は、「給料日」であった。1日の作業の終わりに「工賃」が各自に渡されるのであるが、多くの人が受け取る金額は、2,000〜3,000円であった。能力に応じて、金額に少しずつ差をつけているとのことであったが、他人と比べて自分は「1か月、一生懸命やったのに、これだけしかないの」と泣いて指導員に食ってかかる人もいる。みんな、その日を楽しみにしているのだが、また悔しさにくれる日でもある。障害者

だって、自分が頑張った分は、その働いた証が欲しいのだ。でもその頑張りが報われない。

　共同作業所の仕事は、①タダ、もしくは非常に安く原材料が手に入る仕事であること、②最も重度の障害者でもできる単純作業であること、この2つの条件を満たす仕事がほとんどである。販売先としては、家族などの身内や福祉関係のチャリティ・バザーに出店することぐらいである。

　筆者は、福祉関係のチャリティ・バザーでさをり織の財布を500円で購入したことがあるのだが、意外と丈夫で長い間、使っていた。財布は1つ、持っていれば十分だから、2つも3つもいらない。他のものでもそうだ。共同作業所で自主製作されるもののうち、クッキー以外は、1つあれば、2つはいらない。繰り返し買うものではないのである。これでは売上げも伸びないし、売上げが伸びないことには、障害者の「工賃」には、つながらない。結果として、障害者の自立は無理ということになる。障害者も給料は、自分で稼がなければいけないのである。共同作業所の職員や親がそのような発想にとどまっている限り、障害者の自立は遠い。日本は市場経済によって動いているが、それは障害者であっても、例外ではない。施設や作業所の職員の給料は、公費助成によって保証されているため、共同作業所の自主商品の売り上げは、自分たちの給料とはあまり関係ない。そのことが障害者の賃金につながらない発想を施設職員がしている一因とも考えられるのである。

　筆者はある知的障害者の就労継続支援事業B型の通所施設で制作して販売していた似顔絵名刺を使用していた。その名刺は福祉関係で働く知人から教えてもらった。まず制作依頼者の顔写真を施設にメールで送付し、その写真を基に数人の利用者たちが似顔絵をそれぞれ書き、制作依頼者が気に入ったものを1枚選んで名刺にするというアイデアのある面白い商品であった。売れているという。選ばれた利用者の工賃もちょっと上乗せされるということであった。実際、その似顔絵名刺は好評でその名刺の話から仕事の話しにスムーズに進めることができた。1,000枚あったので、なかなか減らないが、また新しく名刺を作る時は施設に依頼しようと思っていた。ところが名刺を担当していた職員が退職するので、名刺の販売を終了するという。一般企業なら売れている商品は

他の担当者が引き継いで販売するが、引き継がれないという。また先に取り上げたさをり織についても担当職員が退職や結婚・出産で休職すると作業が行われないと聞いた。これら一連の事例は、厳しい言い方をすると、職員に「経営する」という視点が欠けているのである。自分たちの給料に跳ね返ってくるのであれば、また変わってくるのかもしれないが。

　現状では、就労継続支援事業B型施設や作業所やで仕事をしても施設利用者は、労働者として見なされず、最低賃金は適用されない。「障害者の自立」を理念として高らかに唱えていながら、実際には多くの就労継続支援事業B型や作業所で、障害者が訓練の名目で低い工賃のまま働き、労働者の権利を獲得できない状態が固定される現状をむしろ、施設側や社会福祉関係者が作りだしているとはいえないだろうか。だからこそ、後述するスワンベーカリーの取り組みが重要になってくるし、輝きを持ってくるのである。

　しかし、共同作業所は、「就労の場」であるというより、次節で取り上げる初期の「あゆむ」に見られるように「生活の場」として設立されることが多く、家族が昼間、働いている間は、面倒が見られないので、作業所に置いてもらい、ちょっとした仕事をもらい、障害者の仲間と一緒に楽しく過ごす、歌やダンスなどのレクリエーションをして過ごす「デイサービス」が主目的の場所が多い。ただし、そのような生活は、親が元気でいるから可能なのである。親が病気になったり、亡くなったりすれば、その生活は、崩壊してしまう。障害者の親は、口をそろえてこう言うだろう。「この子を残しては死ねない、1日でもいいから子どもよりは、長生きしたい」と。それは筆者の親もたびたび口にする。しかし原則的には、願いとして理解できるが、親が子どもより長生きするのは不可能である。前途を悲観して、無理心中をしたり、親が子どもを殺したりする事件も後を絶たず、新聞やテレビでも取り上げられること多い。親亡き後も安心して暮らせる場所をということで一時期、大型入所施設が各地で建設されたが、財政難と「施設から地域へ」のノーマライゼーションの流れのなかで近年は、地域のなかでの生活が推進されている。ホームヘルプサービスやデイサービスなどの地域での生活を送るための社会基盤の整備が求められているところである。

　このようななかで、ヤマト福祉財団理事長の故小倉昌男氏は、多くの協同作業所を訪問し、現状を知るなかで、「福祉的就労」を次のように述べている。

　　　「障害者は、健常者に比べ労働能力が低い、よって労働時間も短い。障害者に仕事をさせるにあたっては、労働時間も短くし、労働負担も軽くし、その代わり低賃金で我慢してもらう就労形態が「福祉的就労」である[51]」

　その考え方が月給1万円以下の低賃金に甘んじている障害者の就労実態につながっているとし、「日本は市場経済で動いているので、福祉的就労はない」というのが、小倉氏の見解である。そこで「月給1万円からの脱出」を主張し、障害者が市場経済の中で、きちんと働ける仕組みをつくり、健常者となるべく同じようなかたちで「自活」することを目指して、スワンベーカリーを設立する。その小倉氏の主張に共感し、障害者の自立を目指して共同作業所から関西での第1号店であるスワンベーカリー茨木店を立ち上げた「あゆむ」の取り組みと現状について、次節で取り上げたい。

4．スワンベーカリーの挑戦

(1) スワンベーカリーの成立と意図

　スワンベーカリーはヤマト福祉財団とヤマト運輸が共同出資した株式会社スワンが経営している[52]。同財団は運輸省や郵政省と戦い、規制緩和に挑戦した宅配便の生みの親、故小倉昌男前ヤマト運輸会長が設立した。財団を設立後、小倉は障害者が働く全国各地の無認可作業所を視察して回った際、非常に環境が悪く、設備もよくないところで働く障害者の姿を目のあたりにする。そして無認可作業所の賃金が月平均1万円であることを知って驚くと同時にショックを受ける。作業所での労働は、一般企業における経済的就労ではなく、福祉的就労という位置づけで都道府県別に定められた最低賃金も適用されないのである。

　現在の作業所での仕事は、企業の下請けがあるが、それだけではやっていけないので、前述したように、空き缶をつぶしてのリサイクル・牛乳パックの再

生はがき・てんぷら廃油の石鹸・そして、自主製品とよばれる木工品・ぬいぐ
るみやバッグ等の縫製・クッキー等の製造を行っている。しかしそれでは１か
月１万円にしかならないのは当たり前で、そんなことをやって給料を払えると
考えるのが不思議で、それらの作業所に決定的に欠けているのが、「商品（事
業）開発力・商品企画力」で販売方法にも問題があるというのが、小倉の認識
であった。

> 「障害者は弱者だから保護しなければならないという考え方が基本的に間違い
> なんです。障害者は保護ではなくて自立させないとだめなんです。親がいつま
> でも面倒を見られるわけではありませんから。親が亡くなっても自立できるよ
> うな体制や仕組みを作ることが国の役目でしょう。保護してしまうと自立心が
> 育たなくなり、障害者のためにならないと思います53)」

また別の雑誌の対談でも小倉はこう述べる。

> 「障害者は保護するもの、という前提で補助金や助成金を与え続けてきたこと
> が障害者の自立を妨げた54)」

　そこで小倉は、障害者が自立するために国や自治体に頼らずにきちんと給料
を稼ぎ出すことを目標に作業所の経営者を対象として「小規模パワーアップセ
ミナー」と銘打って、各地で経営セミナーを開き、経営コンサルタントを招い
て、市場主義経済やマーケティングなどの講義を行った。小倉は市場をよく理
解したうえで障害者施設を運営すべきである、障害者の世界も市場主義経済に
なり、努力していいものをつくれば売れる、売れれば給料も増えるし、仕事に
やりがいも生まれる、生活賃金が保証されない授産など意味がないと、セミ
ナーを通して訴えたのであった。
　そのうえで小倉はセミナーの実践を試みた。実践の条件として第１に、地域
の人が気軽にやってきて商品を買っていく商売であること、第２に、「障害者
がつくったから買ってください」ではなく、競合する一般の店にもひけをとら
ないものであること、第３に、障害者と地域の人たちと交流ができること、第
４に、何回も繰り返し買う必要があることである。小倉のそのようなコンセプ

トから生まれたのが、障害者が健常者とともに「焼き立てパン」を提供する店であるスワンベーカリーであった。広島に本社を置きアンデルセンを運営するベーカリー大手であるタカキベーカリーの支援のもとで、1998（平成10）年6月、銀座にスワンベーカリー1号店がオープンする。この「スワン」の名称は、アンデルセンの童話の「みにくいアヒルの子」から取り入れられた。まず、障害者を契約社員として10名前後を雇用して、時給は750円からスタート、賞与や昇給もあり、一定時間以上働くと社会保険も適用、フルタイムなら月に10万円ほどの収入が得られ、障害基礎年金を合わせればグループホームなどで自立して暮らせる道も開けた。現在、スワンベーカリーは国内では、東京、千葉、埼玉、神奈川、新潟、大阪、岡山、群馬、広島、山口、福井、札幌に店舗があり、海外にもベトナムに店舗がある。東京に直営4店、フランチャイズ店24店舗の合計29店舗が全国に展開している。そして350名以上の障害者が、経済的な自立と社会参加を果たしている（表4-2参照、令和2年8月現在）[55]。次項では、スワンベーカリー茨木店を取り上げ、その活動を中心に述べていきたい。

(2) 知的障害者通所授産施設（現就労継続支援施設B型）「あゆむ」
（スワンベーカリー茨木店）の取り組み

　まず、お断りしておきたい。筆者はスワンベーカリーに興味を持ち、とよかわ福祉会及びスワンベーカリー茨木店に2003（平成15）年から2008（平成20）年に主に関わり調査・論文を書いてきた。その間、時代の移り変わりのなかで障害者福祉分野は2003（平成15）年の支援費制度施行、2006（平成18）年の障害者自立支援法施行、2010（平成22）年と2012（平成24）年の改正、2013（平成25）年の障害者総合支援法の施行、2016（平成28）年の障害者総合支援法の改正と、政策、法制度、サービスの内容が目まぐるしく変化した。その変化は現在も続いている。論文執筆当時と現在とは異なっている部分もあり、現時点に合わせて記述すると合わない部分が出てくるので歴史を振り返るということで、必要最低限の修正にとどめたい。スワンベーカリーについても同様である。前述したようにスワンベーカリーは現時点で国内外ベトナムを含め、29店舗を展開

表4-2　スワンベーカリー店舗一覧表（令和2年6月現在）

	店　名	郵便番号	住　所
1	スワンカフェ＆ベーカリー　ハーバスト ガーデン札幌店	060-0002	北海道札幌市北区北37条東9丁目2-19
2	スワンベーカリー共働店	108-0023	東京都港区芝浦4-13-23
3	スワンカフェ銀座店	104-0061	東京都中央区銀座2-12-16
4	スワンカフェ＆ベーカリー銀座店	104-0061	東京都中央区銀座2-12-15
5	スワンカフェ＆ベーカリー羽田CHRONOGATE店	144-0042	東京都大田区羽田旭町11-1　ヤマト運輸株式会社成城支店内1階
6	SWAN CAFFE 成城店	157-0066	東京都世田谷区成城1-4-13
7	スワンベーカリー十条店／スワンカフェ工房	114-0034	東京都北区上十条2-2-1
8	スワンカフェ＆ベーカリー赤坂店	107-0052	東京都港区赤坂1-2-2　日本財団ビル1F
9	スワンベーカリー落合店	161-0032	東京都新宿区中落合1-6-21
10	スワンベーカリー赤羽店	115-0055	東京都北区赤羽西5-12-4-108
11	スワンベーカリー町田店	194-0021	東京都町田市中町3-7-17-1F
12	スワンカフェ＆ベーカリー町田2号店	194-0037	東京都町田市木曽町231　忠生ショッピングセンター305　1階
13	スワンベーカリー・パトリア品川店	140-0003	東京都品川区八潮5-5-3
14	スワンベーカリー・さがみはら店	228-0828	神奈川県相模原市麻溝台7-1-7　グーリンハウス内
15	スワンベーカリー湘南店	259-1100	神奈川県伊勢原市田中256-1
16	スワンベーカリー柏店	277-0000	千葉県柏市東上町1-3　巳波ビル1F
17	スワンベーカリー深谷店	366-0810	埼玉県深谷市宿根524-1
18	スワンベーカリー新座店	352-0017	埼玉県新座市菅沢1-3-1
19	スワンベーカリー太田店	373-0853	群馬県太田市浜町2-5
20	スワンベーカリー新潟店	950-0983	新潟県新潟市中央区神道寺1-1-18　ファーストクラス神道寺1F
21	スワンベーカリー・ハートランド福井店	910-0852	福井県福井市松城町12-7　パリオCITYヤスサキグルメ館1F
22	スワンカフェ＆ベーカリー大東店	574-0036	大阪府大東市末広町15-6
23	スワンベーカリー茨木店	567-0057	大阪府茨木市豊川3-3-27
24	スワンベーカリー倉敷店	712-8031	岡山県倉敷市福田町浦田2461-21
25	スワンベーカリー三原店	723-0052	広島県三原市皆実2-2-1　ダイソー皆実店内
26	スワンベーカリー沼隈店	720-0311	広島県福山市沼隈町草深2011-1　ニチエー沼南店駐車場内
27	スワンベーカリー・マザーベア尾道店	729-0142	広島県尾道市西藤町1602
28	スワンベーカリー山口店	753-0212	山口県山口市大字小鯖1068-2
29	スワンカフェ＆ベーカリー・グエンチャイ店		ベトナム・ホーチミン市1区グエンチャイ通り5番地
廃店	ヒューマンカフェ＆ベーカリー	542-0081	大阪府大阪市中央区南船場4-3-2　athuman御堂筋ビル1F

134

しているが、当時と現在では異なっているところもある。当時、筆者が調査した20店舗のうち新浦安店など5店舗が廃店、成城店など9店舗が新規開店している。この点をご承知おき願いたい。

　さて、「あゆむ」の作業所開設の取り組みの発端は、1991（平成3）年に茨木市の地元のB中学校を卒業した知的障害を持つA君の進路を切り開く運動であった[56]。中学3年の進路学級活動でA君が「みんなは普通の高校へ行くけど、僕はガマンするねん！」との発言がきっかけとなった。その思いを受け止めたクラスや地域の仲間が「なんとしてもAと一緒に地元の府立F高校に！」「あと3年、友達と一緒の生活を」という運動を進めるなかで、その叫びは周りの仲間を動かし、総数5千名の署名を集め、大阪府教育委員会へ提出された。そしてF高校を仲間とともに受験したものの想いは届かず、選抜制度の厚い壁に阻まれ、不合格となった[57]。結局、F高校との週2回の交流活動を続けながらも日常生活の「拠点」が必要になり、「障害」を持つ人たちがあたりまえに地域で生き、働くことをめざして作業所建設に取りかかった。こうして生活の場としての「あゆむ」が、豊川地区に1992（平成4）年12月に建坪10坪のプレハブ2階建ての定員8名の無認可作業所としてスタートした。無認可作業所での作業内容は、空き缶のリサイクル、大阪府及び茨木市下請けによる公園や学校での雑草取り、雑巾づくり、さをり織である。その他、絵画教室、地域でのバザーや交流会などの行事に参加することであった。

　「あゆむ」は、作業所開設以来、地域の多くの仲間に支えられて様々な活動を行ってきたが、「これから先もずっと今のままでいいのか？　家族との同居が困難になった仲間はどうするのか、最低賃金でさえ保証されずに自立ができるのか？」と言う声が仲間のなかから出てきて、わずか10坪のプレハブにおける活動には限界があるのではと、「あゆむ」の運営委員会でも常に議論されていた。こうしたなかで1998（平成10）年3月には、茨木市の各障害者団体が集まり、「茨木に障害者の地域での生活を支援し、働く権利の保障をめざす認可施設の建設を！」をスローガンに第一次社会福祉法人設立準備会が立ち上げられた。以来、施設見学をはじめ、冊子の発行や法人設立の検討会を進めてきた。しかし議論を進める中で法人設立について様々な意見が関係者から出され、

めざす法人のあり方について、関係者や関係団体の想いが一致せず、再検討を余儀なくされ、2000（平成12）年秋、第一次社会福祉法人設立準備会は、いったん解散となった。

　新しい社会福祉法人は、福祉分野での全市的な役割を果たすことを求められたが、それぞれの地域では、すでに地域に根ざした活動を行っている各障害者団体があり、新しい社会福祉法人が中核となってまとめるというのは、早急すぎた。この間、豊川地区では部落解放同盟の支援を受け、地域の住民によって「あゆむ」の法人化を支援しようと支援プロジェクトを立ち上げ、検討を進めてきた2000（平成12）年暮れには地域の住民が中心となり、改めて法人設立をめざすことになり、社会福祉法人設立の基本方針としてノーマライゼーションを基本とする障害者の人権の確立が打ち出された。その基本的視点は次の通りである。

　まず第1の視点は「地域生活の権利保障」である。地域で障害者が当たり前の生活が過ごせるような、そんな社会づくりの拠点としたいということであった。したがって、めざすべき施設は「通所」とされた。「入所」は人目につかないところに追いやってしまうからである。地域のなかにあっても施設で完結してしまったら意味がない。「通所」で生まれ育った地域で、自分のことを知ってもらいながら生きることが必要である。第2の視点は「働く権利」の保障である。障害者にとって「働くこと」は自立生活の基本となるものである。働き方にはいろいろな形があり、企業に雇ってもらうことだけが働き方ではない。自分たちで工夫して多様な働き方を創造していくことも大切である。そこでめざすべき施設は「授産」とされた。社会福祉法人設立の時から一般就労に近い形で、今までと違った「授産」をやろうと話し合いで決めていたが、スワンベーカリーはそれを実現するための「手段」と位置づけられ、福祉の新しい担い手になれればと考えられた。第3の視点は「当事者参加」である。障害を持つ本人とその家族自身が、どのような施設が必要なのか共に考えなければならない。そのためには、当事者の取り組みなしには一歩も進まない。これまで行政は、障害者差別や偏見など社会の根底にあるものを変えないままに対策を立ててきた。「とよかわ福祉会」が初めて運営する施設が「あゆむ」であるが、

社会福祉事業をする時に単に親や専門家だけではなく、障害者もこれまでの体験や経験を生かして障害当事者が法人運営にかかわることで、障害者や地域のためにもなる。地域に住むいろいろな当事者をいれていくことは、地域に根ざした活動をするために必要である。この方針に基づいて、社会福祉法人「とよかわ福祉会」には障害を持った2名の理事が就任、さらに法人の評議員にも1名が就任した（障害の内訳は、視覚1、脊髄損傷1、脳性マヒ1）。さらに苦情解決の外部の窓口である第三者委員にも脳性マヒの障害者が就任している。

　ちなみにそのうちの3名が第2章で取り上げた特定非営利活動法人　茨木市障害者生活支援センター「すてっぷ21」（平成23年10月法人解散）の関係者であり、施設運営に関わる他、後で述べるスワンベーカリー茨木店のパン販売促進にも当時は取り組んでいた。第4の視点は「ひろがり」を求め続けよう、ということである。自分たちが始めるわけであるが、自分たちだけではできるわけではない。また「認可」施設である以上、すべての市民に開かれたものであることは当然である。以上この4つの基本視点に基づいて、法人の理念づくりや設立が進められたのである。

　もともと豊川地区では調理員のボランティアチーム「K」の配食サービス、街角デイサービス「C」、高齢者の生きがい菜園活動や地域医療の充実を目指す活動など「誰もが住み慣れた地域であたりまえに」暮らせる社会の実現に向けて取り組みが進められてきた。新しい社会福祉法人は、従来型の施設運営を中心としたものではなく、この地域の障害者、高齢者をはじめ、支援の必要な人々のサポートするNPO活動とも連携しながら、こうした地域の取り組みをバックアップする役目も担う。またこれまでサービスを受ける側であった障害者も積極的に社会に貢献していける活動を担っていくことになった。法人設立の経緯については、表4-3を参照にされたい。

　授産事業の検討については、小学館文庫『小倉昌男の福祉革命　障害者「月給1万円」からの脱出』の内容を検討した。小倉氏の「無認可作業所でも認可作業所でも職員の収入は補助金等で保障されており、一方障害者の賃金は、授産の売り上げで分けられるが、ほとんどが月収1万円前後というのは、おかしい。経営力をつければもっと障害者に収入を保証できる。在宅でも企業でもな

表4-3 「あゆむ」社会福祉法人化への経緯

2001年	
3月29日	第1回社会福祉法人設立準備会
4月25日	第2回社会福祉法人設立準備会
5月初旬	メインとなる授産事業を選ぶため、複数の施設を見学する。
5月16日	第3回社会福祉法人設立準備会にて授産事業が検討される。
6月25日	社会福祉法人施設設立呼びかけ人会
	第4回社会福祉法人設立準備会
8月22日	第6回社会福祉法人設立準備会にてスワンベーカリーより出店予定地の再検討を受けたことが報告される。
11月14日	第10回社会福祉法人設立準備会にて法人、施設の名称が検討される。
2002年	
2月	スワンベーカリーより出店許可を得るための具体的な販売計画を提示できるように、アンケート調査、購入協力署名活動を実施した結果、約300名の署名が集まる。
3月28日	豊川福祉会第1回設立発起人会
	この時期に再度、スワンベーカリーへの出店の申請を行う。
4月24日	豊川福祉会第2回設立発起人会において、それまで仮称だった法人名が正式名称となる。
8月2日	継続してきた協議の末、スワンベーカリーの出店許諾を得る。
9月21日	国から社会福祉法人の認可がおりる。
11〜12月	授産事業のメインであるパン製造販売の研修を法人職員がスワンベーカリー赤坂店にて受ける。
2003年	
3月30日	社会福祉法人豊川福祉会 知的障害者通所授産施設「あゆむ」竣工式
4月1日	知的障害者通所授産施設「あゆむ」開所式
上〜中旬	スワンベーカリー茨木店 開店準備（授産利用者に対する研修等実施）
4月26日	スワンベーカリー茨木店 OPEN

「あゆむ」運営委員会編『豊川地区生活の場 あゆむの歩み』の年表を基にして筆者が作成した。

いいわば中間施設としての作業所に経営力をつけ、そこに集う障害者の給与アップや働き甲斐の向上を進めながら一般企業へ巣立つ人が増えれば」という内容に関係者は強い関心を持った。障害者メンバーの工賃が安くていいとは思っていないが、障害者が関われる仕事で高収入が得られる事業を知らないことで、潜在的に仕方がないと思い込んでいたのではないか。また障害者というより昼間軽作業をしながら安全に過ごす場という意識もあった。現にこれまでの「あゆむ」は文字通り「生活の場所」であり、そうしたミニデイサービスセンター的な役割も果たしてきた。これまでの「あゆむ」の取り組みから小倉氏の考え方に対して、毎日薬を飲みながら職員の援助を受けて軽作業をやり仲間たちと一緒に過ごすこと自体を楽しむ人もいる。作業所が金儲けに走ったら金儲けできない人は疎外されるのではないか、などという疑問も出された。

　しかしメンバーに高い収入が確保できる方策があるのならば検討する価値はある。従来からやっているアルミ缶回収などの授産事業と組み合わせ、絵画教室などの活動も取り入れながら重度のメンバーも含め参加できる柔軟な体制が取れるのならば、授産の1つとして取り組むことができるのではないか。一般就労を目指してどこの授産施設や作業所も頑張っているが、一般就労と福祉的幅が大きすぎて実現が難しい面もある。実際に授産施設や作業所は、一般就労を目標にしているかといったら目標にしていない。スワンベーカリーならば企業と授産のギャップを埋めていくことができ、一般就労も想定しながら次へのステップへ結びつけること、将来に向けての個別のライフスタイルを確立していけると考えた。加えて立ち上げようとする社会福祉法人・施設のコンセプト、授産作業の必要面積、高い利益率、ヤマト福祉財団としての支援体制、タカキベーカリーの技術指導、高い商品価値、建設予定地周辺の競合状況などから見た場合、十分検討するに値すると判断し、関西での第1号店を目指してヤマト福祉財団に働きかけることになったのである。

　さてスワンベーカリーを出店するときには、次のいくつかの条件を満たさなければならず、これらの条件が満たされない時には、出店することができない。その条件とは第1に、販売計画書をつくることである。1日のパンの売り上げ目標は、株式会社が10万円、社会福祉法人は7万円である。株式会社と社会

福祉法人では、売上目標が異なっているが、光熱費や水道代等は社会福祉法人の場合、法人事業費で落とせるために、売り上げのなかに含まなくてもいいからである。第2に、同一商圏内（約半径2km程度）にタカキベーカリーの直営・関連店であるアンデルセンやリトルマーメイドが無い事である。理由は無償で生地や製造技術などの協力をしてもらっているため、競合を避けるということがある。一般にパン屋を出店する場合には、①売上げ対象人口が十分にあるか、②周辺に繁盛しているパン屋がないかということが、出店の際のポイントとなる[58]。

　第3に、約2か月程度、各スワン店にて研修を受けることである。第4に、障害者の給料（最低月3万円）を確保することである。第5に、品質保持のため、全国均一の商品にすることである。店独自の商品を開発するときは必ず本部に連絡して、試作品をつくり、社長のOKをもらわないといけない。理由はタカキベーカリーの信用問題に関わってくるからである。スワンベーカリーについて、特筆すべきことは、一般的にチェーン店を経営する時は、本部にロイヤリティを納めるのが普通だが、スワンベーカリーでは、ロイヤリティを求めていない[59]。そのかわり、条件のところで触れたように、障害者を雇用し、その地域の最低賃金と同程度の賃金を確保しなければならない。大阪府の最低賃金は、当時は703円である[60]。

　またスワン本部への報告は月1回で、本部からの売り上げのノルマはない。ただ商品の売り上げを伸ばすために、おいしく売れるパンを作る。天候、曜日、時間帯でどの商品が売れているか、施設の担当職員と施設利用者がマーケティングし、定番品・日替わりメニュー・季節品を決めて売れ筋を入れ替えるなど、店としての売るための経営戦略を立てて企業努力をしなければならない。パンがおいしくなければ、パンの売り上げも伸びないし、また利用者にも賃金が支払えない。パンの売り上げが伸びるほど、利用者に支払う賃金は増える。一般の企業や商店では、当たり前のことだが、授産施設としては、先駆的な取り組みであり、経営を重視することは、一般的に行われてこなかった。従来の授産ではパンだけを作り、味は二の次というのが多い。できれば売れたらいいと考えているが、実際には売れない。売れるとしても「障害者ブランド」を前面に

出してしまうため、次の購入にはなかなか繋がっていかない。それに対してスワンベーカリーはパン屋として当たり前のことをするという、その意味では今までの授産になかった厳しさが求められた。

　さて当初は、スワンベーカリー茨木店の出店に際して、建設予定地でタカキベーカリーがマーケティングを行ったところ、1日の売り上げ予想が3万円にしかならなかったことからスワンベーカリーより出店予定地の再検討の指示を受け、出店の許可が出ず、出店が立ち消えになりかけた経緯があった。それに対して「とよかわ福祉会」が取った対応策は、出店許可が得られるようにアンケート調査や購入協力署名活動を実施し、その結果、約300名の署名が集まり、店舗での売り上げ不足分を企業、行政、小中学校の学区での注文販売・訪問販売等で売り上げ目標をクリアできる見込みとなったことからスワン本部との協議の末、スワンベーカリーの出店許諾を得たのである。そして2003（平成15）年3月の社会福祉法人の設立を経て、2003（平成15）年4月26日、関西での第1号店であるスワンベーカリー茨木店がオープンしたのである。

　知的障害者通所授産施設（現就労継続支援施設B型）「あゆむ」では、定員30名で3つの部門で授産が行われている。スワンベーカリー茨木店であるパン製造部門には10名が関わっている。残りのメンバーは、空き缶のリサイクル、公園や学校での雑草取りを行うリサイクル・園芸部門と雑巾づくり、さをり織、クッキーなどを製造するハンドメイド部門に分かれて作業を行っている。パン製造部門に配置されるには、リサイクル・園芸部門やハンドメイド部門と異なり、①通勤できる体力があるか、②清潔の概念があるか、③フライを揚げる仕事があり、危険が伴うため、それに対応できるか、④能力・適正があるか、⑤本人の希望・やる気の5つ条件が満たされないと、難しい。特に大切なのは、清潔の概念で、食品衛生上の問題から「手が汚れている」などの清潔の判断が利用者にできるかどうかが重要となる。仮に利用者が仕事をすることが可能だとしても、利用者本人や家族がその仕事を望んだとしても「清潔」ということが理解できなければ、配置することはできない。

　パン製造部門は、スワンベーカリーで研修を受けた職員がパンの製造や販売を担当し、10名の障害利用者を支援している。忙しい時間帯によっては、職

員が1名応援に入っている。2交替で1日4時間勤務となっているが、現時点では、フル回転させる仕事が障害者にないからである。言い換えればそれは職員の負担を増やしていることにもなる。主な利用者の仕事の内容は、パンのトッピング付けや焼き上がったパンの店頭への運搬、レジでの応対などであるが、パンを焼くなどの主要な仕事については、火傷などの危険を避けるために、今のところは職員の仕事になっている。パンの1日の生産量は、金額にすると7万円ぐらいで、種類は60種類である。平常400〜500個を生産、学校や役所関係から行事等で注文があった時には、600〜700個になる。季節によって商品の3分の1を入れ替えている。1日の売り上げは、雨などの天候によっても影響される（雨が降ると客足が落ちる）が、3万5千円から7万円である。注文によるパンの宅配販売を開始したことで、平均2万円売り上げが伸びている。パンの原材料については、広島のタカキベーカリーから週1〜2回調達している。

　次に授産賃金であるが、売り上げ利益については、法人役人や施設職員にいかないように、原材料費等の必要経費を差し引いたうえですべて利用者に分配している。「あゆむ」の授産賃金は当時、次のようになっていた。①パン製造部門　時給710円×時間　②ハンドメイド部門　最低　9,200円　真中　10,350円　最大　11,500円　③リサイクル・園芸部門　一律同額となっている。パン製造部門の授産賃金は、リサイクル・園芸部門やハンドメイド部門とは、賃金体系が異なっており、時間給として独立している。時給は大阪府の最低賃金を上まわる710円（当時）となっている。リサイクル・園芸部門やハンドメイド部門については、茨木市や大阪府からの委託による振込や売り上げによっている。リサイクル・園芸部門やハンドメイド部門は、パン製造部門よりも授産賃金は少ないが、他の授産所・作業所と比較すると、作業工賃は若干多くなっている[61]。

　ヤマト福祉財団の故小倉昌男理事長は、スワンベーカリーについて、補助金頼りから脱却するために、社会福祉法人やNPO法人ではなく、利用者に利益を還元するため、株式会社で開店すべきとしている。それに対して「とよかわ福祉会」の専務理事（当時）である中村信彦氏は、「社会福祉法人だからこそ

見えてきたことがある。それは「新しい福祉のあり方」である。他のスワンベーカリー店であれば、作業がうまくできなかったら退職しなければならない。「あゆむ」であれば、本人と話し合いをして他の作業に移れるという強みがある。パン屋だけやっていたら無理。本人のライフスタイルや生活を大切にしながら目標を明確にする。5年、10年先を考えて、その人にあった将来像を描く。それは福祉だから考えられる」と反論している。今までには見られなかった斬新な考え方であり、共感も覚えるが、いろいろな課題があることも事実である。まず、「あゆむ」が抱える第1の課題として、パン製造部門と園芸部門・ハンドメイド部門などの他の授産との間には、明確な収入格差があるが、その差は最大で約4〜5万円になる。作業を行っている場所がそれぞれ異なっていることもあって、パン製造部門と他授産部門のメンバーとの間には不満はなかった。

　また適性があっても本人がパン製造部門を嫌がって希望しない場合もあるが、園芸部門・ハンドメイド部門の保護者のなかには、授産賃金の格差からパン製造部門のメンバーを「優秀で選ばれた人」と羨望のまなざしで見ると同時に「うちの子にはパン製造部門は無理」という空気もなかには存在していた。パン製造部門に配属された場合でも、パン製造や販売作業が無理だった場合は、中村氏も言っているように、施設を辞めずに本人と話し合いをして他の部門の作業に移れるという道があるが、本人や保護者の「うまくいかなかった」という気持ちや施設内の人間関係もあって、退所した例もあり、必ずしもシステムがうまくいっているわけではない。そのような利用者の処遇を今後も含めて地域のなかでどう支援していくかが課題となった。課題の第2には、パン製造部門に所属する保護者のなかには、ここで力をつけて一般雇用に結びつけたいと考える保護者もいる。

　「あゆむ」の方針としても最終的には一般雇用へつなげるという目標がある。将来的には障害者総合支援法による契約を離れて、利用者個人がパートとして「あゆむ」と雇用契約を結び、働くことまでは想定しているが、その先のビジョン（一般企業での雇用）にどう結びつけていくかについては、なかなか描き切れていないのが現状である[62]。

(3) スワンベーカリーの評価と課題

　筆者は、人材派遣や全国各地で専門学校を経営する東京のヒューマングループが民間企業として初めてスワンベーカリーの経営に乗り出し、大阪に関西での2号店である心斎橋店をオープンさせた（2003年）当時、店舗担当者にお話しを伺ったことがある。心斎橋店のオープンの目的として、「ヒューマングループの経営理念である「世の為、人の為」を具現化するため、障害者の雇用促進と自立支援を目的としてベーカリー事業に参入し、新たに福祉事業にチャレンジするもの」と語られていた。心斎橋店は、スワンベーカリーでパン屋経営のノウハウを学んだ後、2005（平成17）年4月には、ヒューマンベーカリーとして独立を果たしてしている。

　当時、筆者の関心はどのようにして障害者を雇用しているかにあった。雇用されていた障害者は9名で、その障害者の採用方法は、所轄の公共職業安定所に相談、採用要領・面接会場の協力を得て、公募(約60名面接)から採用された。その内訳は知的障害者8名、聴覚障害者1名、男性3名、女性6名であった。年齢層は20〜23歳（1名　29歳）となっていた。雇用形態は、非常勤で実働最低6時間となっており、時給は茨木店と同じく710円（当時）である。パンの1日の生産量は、約800〜1,000個、種類は50〜60種類であった。パンの売り上げは1日当たり平均約10万円となっていた。仕事の内容は、パンのトッピング付けや焼き上がったパンの店頭への運搬、レジでの応対、テーブルを拭くなどの店の環境整備で茨木店と大きな違いは見られない。スワンベーカリー心斎橋店の時とヒューマンベーカリーになってからの2回、店を訪問してパンとコーヒーを飲んだが、足の不自由な筆者をサポートして、店で働いている知的障害者が商品を席まで運んでくれた。障害の程度はかなり軽度である。一見しただけでは障害者だと分からないほどである。その後まもなくして、ヒューマンベーカリーは人件費の高騰などの理由で閉店している。

　筆者は、全国のスワンベーカリー20店舗に対して、現状を把握するため、郵送によるアンケート調査を行った。【2006（平成18）】年8月〜9月に実施、当時、スワンベーカリーは20店舗であった）20店補のうち、回答があったの

表4-4　スワンベーカリーの質問内容

ご　質　問

① 　スワンベーカリーは現在、札幌から山口まで全国で20店舗が営業しておりますが、スワンベーカリーの店舗を立ち上げた理由・目的は何ですか。また運営主体、運営方式についても教えてください。

　　例……株式会社、社会福祉法人など。

② 　現在、貴店の雇用人数は何名ですか。そのうち障害者を何名、雇用していらっしゃいますか、障害別の内訳、男女別、年齢層を教えていただけませんでしょうか。また雇用形態は常勤でしょうか、非常勤（パート）でしょうか。スワンベーカリーでは、開店の条件として、ロイヤルティを求めないかわりに雇用した障害者に対して、その都道府県の最低賃金と同額の金額を保証するように求めていますが、時給は1時間おいくらですか。

③ 　雇用されている障害者は、どのような経緯で採用されたのでしょうか。ハローワークとの連携はどのように取られておりますか。

④ 　採用するにあたっての条件等があれば、教えていただけますか。

⑤ 　1日のパンの生産量、生産するパンの種類を教えていただけますか。

⑥ 　1日のパンの売り上げ、売り上げ目標を教えていただけますか。

　　　　　　　　　　　　質問は以上です。よろしくお願いいたします。

は、スワンベーカリー茨木店を含む8店補（郵送によるもの6店舗、電話によるもの2店舗）であった。アンケートの質問内容については、以下の6項目を質問している（表4-4参照）。

① 　スワンベーカリーを立ち上げた理由・目的
② 　障害者の雇用数、障害種別、男女別、年齢層、雇用形態
③ 　採用の経緯とハローワークとの連携
④ 　採用するにあたっての条件

⑤　１日のパンの生産量、生産するパンの種類

⑥　１日のパンの売り上げ、売上げ目標

ではそれぞれの項目について、主だった回答を挙げておく（複数回答あり）。

①のスワンベーカリーを立ち上げた理由・目的について

・障害者の自立支援のため。

・障害を持った人の雇用の場として、障害を持って働いている人の交流の場、立ち寄り場として。

・ヤマト福祉財団の小倉昌男理事長の「障害者にも高い給料を」という考え方に共感して。

・障害者の自立支援をするため、スワンベーカリーを授産事業として選択した。授産事業のモデル的な運営を創造していきたい。

・当初はある企業の下請けをしていたが、折からの景気の低迷で仕事が減少し、貢金がさらに下がってしまった。仕事がないということは、職員が遊んで給料を得ることになり、利用者の親でも園長あったので、授産施設のあり方に疑問を感じ、毎日、仕事のある手づくりパンの製造に取り組むようになった。しばらくは順調にいっていたが、お客さんが新商品を待っていても商品がそれに追いつかないということがあったため、チェーン店であるスワンベーカリーを持つに至った。

・障がい者の一般就労は、なかなか困難な状況にあり、社会参加が難しいため、福祉施設に通所している現状がある。施設でいろいろな製品を作ってイベントなどで販売しているが、思うように売り上げにつながらないため、このような製品を集めて常時、販売ができるショップを開店させたが、それだけで集客できるかという疑問が生じた。そこで毎日、食卓に並ぶパンを製造することで、常時働けることにもなり、相乗効果で、施設製品の売り上げ向上になると考えた。そうすることによって、就労の場の拡大と自立につながると計画した。

②　障害者の雇用数、障害種別、男女別、年齢層、雇用形態については、表4‐5参照のこと。

③　採用の経緯とハローワークとの連携について

表4-5　就労支援施設及び特例子会社の状況

	設置主体	障害者数	男	女	障害種別	年齢
A店	株式会社	12名	6名	6名	知的障害	20～35歳
B店	株式会社	3名	2名	1名	知的障害	21～41歳
C店	株式会社	6名	3名	3名	精神障害	20～50歳
D店	社会福祉法人	10名			知的障害	18～
E店	社会福祉法人	19名	13名	6名	知的障害	平均27歳
F店	社会福祉法人	6名			知的障害	
G店	社会福祉法人	15名	10名	5名	知的障害	
H店	社会福祉法人					

	設置主体	雇用形態	1日の勤務時間	給料	備考
A店	株式会社	常勤的非常勤	4～8時間	時給720円	
B店	株式会社	非常勤	6時間	月5万円	最低賃金を保障
C店	株式会社	常勤	6時間	月5万円	メンバーは時給700円
D店	社会福祉法人	授産での利用	4時間	1日2,130円	時給710円×3時間
E店	社会福祉法人	授産での利用		月4.3万円	
F店	社会福祉法人	授産での利用			
G店	社会福祉法人	授産での利用		月3～5万円	能力に応じて支払い
H店	社会福祉法人	授産での利用			職安採用は賃金保障

※回答がないところ、答えられないとしたところは、空欄になっている。

・雇用内定者については、ハローワークに指定求人を出している。

・ハローワークから人材を推薦してもらい採用する。

・授産事業として行っているところは、ハローワークの紹介は、健常者のパートのみに限定している。

・ハローワークは利用せず、身体障害者及び知的障害者の福祉団体に声を掛けた。

・障害者自立支援法（現障害者総合支援法）の就労移行支援事業として運営するので、今後はハローワークとの連携も必要となってくると考える。

④　採用するにあたっての条件について

・障害者本人、保護者ともに就労希望を持っていること。

・自力で通勤できること。

・条件は特にないが、午前9時までに通勤できること。清潔などの概念は、働きながら学んでいく。

・人柄、笑顔、清潔感などの考課があり、一定の条件をクリアしないと採用しない。

・店舗で働ける状態であれば、採用は可能。

・スワンベーカリーに欠員があって、障害者本人に適性があり、力が発揮できる場所であれば採用。

・知的障害者を採用するのが基本条件。

⑤　生産するパンの種類、1日のパンの生産量について

　1日の生産するパンの種類は、少ない店では40種類、多い店では60種類となっている。また1日のパンの生産量については、少ない店で300〜450個、多い店で1,500〜2,000個となっている。各店とも学校や役所で行事があったりして、地域から注文があった時には、1日のパンの生産量が増加する傾向がある。

⑥　1日のパンの売り上げ、売上げ目標について

　1日のパンの売り上げは、少ない店で1日3万5千円〜5万円、多い店で1日25万円〜28万円となっている。売り上げ目標は、1日14万円とか月103万円と教えてくれるところもあったが、教えてくれないところが多かった。「1日のパンの売り上げ、売上げ目標の開示は難しい」という店も2店あった。回答をいただいたなかには、「何名の障害者がスワンベーカリーに関わっているかは、言いたくない。授産の利用者の最低賃金は、定めなくてもよいので定めていないが、ハローワークから雇い入れた分には、最低賃金を払っている。その金額については言えない」と教えてもらえなかった。ある授産施設では、「営利企業でないので、売り上げの目標はない」というところもあった。

　しかし、パンの売り上げが上がらなければ、授産貢金が上がっていかず、障害者が地域のなかで暮らしていくことは、金銭的に厳しい。障害者の賃金を上げるために、スワンベーカリーを経営しているのに、「営利企業でない

ので、売り上げの目標はない」というのは、おかしいのではないかと筆者は
感じる。逆にいえば、この施設及び職員は「障害者の自立」「地域での生活」
について、何も考えていないことにもなってしまうのである。

　さてスワンベーカリー茨木店、心斎橋店（ヒューマンベーカリー）や各店の
アンケートの結果をみるとき、採用の共通項が浮かび上がってくる。すなわち
それは、「一定の労働能力・条件を持った障害者しか採用しない」ということ
である。スワンベーカリーでいえば、①清潔の概念が分かること、②自力で通
勤できること、③パンのトッピング付けや焼き上がったパンの店頭への運搬、
レジでの応対、テーブルを拭くなどがこなせることが採用の条件となる。これ
らができないと採用は難しいといえる。障害者の雇用を生み出すために作られ
たスワンベーカリーでも「選別主義」「能力主義」から逃れることはできない
のである。他に課題としては、人件費の問題がある。それは各店舗共通してい
た。障害者の接客やパンの製造を支えるためには、一定数の健常者のサポート
スタッフが必要となる。パンの売り上げを上げようとして、スタッフを増やし
労働時間を長くすると、人件費に跳ね返るということがある。それは経営面で
は、負荷になる。場合によっては、障害者の給与が減額されることがあるかも
しれない。その課題を解消しようとすれば、店舗ごとに特徴ある独自製品の開
発など、工夫して売り上げを伸ばしていくことが必要になる。
　ヤマト福祉財団の故小倉昌男氏が始めたスワンベーカリーが結局、能力主
義・選別主義から逃れることはできないとしても、障害者雇用について新たな
方向性を作り出したということは、疑う余地がない。現在、スワンベーカリー
は全国で29店舗が展開し、その経営には、これまで述べてきたように、社会
福祉法人や企業ばかりでなく、各地方の青年会議所や自治体などもかかわって
いる。障害者雇用を促進しなければならない立場の企業や自治体などからも注
目を集めている。各地の社会福祉法人をはじめ、いくつかの上場企業が誘致を
進めている。また赤坂店でコーヒーを入れる障害者を見て、外資系のコーヒー
チェーンであるスターバックスは、知的障害者の雇用に踏み切っている。ある
大手企業の人事担当者が「小倉氏の取り組みに勇気づけられて、障害者雇用を

目的にした特例子会社を設立し、清掃業務や飲食業に参入した」と話すなど、スワンベーカリーの取り組みは、他企業の障害者雇用にも影響を与えている。つまり、小倉昌男氏のような経済・財界の大物が取り組んで成功したということが、企業や社会福祉施設をはじめ、社会に対して非常に説得力を持ったということである。また小倉氏でなければ、スワンベーカリーがテレビや新聞等のマスメディアに取り上げられて、ここまで話題になることは、なかったのではないか。

　障害者自身が社会福祉法人やNPO法人、株式会社を設立し、運営するという新しい雇用形態がみられてきていることについて、知的障害者授産施設「あゆむ」スワンベーカリー茨木店での取り組みを事例として検討した。ここで明らかになったことは、障害者の雇用を生み出すために作られたスワンベーカリーでも「選別主義」「能力主義」から逃れることはできないということであった。しかし、スワンベーカリーの功績は3つあると筆者は考える。第1には、これまで能力があっても「社会の役に立たない存在」と言われ、企業から切捨てられてきた障害者にとって、環境や条件を整備すれば「働けること」を社会にアピールできたこと、第2には、障害者採用に今まで後ろ向きだった大手企業に障害者に対する意識の変化をもたらしていること、第3には、社会福祉関係者に障害者の収入を増やすためには、補助金に頼らずに自ら稼ぐ道があることを気づかせたこと、である。そういった意味でスワンベーカリーが果たした役割は大きなものがあるということである。

5．障害者自立支援法（現障害者総合支援法）以降の 動きについて

　2006（平成18）年4月に施行された障害者自立支援法（現障害者総合支援法）は、これまでの施設中心の「福祉就労」についても、大きな変化をもたらした。これまでの「福祉就労」に関しては、①福祉施設利用者の就職者の割合が低い（授産施設利用者の1％しか就職していない）、②授産施設の工賃が低い（平均月額1万5千円）、③離職した場合の再チャレンジの受け皿がなく就職に後ろ

向きになる傾向が強い、④特別支援学校の卒業生のうち、約6割が福祉施設に入所または通所しており、就職者は2割にとどまっている、⑤雇用施策、教育施策との連携がない、という指摘がなされていた。そこで「障害者がその能力や適性に応じて、より力を発揮できる社会へ」をスローガンとして、次のような施策が政府から打ち出された。

①　福祉施設利用者や特別支援学校の卒業生に対し、一般就労に向けた支援を行う「就労移行支援事業」を創設

②　障害福祉計画において、就労関係の数値目標を設定

③　福祉施設の定員要員を緩和し、離職者の再チャレンジや地域生活の移行に対応

④　支援を受けながら働く「就労継続支援事業」に目標工賃を設定し、達成した場合に評価するしくみを導入

⑤　福祉・労働・教育等の関係機関が地域において障害者就労支援ネットワークを構築し、障害者の適性に合った職業の斡旋等を実施

　このような施策に沿って、障害者自立支援法の就労支援についての新しいスキームは、既存の授産施設や福祉工場を「就労移行支援事業」及び「就労継続支援事業」に再編し、ハローワークと市町村及び相談支援事業者が連携を組み、障害者の就労支援を行うことを目的としている。障害者ごとに支援計画を作成、それに基づき企業等での就労を目指した訓練を実施し、期限のあるプログラムを組んで、作業訓練から就職活動までの一貫した支援を行うことになる。さらに、就職後の支援も引き続き行い、障害者の就業の定着も図ることになっている。では次に、就労移行支援事業と就労継続支援事業についてそれぞれ述べたい。

1）就労移行支援事業

　障害者総合支援法で、最も施設へのインセンティブを高く設定した制度で、一定期間（概ね2年間）にわたる計画的なプログラムに基づき、雇用就労に必要な知識の獲得や職能の向上に向けた訓練とともに企業への就職活動や就職後の定着支援を行うことになる。企業への雇用、または在宅就労等が見込まれる

65歳未満の人が対象となっている。

2）就労継続支援事業（A型：雇用型）

　企業などに雇用されることが困難な障害者と雇用契約を結び、生産活動など
を通じて労働を保障する事業で、知識・能力が向上すれば、一般就労への支援
も行うもので、労働法規が適用され、最低賃金法の適用や社会保険料の事業主
負担も発生する。旧制度では福祉工場が該当する。

3）就労継続支援事業（B型：非雇用型）

　雇用には至らないが、より実践的な訓練を必要とする人や再度雇用の場に戻
ることを希望する人が対象となっている。施設などで作業実務を通じて就労機
会を提供するとともに就労移行に向けた支援を行う事業で、利用者に対する工
賃支払い基準や毎年度の工賃支払目標額の設定などが義務づけられている。な
お、一般雇用やA型での雇用が困難な障害者には日中活動事業が提供され
る[63]。これは個別支援プログラムを作成し、チームアプローチによる段階的
支援が義務づけられ、提供されるサービスの質を確保するために、サービス管
理責任者が配置される。

　障害者自立支援法施行以降は、特別支援学校の卒業後の進路としては、一般
企業、特例子会社、就労移行支援事業所、就労継続支援A型事業所は進むこと
は可能だが、原則として就労継続支援B型事業所に直接進むことは不可となっ
ている[64]。

　さて、前述したとよかわ福祉会「あゆむ」は、「就労移行支援事業」を選択
するのか「就労継続支援事業」とするのかも利用者の状況を見ながら模索して
いたが、障害者自立支援法施行時に利用者やその家族の意見等により、「就労
継続支援事業B型」を選択し、施設経営を行っている。「就労継続支援事業B
型」を選択した時点で障害の重度・軽度、仕事の能力の有無に関係なく、利用
者の作業工賃は一律となった。利用者によって作業工賃に差をつけることがで
きなくなった[65]。

　さらに2018（平成30）年4月1日施行となる改正障害者総合支援法では、就

労定着支援と自立生活援助が新設された。

4）就労定着支援

　近年、就労系障害福祉サービスから一般就労への移行者数は増加しているが、それに伴って今後、働いている障害者の就労に伴う生活上の支援に対する需要はさらに高まると考えられている。就労に伴う環境の変化による生活面の課題に対応できるように、最長で3年間にわたってサポートを行うサービスとして「就労定着支援」が新たに創設された。一般就労した障害者が職場に定着できるよう支援を行う。施設の職員が障害者の就職した事業所を訪問し、相談にのることで、障害者や企業を支援することになっている。

5）自立生活援助

　障害者支援施設やグループホーム等から1人暮らしへの移行を希望する知的障害者や精神障害者などについて、本人の意思を尊重した地域生活を支援するため、一定の期間にわたり、定期的な巡回訪問や随時の対応により、障害者の理解力、生活力等を補う観点から、適時のタイミングで適切な支援を行う。また定期的に利用者の居宅を訪問し、食事、洗濯、掃除などに課題はないか、公共料金や家賃に滞納はないか、体調に変化はないか、通院をしているか、地域住民との関係は良好かなどについて確認を行い、必要な助言や医療機関等との連絡調整を行う。定期的な訪問だけではなく、利用者からの相談、要請があった際は、訪問、電話、メール等による随時の対応も行うこととなっている。

　ところで就労継続支援A型施設については、増加傾向が続いているが、2017（平成29）年以降、岡山県倉敷市や広島県福山市、愛知県名古屋市などで、事業不振を理由として事業所が閉鎖・規模縮小され、雇用されていた障害者の大量解雇されるケースが相次いで起こり、問題になっている[66]。就労継続支援A型施設には、職員の人件費や運営経費を賄うための助成金や訓練等給付費が国や地方自治体から給付されるが、訓練等給付費から利用者への賃金や工賃を支払うことは原則として禁止されている。生産活動の事業収入から材料費など

の必要経費を控除した額から、利用者全員で分け合って賃金・工賃を受け取ることになっている。売上が増加しないと、利用者の賃金・工賃を増やすことはできないのである。雇用契約をし、最低賃金を確保しなければならない就労継続支援A型事業の経営は難しい。

　多くの企業や事業者が「福祉は助成金があるから儲かる」と福祉事業に参入、またそれを悪用して事業を展開する事業者や「十分な収益を上げられない事業でも、障害のある方を集めれば安定的な経営ができる」というような誘い文句で確たる意志や心構えもない事業者に就労継続支援A型事業所の開設を勧めているコンサルタント会社も見受けられる。2019年（令和元）年12月より始まった新型コロナウイルス感染症の収束が見通せず、企業や施設で働いている障害者たちも失業、休業、自宅待機を余儀なくされている者も多い。就労継続支援A型施設では倒産したところもある。そこまでいかなくとも仕事を請け負っている下請けの企業から仕事が貰えなくなっている。また感染防止のために、仕事が行えない事業所も多い。先述した30代の高次脳機能障害の教え子の女性から「2年以上働いてきた就労継続支援A型の事業所が倒産し、2か月の給料が出ないという状況になり、失業保険をもらいながら、就職先を探すことになった」という内容のLINEがあった。身近なところでも就労継続支援A型施設の倒産は起こっている。幸いにもすぐに仕事は見つかり、友人から紹介してもらった新しい勤務先の会社でアルバイトをしている。高次脳機能障害であることも理解してもらい、仕事は順調にできているとのことであった。

　第4章では障害者の行政機関や民間企業での一般就労と福祉施設においての福祉就労を取り上げてきた。障害者の就労は様々な問題や課題がありつつも障害者雇用に関わる人々の努力や尽力、「障害者の雇用促進に関する法律」「障害者差別解消法」「障害者総合支援法」などの法律等の制定によって、制度やサービスも整備され、地域で暮らし、障害者も働きやすく、また働く機会も増加していることを示してきた。次の第5章では、もう1つの働き方—障害者が起業するということ—について述べていきたい。

【注】

1）障害者の労働と雇用に関して、障害者の「できること」「できないこと」について取り上げた論文には、立岩真也「できない・と・はたらけない―障害者の労働と雇用の問題―」『季刊社会保障研究』（37巻３号、2003年）、p208-217

2）伊藤智佳子『女性障害者とジェンダー』（一橋出版、2004年）、p127

3）リハビリテーション法については、リチャード・K・スコッチ著　竹前栄治監訳『アメリカ初の障害者差別禁止法はこうして生まれた』（明石書店、2000年）、p75を参照。リハビリテーション法504条は以下のような一文である。

　　　『合衆国において、第７条（6）で定められた障害を持ついかなる個人も、単に障害者という理由で、連邦政府の財政援助をともなういかなる施策、ないしは事業への参加において排除されたり、その利益を享受することを拒否されたり、ないしは差別されてはならない。

4）定藤丈弘ほか編著『障害者の自立生活センター』（朝日新聞更生文化事業団、1993年）、p9-14

5）全国社会福祉協議会編『ADA・障害をもつアメリカ国民法　完訳・解説』（全国社会福祉協議会出版部、1992年）

6）前掲書４、p14

7）手塚直樹・加藤博臣編『障害者福祉論』（ミネルヴァ書房、2007年）、p152-153

8）厚生労働省「平成30年障害者雇用状況の集計結果」

9）日本経済新聞朝刊、2019（平成31）年３月25日付

10）前掲8

11）青山英男『障害者雇用コスト論研究序説―障害者就労経営の基礎的分析―』（日本図書刊行会、1997年）、p18

12）障害者雇用率0.1％の引き上げは、2021（令和３）年１月１日になる予定だったが、新型コロナウイルスによる企業への影響等を鑑みて、２か月後ろ倒しされ、2021（令和３）年３月１日に引き上げられることになった。

13）短時間労働者とは、１週間の所定労働時間が当該事業主の事業所に雇用する通常の労働者の１週間の所定労働時間に比べ短く、かつ20時間以上30時間未満である常時雇用する労働者をいう。

14）前掲8

　　2018（平成30）年の民間企業全体の実雇用率は、2.05％で500～1000人未満及び1000人以上規模企業が実雇用率以上となっているが、50～100人未満、100～300人未満、300～500人未満の規模企業では、実雇用率は下回っている。

15）日本航空障害者雇用株主代表訴訟は、1999年12月17日提訴され、2000年５月17日に和解が成立している。新聞記事は、2000年５月17日の毎日新聞夕刊。

16）厚生労働省「障害者の雇用の促進等に基づく企業名の公表について」（平成18年６月28

日）

17）厚生労働省「障害者雇用状況報告」（平成18年6月1日現在の障害者の雇用状況）

　　　1位はユニクロ、2位は日本マクドナルド、3位はしまむらと続くが、上位20社の業種は、サービス業、流通、製造業と幅広い。

18）前掲書11、p100‑101

19）前掲8

20）柳下公一『武田「成果主義」の成功法則』（日経ビジネス人文庫、2005年）、p113‑115

21）日清食品ビジネスサポート株式会社のHP参照のこと。

　　　https://www.nissin.com/jp/about/nbs_plus

22）2018（平成30）年11月、日本財団とオリィ研究所が「分身ロボットカフェ」を期間限定で開催。期間中の来場者は1000人を超えた。

　　　日本経済新聞　2019（平成30）年2月1日付　夕刊

　　　オリィ研究所代表吉藤健太朗氏を取り上げた記事にも「分身ロボットカフェ」が取り上げられている。

　　　日本経済新聞　2019（令和元）年8月11日付　朝刊

23）日本経済新聞 2019（令和元）年12月15日付　朝刊

　　　日本ユニシスの特例子会社「ＮＵＬアクセシビリティ」は2018年に徳島県在住の障害者5名を採用している。社員はフレックスタイム制で週30時間以上、在宅で働く。

24）福祉新聞2020（令和2）年3月16日号

25）前掲8

26）日本経済新聞　2019（令和元）年6月11日付　朝刊

　　　吉田行郷　経済教室　企業は農業で障害者雇用を

27）手塚直樹『日本の障害者雇用　その歴史・現状・課題』（光生館、2000年）、p85‑86

28）坂本光司『日本で一番大切にしたい会社』（あさ出版、2008年）、p44‑71

　　　他に日本理化学工業株式会社を取り上げたものとしては，以下のものがある。

　　　大山泰弘『働く幸せ』WAVE出版、2009年、小松成美『虹色のチョーク　働く幸せを実現した町工場の奇跡』幻冬舎、2017年、「The継承　障害者がいれば、市場は生まれる」、『コトノネVOL.27』、株式会社はたらくよろこびデザイン室、2018年

29）前掲書28、p48

30）サン・グループ事件については、事件の詳細と裁判についての本が出ているので、参照されたい。高谷清『透明な鎖　障害者虐待はなぜ起こったか』（大月書店、1999年）及びサン・グループ裁判出版委員会編『いのちの手紙　障害者虐待はどう裁かれたのか』（大月書店、2004年）がある。

31）福祉新聞2019（令和元）年8月27日号

32）福祉新聞2019（令和元）年9月3日号

33）日本経済新聞2018（平成30）年6月11日付　夕刊

34) 国の行政機関における障害者雇用に係る事案に関する検証委員会報告書
　　https://cdn.mainichi.jp/vol1/2018/10/22/20181022hrc00m010002000q/0.pdf?1
35) 前掲33
36) 前掲33
37) 福祉新聞2019（令和元）年6月17日号
38) 福祉新聞2019（平成31）年2月11日号
　　　2019（平成31）年2月3日、中央省庁676人の採用枠に8712人の応募があり、国家公務員試験が全国の試験会場で行われた。倍率は13倍
39) 日本経済新聞　2020（令和2年）年2月22日付　朝刊
　　　採用者数が最も多いのは国税庁で1434人、障害種別では精神障害者が2698人で多く全体の51.9％を占めている。
40) 八代英太・冨安芳和編『ADAの衝撃』（学苑社、1991年）、p135
41) 星加良司『障害とは何か—ディスアビリテイの社会理論に向けて—』（生活書院、2007年）、p73
　　　「たとえば、「本質的機能」が1分あたり正確に75ワードをタイプすることであるタイピストの職務に、2人が応募している場合、試験時に「理に適った配慮」の下で1分あたり50ワードをタイプできる障害者よりも、1分あたり正確に75ワードをタイプできる非障害者を優先して採用することには、何の問題もないとされている」
42) 国によって設置されている障害者職業能力開発校は、北海道、宮城、埼玉、東京、神奈川、石川、愛知、大阪、兵庫、岡山、広島、福岡、鹿児島にある。ただし、埼玉の中央障害者職業能力開発校と岡山の吉備高原障害者職業能力開発校は、高齢・障害者雇用支援機構が運営している。地方公共団体によって設置されている障害者職業能力開発校は、青森、千葉、静岡、愛知、京都、兵庫にある。
43) 援護就労については、ヒューマンサービス研究会編、冨安芳和監修『援護就労の挑戦』（学苑社、1994年）及び小川浩『重度障害者の就労支援のためのジョブコーチ入門』（井筒書房、2001年）に詳しい。
44) 都道府県知事が事業主に訓練生を委託し、6ヵ月（重度障害者は1年）の実施訓練を行った後、雇用してもらう制度。訓練中は事業主に委託費が、訓練生には訓練手当を支給する制度。
45) 知的障害者福祉法16条3項。
　　　知的障害者の更生援護に理解を有する事業経営者に1年以内の期間委託し、生活指導及び技能取得訓練行う制度。委託終了をもって一般雇用の移行が望ましいとなっているが、現状は委託期間の更新が多くなっている。
46) 地域障害者職業センターは、都道府県に設置されており、高齢・障害者雇用支援機構により運営されている。有資格の障害者職業カウンセラーが配属され、職業評価、職業指導、職業準備訓練、障害者雇用機会創出事業、職場適応援助事業等の実施のほか、関連

機関との連携、障害を持つ従業員の雇用管理、設備や機器の改善等の事業主への相談・助言等、広範な業務が行われる。

47) 日本経済新聞　2020（令和2）年1月8日付　夕刊

48) 障害者自立支援法から障害者総合支援法への改正が平成23年10月1日と平成24年4月1日の2段階に分け実施された。本法律では、障害者自立支援法（平成17年法律第123号）や児童福祉法（昭和22年法律第164号）等の一部が改正され、平成23年10月1日から、グループホーム、ケアホームの家賃助成、重度の視覚障害者の同行援護等が、平成24年4月1日から、相談支援の充実、障害児支援の強化等が実施。平成25年4月1日より障害者総合支援法へ。

　　障害者の範囲及び程度区分、費用負担の見直しが行われ、発達障害者や難病が支援法の対象になった。また1割負担の撤廃、応益負担から応能負担に変更された。

49) 国の補助額は1か所年額110万円だったが、障害者自立支援法の施行に伴い、この補助金制度は、2005年度末で廃止されている。

50) 認可基準緩和の主な内容は、①社会福祉法人の資産要件緩和（1000万円相当）、②施設利用者の定員緩和（10〜19名）、③施設・設備の要件緩和である。

51) 小倉昌男『福祉を変える経営—障害者の月給一万円からの脱出』（日経ビジネス社、2003年）、p96-97

52) スワンベーカリーを取り上げたものについては、建野友保『小倉昌男の福祉革命』（小学館文庫、2001年）、牧野節子『はばたけスワンベーカリー』（汐文社、2003年）、小倉昌男『福祉を変える経営』（2003年、日経BP社）などがある。

53) 小倉昌男「市場原理の導入で、障害者が生きがいをもって働ける職場を」、『地域ケアリング』10月号、2002年、p1-4

54) 『日経ビジネス』8月6日号、2001年、日経BP社、p136

55) スワンベーカリーのホームページwww.swanbakery.co.jp/を参照のこと。

56) 「あゆむ」の経緯については、豊川地区生活の場「あゆむ」運営委員会編『豊川地区生活の場 あゆむの歩み』（2003年、【非売品】）に詳しい。

57) 重度の障害を持つ志願者は、定員割れにもかかわらず高校入学を認められない「定員内不合格」となることが少なくない。訴訟などもあり各地で問題になっている。

58) 藤岡千穂子『図解　はじめよう！「パン」の店』（同文舘出版、2002年）、p148-149

59) 当時はスワンベーカリーにロイヤリティはなかったが、現在はロイヤリティが発生している。ロイヤリティの金額は明かせないとのこと。

60) 2018（平成30）年の大阪府の最低賃金は936円である。

61) 障害者自立支援以前は可能だったが、自立支援法施行以降は「就労継続支援B型」の場合は利用者の能力によって、作業工賃に差をつけてはならなくなった。

62) 障害者自立支援法施行時、「あゆむ」の利用者や家族は「就労移行支援」や「就労継続支援A型」よりB型を希望する者が多かった。

63）一般雇用やA型での雇用が困難な障害者とは、50歳に達している者、障害者基礎年金1級受給者、一般雇用やA型による雇用機会が少ないなどの理由が挙げられる。

64）行政によって対応が異なる場合がある。例えば、京都府をはじめとする全国ほとんどの自治体では、特別支援学校を卒業して、直接、就労継続支援B型施設に行くことを禁止しているが、京都市においては、特別支援学校を卒業して、直接、就労継続支援B型施設に行くことを認めている。

65）2019（平成31）年現在の「あゆむ」の作業工賃は、施設への出席日数と事業外実習作業によって工賃金額が決まる。事業外実習作業は希望すれば誰でも参加可能。障害の重度・経度及び仕事の能力関係なく、作業に参加すれば加算される。一番低い利用者で700円、高い利用者で3万円となっている。

66）岡山県倉敷市の一般社団法人あじさいの輪が、事業不振で2017（平成29）年7月末で事業所を閉鎖、9月に民事再生法の適用を申請し、障害者220名を解雇した。広島県福山市の一般社団法人しあわせの庭が事業不振で破産を申請し、障害者112名を解雇した。名古屋市の株式会社障がい者支援構が事業拡大に資金繰りが伴わず事業所を閉鎖して破産を申請し、障害者154名を解雇している。また当社は雇用していた障害者らに最低賃金を支払わなかったとして、愛知労働局から害福祉サービスを行っていた会社と社長が書類送検されている。3500万円が未払いになっているとされている。（株）東京商工リサーチ2017年「障害者就労継続支援事業等」の倒産状況

第5章　もう１つの働き方
──障害者が起業するということ──

1. 「パラレルキャリア」「複業」
「ソーシャル・アントレプレナーシップ」について

　第3章では、障害者自立生活センターで「障害者が働くということ」、第4章では、民間企業や社会福祉法人とよかわ福祉会が運営するスワンベーカリー茨木店などを題材にして、「障害者雇用」について取り上げた。これまで述べてきたように、障害者雇用は、企業や団体が障害者を雇う、障害者が企業や団体に雇われる、という形態が一般的であった。そこで第5章では、筆者が経営する「株式会社居場所」を題材にして、もう１つの働き方である障害者の「社会起業」を取り上げたい。

　さて1980年代までの高度経済成長期の日本では、人口も増加し、「終身雇用」「年功序列」「企業別組合」を中心とした日本型雇用システムがうまく機能していたが、バブル崩壊後の1990年代以降、経済のグローバル化が進み、競争相手もアメリカやヨーロッパ諸国だけではなく、インド、中国、韓国、東南アジアの国々が成長して、日本企業との経済競争が激化した。一方で目を国内に転じると、少子高齢化の進展による生産年齢人口（15〜64歳）の減少とそれに伴う人手不足など、日本を取り巻く社会構造や経済状況が大きく変化し、厳しい経済状況が20年近く続いた[1]。昭和の高度経済成長期には、みんなが同じ方向を目指して動いていたが、平成・令和の時代は、人々の趣味や価値観、結婚、キャリア・ライフデザインが多様化している。加えて平均寿命が延び、人生100年は当たり前になっている。平成生まれの半数は、100歳まで生きると

いわれている。仮に60歳で会社を定年しても、その後の人生は40年もある。現に政府は70歳まで働くことを検討している。今後はますます「健康で長く働き続ける」ことが求められているにもかかわらず、肝心の組織や企業自体の寿命は、社会構造の変化や技術革新による商品の汎用化等によって、短命になっており、30年、いや10年保てばいいと言われているため、長期的に1つの企業に依存することが難しくなってきている。人生を通して働き続けるには、例えば、20～30代後半、30代後半～50代前半、50代後半～70代前半とキャリアを3区分して考えながら、リカレント教育（学び直し）も活用して自らの新たなスキルを高めていくことが、今後はより必要となってくるだろう。このような状況を踏まえて、弁護士及び参議院議員で弁護士ドットコム創始者の元榮太一郎は、経営学者ピーター・ドラッガーが提唱した「パラレルキャリア」をこれからの生き方として主張している[2]。

　パラレルキャリアとは、「働きながら、それ以外のキャリアを築く」ことをいう。より幅広い分野でのスキルアップや社会貢献、日々の生活の充実など、キャリアの「複線化」を目的としたものである。副業と似ているが、副業は報酬・収入を得ることが目的であるのに対し、パラレルキャリアは必ずしも報酬・収入を得ることを目的としていない。例えば、自分の専門性を活かしてNPO・NGO団体でボランティア活動を行う「プロボノ」もパラレルキャリアの1つになる[3]。これからのキャリアは複数で将来に備えた柔軟なキャリアを自分で用意する必要性が生まれている。さらに筆者は「複業」を提唱したい。全く異なる専門資格や業種及び自己資産・社会資源の活用などを組み合わせて働き、複数の収入を得ることである。障害者としての「生存戦略」ともつながってくるものである。このことはまた後述する。

　もう1つの動きは、「ソーシャル・アントレプレナーシップ」（社会起業）と呼ばれる新しい形態が生まれていることである。「ソーシャル・アントレプレナーシップ」とは、「社会福祉」と「ビジネス」を組み合わせた造語である。1980年代初めにアメリカやイギリスで生まれた概念で、それまでの福祉国家に代わって自立型の福祉システムを構築していく存在、停滞した社会を活性化する存在として注目されている。これまでのフィランソロピーやチャリティなど

では、社会的弱者を救う根本的な解決にならないと、福祉分野にビジネス手法やマネジメント手法を積極的に持ち込んで社会問題の解決を図るものである。「社会をよくする」ということに主題を置き、人権・環境・福祉などの事業を行う。それらの事業は営利企業が行うこともあれば、NPOが行うこともある。社会福祉を変えるだけでなく、新しいビジネスモデルとしても捉えられている4)。

　ソーシャル・アントレプレナーシップの代表例としては、1974年にバングラデシュで発生した大飢饉による貧困者を救済するため、マイクロファイナンスを開始したM・ユヌスの活動が挙げられる。ユヌスは貧困のない世界を目指して1983年にグラミン銀行を創設し、その活動により2006年にノーベル平和賞を受賞している。ユヌスが構築した小額からの融資制度「マイクロクレジット」という金融モデルを取り入れ、実践する団体は、世界各地に広がっている。ユヌスのように、社会問題を解決するために、公共サービスではなく、個人でビジネスとして取り組む人のことを「社会起業家」という5)。

　これまで、高齢者福祉、障害者福祉、ホームレス支援などの社会的な問題の解決については、特に日本では、政府や行政が管理し対応するものと考える人々が多く、政府・行政に依存する一方で、その対応が不十分であれば、政府・行政批判を行ってきた。また実際に政府・行政がその役割を担ってきた。これまで法的規制があり、政府・行政以外による対応の可能性が制約されてきた分野、あるいは公的サービスが当たり前と考えられ、ビジネスとして扱うのがふさわしくないと考えられた分野がある。その代表的なものを挙げると、社会福祉分野、特に介護老人福祉施設（特別養護老人ホーム）や障害者支援施設など入所施設の経営がある。様々な議論があるが、国や地方公共団体などの行政や社会福祉法人のみに認められ、株式会社、特定非営利活動法人等には、入所施設を経営することは現状では、認められていない。これまで社会的事業をビジネスとして、取り組むという発想はほとんどなく、「福祉で儲けるのか」「福祉は商売の対象ではない」と収益事業を行うことに違和感・拒否感を持っている人々が世間には多く存在している。

　しかし政府・行政がすべての分野・課題に対応しきれるわけではない。「大

きな政府」の限界が指摘されて久しいが、誰が当面する社会的課題を担うのか、誰が多様化したニーズに応じた社会サービスを提供するのか、という問題が問われている。一方で政府・行政が扱えない問題、従来の政府・行政の縦割り的対応からこぼれ落ちてしまった問題、複数領域をまたがる問題は、「社会的企業」といわれる企業や非営利活動団体が問題の解決に向けて取り組んできているし、また取り組むべき課題にもなっている。

　谷本寛治と唐木宏一によれば、これらの取り組みを行う社会的企業には、(1)社会性、(2)事業性、(3)革新性の3つの基本的要件を持っていると述べている[6]。

　(1)の社会性とは、社会的使命で、まず現在、解決が求められる社会的課題に取り組むことを事業活動のミッションとしていることである。社会的企業がミッションを掲げて事業活動を展開することで、世間的にこれまで認知されていなかった問題が、解決されるべき課題として広く知られていくメリットがある。

　(2)の事業性とは、社会的事業体（ソーシャルビジネス）の社会的ミッションをビジネスの形にわかりやすく表し、継続的に事業活動を進めていくことである。事業においては、マネジメント能力、コミュニケーション能力、商品・サービスの開発力、マーケティング能力などが求められる。さらに顧客や利害関係者に対して説明責任をもって経済活動を行っていくことが重要になる。

　(3)の革新性（ソーシャル・イノベーション）とは、新しい社会的商品・サービスやその提供する仕組みを開発することである。また提供する商品は、従来のものと変わらないが、事業を活用しながら社会的課題に取り組む仕組みを開発していくことも1つの方法となる。社会的事業を通して、新しい社会的価値を実現し、これまでの社会経済システムを変革していく可能性が示される。例えば、ホームレスが路上で雑誌を販売して収益を得る機会を提供する有限会社ビッグイシューや病児保育サービスを提供する特定非営利活動法人フローレンスの取り組みもソーシャル・イノベーションである[7]。

　また、日本政策金融公庫の調査によると、近年は、定年の前後で起業する「シニア起業」が増加している[8]。この調査によると、55歳以上の起業家の約

半数が、退職前に長く経験した分野で起業し、未経験分野に挑戦する者は22.6％となっている。今までの経験や人脈を生かして起業する者と、リタイヤ後に、新しい職業に挑戦する者に分れている。起業した業種は、①医療・福祉、②サービス業、③飲食・宿泊業の順になっている。起業した理由については、「仕事の経験・知識を生かしたい」が最も多く、次いで、「社会の役立つ仕事がしたかった」「年齢・性別に関係なく仕事がしたかった」と続く。調査結果からは、これまでの人生の経験を踏まえ、定年後も継続的に収入を確保しながら、社会貢献もしたいという思いが読み取れる。また医療・福祉が起業する際に多く選ばれていることは、注目される。

この論文では、障害者の「社会起業」を取り上げているが、ある意味「パラレルキャリア」であり、筆者は50歳を超えて、株式会社を設立しているので、「シニア起業」でもある。あともう１つ付け加えれば、障害者としての「生存戦略」として会社を立ち上げるということである。次節では、筆者が設立した「株式会社居場所」を題材にして、障害者が「生存戦略」として会社を立ち上げ、社会起業することについて、述べていきたい。

2.「株式会社居場所」設立までの経緯

筆者は社会起業の一環として、「株式会社居場所」を設立して、現在、「指定特定相談支援事業所いっけんや」及び主に高齢者・障害者賃貸仲介専門の不動産業を営んでいる[9]。なぜ、不動産業者になったのかは、筆者のこれまでの人生体験と密接に絡んでいる。現在、取り組んでいるのは、筆者の障害当事者体験をもとにした障害者・高齢者の居場所づくりの活動である。高齢になっても障害等があっても地域のなかで居場所を確保できるような活動がしたい。「人は誰でも居場所が必要である」という思いを込めて株式会社の名称も「居場所」とした[10]。株式会社設立前には、「独立型社会福祉士事務所居場所」や「一般社団法人いばしょ」の活動があるが、そしてそれらは現在も存在しているが、株式会社居場所の活動に絞って書き進めていきたい。

まず、社会福祉の道に進んだ理由の１つには、これまでも本書の他章で述べ

てきたように、筆者自身が脳性マヒによる両下肢機能障害を持っていることが大きく影響している。日常生活を送るなかでもっと世間や社会に障害者の立場で福祉に携わっていかなければ、なかなか理解が得られないのではないかと思ったことがきっかけであった。当時、勤めていた金融機関を退職し、社会福祉士養成校を経て、国家試験に合格して社会福祉士になり、関西にある某医療機関に医療ソーシャルワーカーとして職を得た。医療ソーシャルワーカーの業務を行うなかで、その後の不動産業と関わるきっかけとなった 2 つの体験をした。

　1 つめは、筆者と同じ 60 歳代の脳性小児マヒの男性患者さんで、長く介護してきた 80 代の母親が亡くなり、兄嫁が介護疲れから「もう面倒を見たくない」といって、勤務先の病院に入院し、最終的には特別養護老人ホームに入所されたケースだった。担当者としては、退院が決まり、次の患者のためにベッドが空いたことは嬉しかったが、兄嫁からは「あなたも脳性マヒだから家族の気持ちはわかるでしょ」と言われた。障害者として本人の気持ちは分かるが、家族の気持ちはあまり正直、理解したくはない。その当時は 30 代の初めだったが、30 年後の自分の姿がオーバーラップし「自分もこうなるのかもしれない……」そして「自分がこのような状況になった時、自分の家族はどのような対応を取るのだろう？　本人の意向よりは家族の意向が尊重されてしまうのだろうか？」と、障害当事者の気持ちと病院のソーシャルワーカーの立場で心が揺れた。そのことを機会に人が地域に「居場所」を持つ重要性を感じ、後に障害者生活支援センターに関わるきっかけになった[11]。そして病院の元同僚が働く障害者生活支援センターで活動するなかで障害者の賃貸住宅に関する問題を知ることになる。

　2 つめは当時、病院で担当していた若年認知症などの患者さんや家族の方たちが経済的事情や福祉サービスや制度の利用条件の壁に阻まれて利用できる社会資源が少なく、退院先がなかなか見つからなかった。今もそうだと思うが……。ソーシャルワーカー仲間の自主学習会で福祉の問題を話ししているうちに、「現場の経験や家族の声を生かしたものを立ち上げたい」という声が出て、それがきっかけとなり、医療機関退職後、約 5 年の準備期間を経て、元同僚を

含む同志3名とともに平成16(2004)年10月、奈良市の学園前に指定認知症対応型共同生活介護「古都の家」学園前（グループホーム）を開設した。筆者には、出せる出資金が少なく、建設資金の問題などでは大変苦労した。最終的には、社会福祉に理解のある地元の金融機関の担当者のおかげで融資が下りグループホームを建設することができた。他の同僚・同志がいなければ「古都の家」学園前はできていなかったと思う。現在、入居している利用者や介護スタッフのおかげで社会や地域のニーズに貢献しながら経営は、順調にいっている[12]。指定認知症対応型共同生活介護は、在宅介護サービスであり、身辺自立している認知症の利用者に介護や見守りを受けてもらいながら生活をするものである。それは介護者がいることを除けば、部屋を賃貸することと変わらない。筆者は、介護や世話に直接、関与することはないが、グループホーム建設及び経営の諸活動は、不動産業や大家業に関心を持つ最初のきっかけともなった（現在もグループホームの運営会社の株主及び取締役ではある）。

　しかし何といっても大きいのは、自分自身が脳性マヒという身体障害のために、賃貸物件への入居を断られてしまったことである。筆者は高校卒業後、1年間の浪人生活を経て、京都にある龍谷大学に入学が決まったのであるが、福井県の実家からは、通えないので住居を決めなくてはならない。不動産会社や大家さんは、身体が不自由だと知ると、初めての1人暮らしということもあって、「火の不始末で火事になったら困る」とか「入居して怪我をしたら大家の責任になる」などと言って、アパート・賃貸マンションへの入居をなかなか認めてくれず、何軒も断られた。大学が間に入ってしばらく大学近くのアパートに入居が決まったという経緯があった。それから以後、進学や就職などで関西周辺や九州への引っ越しを7、8回行ったが、入居を拒まれることはなかった。不動産会社が言うには、1人暮らしの前例があって、身体状態の状況が変わらなければ、アパート・賃貸マンションの入居は可能ということだった。

　また近年のことだが、友人から貰った電動車いすを当時住んでいたマンションに持ち込むことを管理会社に拒否された体験がある[13]。現在はまだ、杖をついて歩いているので賃貸住宅への入居は、大丈夫だが、加齢や二次障害などの理由での身体障害が重くなり、車いすになれば、住む場所を失うことになる。

一概には言えないが、車いすを持ち込むことは、現状の変更ということで、契約違反に問われる可能性があり、退去を迫られてしまうからだ。そのことが契機となり、現在の自宅を購入するきっかけになった。筆者だけでなく、他の高齢者や障害者も同じような体験をしているのではないか。障害者生活支援センターの活動のなかでも家探しの相談に関わること、不動産会社に問い合わせをすることは多々あった。個人的に依頼されて不動産会社に家探しで同行することもあった。

　実際に地域で生活しようとすると、車いすは賃貸物件に入所時、大家や管理会社に拒否されることが多い。スロープ等の設置や撤去に改修費用が掛かることから難色を示す大家も多いからである。そのような理由からアパートを探して地域で生活を営むまでに何年もかかってしまう。家探しに行っても障害者だと不動産会社から門前払いを受けることも多い。

　住宅の確保は、自らの居場所づくり・日常生活を送っていくための基本である。高齢者及び障害者に居場所づくりの活動を行ううえで、時には賃貸住宅の仲介を行うことや求められることもあるのではないか。またビジネスにも繋がるであろう。しかし、賃貸住宅の仲介を行うためには、宅地建物取引士の資格が必要で国家試験に合格することが求められる。宅地建物取引主任者から宅地建物取引士に名称が変わった3回目の受験でようやく合格することができた。

　その後、宅地建物取引士証交付のための法定講習を受講し名簿登録すると、当時は「一般社団法人いばしょ」で指定特定相談支援事業所を開設【2017（平成29）年】していたが、「せっかく進学、就職が決まったのに、住むところが決まらない」「こちらが障害者だとわかると、不動産業者が相手をしてくれず、門前払いされる」「部屋を内覧して申込をしても、大家さんや保証会社の審査が通らない」などの障害者の家探しや不動産関連の相談が、筆者の資格取得を知った社会福祉関係者や知人を通して、持ち込まれることが多くなった。指定特定相談支援事業所として、相談支援専門員として、電話での問い合わせや相談者と同行して、不動産業者を訪問しても、なかなか理解が得られない、埒があかないことが多かった。何よりも社会福祉に対する知識や基本的な障害に対する理解が不動産業者や大家にはない人が多かった。活動していくなかで、そ

ういう状況だと分かったので、自分自身が物件を取得し、大家になろうと、宅建試験と並行してこちらのほうでも勉強や準備を進めていた[14]。また、こちらが宅地建物取引士の資格を持っていても、多くの不動産業者は相手にしてくれるものではない。やはり仲介手数料という金銭のやり取りが多少はないとなかなか動いてくれない。そこはいくつかの不動産業者とのつき合いや話のやり取りのなかで分かっていたので、自らが不動産業者になることを決意することにもなった。福祉や不動産のそれぞれの関係者からは「儲からない、大変なことをなぜやるの？」という声もあった。これまでも高齢者・障害者賃貸仲介を行う不動産業者がなかったわけではない。筆者が知る限り、数は少ないが、いくつか存在はしている[15]。

　また不動産業界は、長らくこの業界で働いてきた人が、ある程度の年齢になって独立起業、いわゆるシニア起業をする人が多い。シニア起業の特殊な例だが、80歳で宅地建物取引士に合格、東京都江戸川区で不動産業を開業した和田京子氏がいる。名刺が500円分のクオカード、問い合わせがあれば、夜中でも客に対応する24時間営業など、ちょっとしたアイディアと80歳という和田氏の年齢に、マスコミがこぞって取材に訪れ、雑誌やテレビ番組等にも取り上げられることも多い[16]。

　前述したように、宅建士となった筆者のもとには、高齢者・障害者に関する家探しや賃貸物件の相談が増加したこともあり、問題解決を少しでも図りたいと、不動産業者になる決意をしたが、業者になるためにはいくつかの項目をクリアしなければならなかった。

　まず当時、筆者は大学院の後輩と2人で福祉事業・学術研究・講演・シンポジウムなどの活動を行うために2014（平成26）年5月に「一般社団法人いばしょ」を設立し、代表理事を務めていた[17]。後輩は理事となった。一般社団法人の設立は2人以上の社員がいれば可能である。出資金と決議権は50％ずつ持っている。基本的に不動産業をはじめ、どのような事業も自由にできる。しかし非営利法人である一般社団法人は余剰利益の分配は禁止されている。これが株式会社とは異なるところである。利益を上げること自体は可能だが、もし余剰利益が出た場合でも、分配するのではなく、次の事業年度に繰り越して

事業のために使う。もちろん、一般社団法人の役員や従業員に役員報酬、給与を支給することも可能である。ただ筆者たちは法人の維持や活動するための会費は出しても、役人報酬を得るところまではいってなく、一般社団法人でも指定特定相談支援事業所を経営はしていたが、利益は上がっていないため、筆者はいくつかの大学・専門学校の非常勤講師、介護支援専門員（非常勤）の業務を主な本業としていた。もう1人の理事である後輩は専任の大学教員である。

　一般社団法人でも不動産業はできる。しかし、後輩の理事は一般社団法人で不動産業を行うことは反対であったし、筆者自身もその気はなかった。何かトラブルでもあれば、やりたくもない事業の責任の半分を理事として、負わなければいけなくなるからである。しかし2人の社団なので、一方が反対すれば、もう一般社団法人で不動産事業はできないことにはなるが。何よりも問題は、一般社団法人は、信用力が低いと世間からみなされることである。公共性や社会性は強いイメージがある一方で、金融機関や大手企業と取引をする場合には、信用力が低いので、金融機関から融資が受けられないこと、様々な事業を進めていくうえで、大手企業との取引がまとまりにくいことである。特に不動産業で融資が受けられないことは致命傷になる。法人の顧問税理士からは、金融機関との取引や将来の事業展開を考えて、法人形態は一般社団法人や合同会社ではなく、株式会社にするように助言を受けた。

　法人形態を株式会社にすることを決めると、また別の問題が出てきた。前述のように、筆者は「一般社団法人いばしょ」の代表理事を務めながら、その一般社団法人が設置した「指定特定相談支援事業所いっけんや」の相談支援専門員として勤務している。今回、株式会社を設立して不動産業を営むと、法律の定めるところにより、専任の宅地建物取引士を置かなければならない[18]。法律上は、一般社団法人で無給だとしても、代表理事及び相談支援専門員をやりながら、株式会社の不動産業の宅地建物取引士はできないことになっている。2つの法人を兼ねることになり、専任でなくなるからだ。そうなると専任の宅地建物取引士を誰か雇用しないといけなくなる。そこまでの売上や利益はないし、まだ人を雇用して事業をやるつもりもない。そこで相談をした行政書士からは「一般社団法人の代表理事を降りて、もう1人の理事である大学教員の後

輩に代表理事になってもらい、株式会社の1人社長として、不動産業及び『指定特定相談支援事業所いっけんや』を行うならば可能である」との助言を受けた。その助言を踏まえ、株式会社の1人社長として、不動産業を開業し、活動していくことにした[19]。一般社団法人から株式会社に法人形態を変更した「指定特定相談支援事業所いっけんや」も2019（平成31）年4月1日に指定を受けた。次節からは「株式会社居場所」の取り組みを述べていきたい。

3．「株式会社居場所」の取り組み

　人間が日常生活を営むうえで不可欠なものとして「衣食住」という表現が日本語にはあるように、住居は生活及び社会福祉の基本である。住居が必要不可欠なものであることは、万国共通であろう。近年、「居住福祉」という言葉が普及し使用されるようになっているが、生活保護の受給、介護保険の居宅サービス、障害者総合支援法の介護給付サービス、社会福祉協議会の日常生活自立支援事業（福祉サービスの利用援助・日常的金銭管理サービス・証書等の保管サービス）等は、住む地域や住居が決まらなければ、担当のケースワーカー、社会福祉協議会の担当者、各サービス提供事業所を決定してサービスを提供することができないことが多い。また居住が保たれていなければ、福祉だけでなく、雇用、所得保障、保健、医療、教育などの制度やサービスも受けることができず、日常生活そのものが成り立たなくなる。

　しかし、これまでの日本では、住宅や住居は、個人の問題と考えられることが多く、社会で公共的に解決すべき問題だと考えられることは少なかった。私有財産である住宅は、個人や市場経済に委ねられるべきであると、日本政府も国民の大多数も考えており、公営住宅の少なさは、住宅供給が政府の責任であり、社会福祉や社会政策の一環であるという考え方が、日本では乏しいことを示している。社会福祉においても、生活保護制度には住宅扶助があり、低家賃住宅としての公営住宅が社会保障関連制度として位置づけられることはあったが、社会福祉としては住宅問題の比重は大きくなかった。わが国では、住宅問題は建築学や経済学の分野とみなされてきたのである。一方、ヨーロッパの福

祉国家諸国では、社会の安定は、住居が要になるという認識を持っており、住宅問題の解決が社会政策の一環として重視されてきた。

　日本では2000年代半ばに、社会構造・産業構造の変化により、働いているが生活が苦しい、野宿はしていないが安定した住居が持てないなどの「新しい貧困」の問題が噴出した。特に2008（平成20）年9月に起きた「リーマンショック」[20]とその後の「年越し派遣村」[21]は、社会問題としての貧困とその貧困対策の必要性をあぶり出し、社会に問題を提起した。ネットカフェ難民、個室ビデオ、派遣切り、ゼロゼロ物件、ホームレス、ワーキングプアなどの背景を探っていくと、いずれも根底には住宅問題、居住貧困が横たわっている。

　「居住福祉」を早くから提唱した早川和男[22]は、日本の住宅に関する問題点をいくつか指摘しているが、要約すると以下のようになるだろう[23]。

(1)　戦後の住宅政策は、人口増加に伴う住宅不足に対応するため、住宅戸数を建設することに重点がおかれ、持家供給を優先したので、それがどんなに遠距離、生活環境劣悪、災害危険、乱開発の住宅であっても、住宅供給を優先、また国をはじめとする行政も意に介さなかった。国民も住宅の質よりも住宅取得を重視した。

(2)　住宅の確保は、基本的に市場原理と自助努力に委ねられ、住宅取得は個人の甲斐性とされたから、経済力のある者は家を持ち住むことができるが、そうでない者は、低水準で不安定な居住状態を強いられた。とりわけ病弱・低収入・孤独・差別にさいなまれがちな、社会的に最も手厚い援助を必要とするはずの高齢者、障害者、母子家庭、単身者、外国人等々は社会の片隅におかれていた。

(3)　社会のなかで避けて通れない所得の格差とそれに伴う住宅格差を緩和する役割をもつものが住宅政策だが、不動産取得や持家建設には低利融資をするが、低所得層等の人々への公営住宅の数量は微々たるものであり、高齢者・障害者等への配慮も無視され、日本の住宅政策は「強きを援けて弱きを見捨てる」という逆のことを政策としては行ってきた。

(4)　公営住宅などの公的な住宅保証がなされていない日本では、企業が「持家融資制度」や「賃貸社宅」によって従業員の住宅を供与する仕組みが作られ、

住宅を通じて、勤労者は職場に拘束され、労務管理の一環に組み込まれた。結果として、勤労者は企業の論理に外れた行動が取ることができない。また企業の「賃貸社宅」に居住している場合、退職や解雇によって失業した時は、住むところを同時に失ってしまう。

(5) 日本では、住宅の質が規定されておらず、国民の住居水準は国家によって保障されていないから劣悪な住宅が大勢を占めることになった。住宅が劣悪な環境であれば、病気や寝たきりの原因ともなる。また日本の住宅は、建物内に段差などのバリアが多く、高齢者、障害者は暮らしにくい住環境におかれている。

早川が指摘したように、日本の住宅は質より量、公営住宅より持家取得を優先した政策が取られ、その結果として、社会的に援助を必要とするはずの高齢者、障害者、母子家庭、単身者などは住居確保について不安定な立場におかれていること、また住居内は段差などのバリアが多く、高齢者、障害者は暮らしにくい住環境におかれていること、住居を必要としている多くの高齢者や障害者は、このような状況におかれていることを把握しておく必要があるだろう。

さて、不動産業者になった筆者のもとには、障害当事者や社会福祉士の知人などを通じて、社会福祉協議会、医療機関、更生保護施設、各社会福祉施設、当事者団体及び支援者団体から高齢者及び障害者の賃貸物件探し、物件売買の仲介の依頼・要請があった。現状では、紹介による高齢者・障害者の賃貸物件探し及び仲介を主な業とし、一般の方の賃貸物件や売買物件の仲介は行わないというスタンスを取っている。ただし、知人や関係者から紹介で賃貸物件及び売買物件の仲介や物件探し依頼があった時は、この限りではない。また活動地域も京都府を中心に和歌山県を除く関西地方（滋賀、大阪、奈良、兵庫）に限定している。不動産業だけではなく、指定特定相談支援事業所の計画相談、介護保険の介護支援専門員の業務、大学・専門学校の非常勤講師等の仕事も行っているので、そこまで手が回らないということもある。同様の理由で、株式会社居場所のホームページの開設や広告も現状では行っていない。不動産業免許と宅地建物取引士は、日本全国で仕事や営業活動ができるが、現実的に北海道や関東、九州などの遠方の在住者からホームページを見て賃貸物件探しを依頼

されても、身動きが取れないし、また依頼が多く来ても引き受けることができ
ないだろう。もし遠方なら仲介手数料よりも移動などの交通費のほうが多く
なってしまい、収益が赤字になってしまうことは十分に考えられるからである。
不動産業者になり、65歳以上の高齢者の物件探しの相談、依頼が多いことに
改めて驚かされた。変化があったことといえば、レインズで物件を探し、担当
の不動産会社に高齢者や障害者の賃貸物件の問い合わせをしても、門前払いを
されず、希望物件の内覧まではいけるようになったことだ[24]。しかし物件を
紹介して内覧を実施し、顧客が部屋を気に入って入居を希望してもなかなか成
約に至らない。大家や保証会社が入居を認めないからである。高齢者、障害者
にかかわらず、一般的に大家や保証会社が入居を拒めるのは、2つの理由のい
ずれかに該当した時とされている。1つは、賃貸料が払えるか否か、もう1つ
は、入居者が賃料を払えなくなった時、それを立て替えてくれる経済力のある
連帯保証人がいるかどうかである。その2点以外では原則として、入居を拒め
ないことになっている。年齢や障害の有無では入居を拒んではならないのであ
る。

　ところで、連帯保証人に関しては、離婚、家族との死別、兄弟姉妹がいない
1人っ子、機能不全家庭などの様々な理由で頼れる家族や親戚の支援が受けら
れず、物件入居時の連帯保証人が立てられない人がいる。若い時は勤務先があ
れば、連帯保証人の代わりに家賃保証会社を利用すれば、賃貸物件は借りるこ
とができる。ところが高齢になってくると、家賃保証会社だけでなく、子ども、
兄弟姉妹及び甥や姪などの親族や身元引受人的な存在がいなければ物件が借り
られなくなってしまう状況は否定できない。兄弟姉妹の人数が減り、おひとり
さまや子どもがいない家庭が増えてくる現代社会では、頼れる身内がいない
ケースが増加している。そのような人たちが高齢者になった時、事実上部屋が
借りられないという現実に向き合うことになる。賃貸物件に関しては、高齢者
は厳しい状況に置かれることは間違いない。一般的に「水商売や風俗で働く人、
フリーターには、物件を貸しづらい」と、大家たちの間では、昔から言われて
きたが、近年では高齢者、特に独居高齢者に「部屋を貸したくない」と、断る、
敬遠する大家が増加している。先述したように、65歳以上、特に70代になる

と、賃貸契約はかなり難しくなってくる。

　マンションの管理会社などで作る「日本賃貸住宅管理協会」が、賃貸住宅の大家の意識を把握するため、加盟する管理会社を通じて全国の大家36万人余りを対象に2014（平成26）年に行った調査によると、「高齢者の入居に拒否感がある」が60.6％であった。また、1人暮らしの高齢者の入居を制限していると答えた大家は全体の14.2％、高齢者のみの世帯の入居を制限している大家は全体の13.4％であった。高齢者の入居に対して「拒否感」を持つ大家は60％を超えているが、現実に制限を設けているのは14％前後にとどまっていることになる[25]。

　高齢者の賃貸について大家や管理会社の理解を得られない主な理由は3つある。

　まず1つめは、家の中で孤独死するリスクが高くなることである。身内などの家族がいなかったり、家族からの協力を得られなかったりした場合は、遺品整理や家財道具撤去が大家負担となり、多額の費用と時間がかかってしまうことがある。死臭や痕跡が残っている場合は、室内のクリーニングも必要になる。高齢者リスクに対応する損害保険も出てきているが、保険料は高額である。もし病死であっても近隣住民から耳に入り、募集で告知してもなかなか借り手が見つからず空室が続くなど、次の入居者に貸すときの家賃を下げざる得ないケースもある。まだ孤独死は、事件性がないので「大島てる」などのサイトに載らないが、首つり自殺や火事による焼死などで事件性が出てしまい、警察や消防が動いてしまうと大家として相当なマイナスイメージになる[26]。

　2つめは、高齢者は認知症になる確率が高く、認知症による家賃滞納の発生、認知症の程度によっては、共同住宅での生活が難しくなることである。この場合、介護や福祉などの生活支援が必要となって、大家や管理会社の賃貸管理以外の負担が増すことになる。1つの例として家賃滞納者が高齢者の場合、裁判で明け渡しの判決が出ても、強制執行で退去してもらえない可能性がある。高齢者が部屋から退去させられても、自分で生活を立て直すことができない場合もあるため、執行官が「執行不能」と判断してしまう。そうなると大家は、高齢者に出て行ってもらえない状態になる[27]。認知症が進行すると、裁判の当

事者となる能力があるのかが疑問となるので、明け渡しの裁判を起こすことができないかもしれない。裁判を起こすことができても、大家は入居者の認知症の状態を立証しないといけないので、それには困難が伴うのである。

　3つめは、賃借人が死亡した場合、現段階では賃貸借契約は相続の対象となり、部屋が使用されないのであれば、相続人全員と契約を解除しなければならない。もし相続人の行方が分からなければ、探し出さなければならない。部屋の中の荷物も相続の対象なので、勝手に撤去するなどして、次の借り主の入居準備をすることもできない。

　上記のように、大家や管理会社としては、高齢者への貸し出しリスクが大きいことが予測され、金銭的損失、風評被害を最低限に抑え、無理をして高齢者に貸すよりも空室の方が、リスクが少ないと考え、若い世代が入居するまで、わざと空室にしているケースもある。実際に筆者が仲介に関わった賃貸物件にもそんな物件があった。

　一方、障害者はどうだろうか。障害者に対して、大家や管理会社が障害を理由に賃貸住宅への入居を断る行為はかなり以前からあった。前述したが、筆者自身もアパートを借りる時に「火災や事故を起こす恐れがある」と、不動産業者に障害を理由に賃貸物件の紹介を断られた経験を持っている。

　2010（平成22）年には東証一部上場企業の大手不動産会社が、入居者と結ぶ賃貸借契約書に「入居者、同居人及び関係者で精神障害者、またはそれに類似する行為が発生し、他の入居者または関係者に対して財産的、精神的迷惑をかけた時」は契約を解除するという条項を設けていたことが判明、大阪府が改善を指導し、この会社が問題の条項を削除し、障害者団体などに謝罪する、という出来事があった[28]。

　このような行為は、行政機関からはたびたび、人権侵害だとして指導の対象になっていたが、2006（平成18）年に国連総会で採択された障害者権利条約を日本が批准するために、障害者差別解消法が制定され、2016（平成28）年4月より法律が施行されたことにより、明確に「違法」だと認定できるようになった。今後は、こうした「明文化された形での入居差別」が無くなっていくことを期待する。

障害者差別解消法について、住宅の分野では、国土交通省が宅建建物取引業者を対象とした対応指針を公表している。指針では「差別的な取扱い」として禁止する行為として、以下のような事例が挙げられている[29)]。

① 正当な理由がなく、不当な差別的取扱いにあたると想定される事例
・物件一覧表に「障害者不可」と記載する。
・物件広告に「障害者お断り」として入居者募集を行う。
・宅建業者が、障害者に対して、「当社は障害者向け物件を取り扱っていない」として話も聞かずに門前払いする。
・宅建業者が、賃貸物件への入居を希望する障害者に対して、障害があることを理由に、賃貸人や家賃債務保証会社への交渉等、必要な調整を行うことなく仲介を断る。
・宅建業者が、障害者に対して、「火災を起こす恐れがある」等の懸念を理由に、仲介を断る。
・宅建業者が、1人暮らしを希望する障害者に対して、一方的に1人暮らしは無理であると判断して、仲介を断る。
・宅建業者が、車いすで物件の内覧を希望する障害者に対して、車いすでの入室が可能かどうか等、賃貸人との調整を行わずに内覧を断る。
・宅建業者が、障害者に対し、障害を理由とした誓約書の提出を求める。

また国交省が公表した対応指針では、努力義務である「合理的配慮」の事例もあげられている。
① 多くの事業者にとって過重な負担とならず、積極的に提供を行うべきと考えられる事例
・障害者が物件を探す際に、最寄り駅から物件までの道のりを一緒に歩いて確認したり、1軒ずつ中の様子について、手を添えて丁寧に案内する。
・車いすを使用する障害者が住宅を購入する際、住宅購入者の費用負担で間取りや引き戸の工夫、手すりの設置、バス・トイレの間口や広さ変更、車いす用洗面台への交換等を行う場合、必要な調整を行う。

・障害者の求めに応じて、バリアフリー物件等、障害者が不便と感じている部分に応じている物件があるかどうかを確認する。

・障害者の状態に応じて、ゆっくり話す、手書き文字（手のひらに指で文字を書いて伝える方法）、筆談を行う、分かりやすい表現に置き換える等、相手に合わせる方法での会話を行う。

・種々の手続きにおいて、障害者の求めに応じて、文章を読み上げ、書類の作成時に書きやすいように手を添える。

② 　過重な負担とならない場合に、提供することが望ましいと考えられる事例

・物件案内時に、段差移動のための携帯スロープを用意する。

・物件案内時に、車いすを押して案内をする。

・物件案内の際、肢体不自由で移動が困難な障害者に対し、事務所と物件の間を車で送迎する。

・車いす使用者のために、車いす専用駐車場を確保する。

・物件の案内や契約条件等の各種書類をテキストデータで提供する、ルビ振りを行う、書類の作成時に大きな文字を書きやすいように記入欄を広く設ける等、必要な調整を行う。

・物件のバリアフリー対応状況が分かるよう、写真を提供する。

・障害者の居住ニーズを踏まえ、バリアフリー化された物件等への入居が円滑になされるよう、居住支援協議会の活動等に協力し、国の助成制度等を活用して適切に改修された住戸等の紹介を行う。

　このように、国土交通省が宅建建物取引業者を対象とした対応指針を公表し、不動産事業者が加盟している宅地建物取引業協会（宅建協会）と全日本不動産協会（全日）でも各種研修会では事あるごとに周知しているのだが、筆者は「障害者の入居を断っている」という大家が一定数いるのを知っているし、入居拒否とまではいかないが、「障害者はなるべくなら入れたくない」と思っている大家も不動産業者も多い。それは日本賃貸住宅管理協会が行った調査でもそれは裏付けられている[30]。個々の大家や不動産業者の障害者に対する「入居拒否」「入居差別」は、なかなか無くならず部屋探しのハードルは依然とし

て高いのが現状である。

　そのような状況のなかで、高齢者・障害者を積極的に受け入れている大家や不動産業者、居住支援法人、障害当事者団体もいくつか存在しているので、取り上げたい。まずは不動産業者から神奈川県横浜市の「アオバ住宅社」と神奈川県座間市の「株式会社プライム」、居住支援法人からは京都府京都市の「京都くらし支援センター」、障害当事者の住宅支援の取り組みから大阪府堺市の「特定非営利活動法人れじりえんす」を取り上げる。

アオバ住宅社

　「アオバ住宅社」の斎藤瞳氏は警察官採用試験に合格したが、「人生が決まってしまう」と思い、警察官任官を辞退、大学卒業後は大手仲介不動産会社の営業部門に就職、優秀な営業成績を収めた。その後、結婚及び出産を経て、育児環境がよいと横浜市青葉区に住むことになった。育児が落ち着いた後に、地域の不動産屋に事務として仕事に就いたことで65歳の生活保護受給者の男性と出会う。その男性は、生活困窮者の低額賃貸住宅から一般アパートへの転居を希望していた。男性の生活困窮の話を聞いて、区役所に同行、生活保護の担当ケースワーカーに会ったりもした。その後も区役所に通いつめて情報や知識の収集をしながらなんとかアパートを見つけることができた。そのことがきっかけになって、生活困窮者やシングルマザーなど様々な境遇を持つお客さんに物件を紹介することを第1の目的として、平成28（2016）年に「一生おつきあいの出来る不動産屋」をモットーに「アオバ住宅社」を立ち上げた。以来、生活保護受給者、高齢者、ＤＶ被害者など居宅探しに困難を抱える人たちの支援を多数行ってきた。「アオバ住宅社」のような不動産業者は、数が少ないこともあり、新聞、雑誌、テレビなどに取り上げられること、全国各地の講演に呼ばれることも多くなっている[31]。

　また仲介業だけでなく、アパートなどの清掃業務を大家からの委託を受けて行っている。清掃委託はアオバ住宅社の売り上げ確保の重要な事業となっている。高齢者や短時間だけ働きたい主婦を清掃業務で10名ほど雇用、併せてそこに入居している高齢者などに対して見守り支援を実施している。

　行政やNPOとも連携を図りネットワークを構築、平成30（2018）年には、神奈川県で宅建業者としては初めて居住支援法人の指定を受けている。斎藤氏は現在、日々の業務の中で生活保護など社会福祉の法律や制度に関わることも多く、もっと福祉を学びたいということで、通信制の学校に入学し、社会福祉士を目指している。

　筆者は講演会の際、斎藤氏に「ニーズがありながら、内覧してもなかなか高齢者が入居に至らないこと」についてどう対応すべきか助言を求めた。

　斎藤氏は「高齢者や障害者の入居について、物件管理している管理会社や不動産業者に相談しても断られてしまうことが多いので、可能であれば直接、大家と話しをして心配ごとを1つひとつ細かく聞いて対応を提案しながら、大家の不安の解消に努めることが大切な仕事になる」と話しをされた。また不動産業者に対しては、「①自己所有不動産かどうか、②保証会社はどこで、大体入居可否を判断できる」と教えてもらった。斎藤氏の助言をもとに「居場所の不動産物件の探し方」を制定し、お客さんに了解を得たうえで物件探しに取り掛かることにしている。居場所の「不動産物件の探し方」については後述する。

株式会社プライム

　神奈川県座間市の「株式会社プライム」は、「住宅弱者を絶対に見捨てない不動産会社」として、テレビの報道番組や不動産投資新聞「楽待」などのマスメディアで取り上げられることが多い。筆者が「株式会社プライム」を知ったのも社会福祉士の知人から教えられたある動画がきっかけとなった[32]。その動画を観て感動して代表の石塚恵氏にメールを送ったことで、電話をもらったことが交流の始まりとなった。

　「株式会社プライム」代表の石塚恵氏は、不動産業界に関わって20年以上になるが、以前勤務していた不動産会社では、高齢者や障害者、生活保護者などの住まいに困って相談に訪れた人たちに対しては、経営者の意向で「そういう人は帰ってもらいなさい、審査が通らないから。そういう人はお客さんじゃないよ」と言われ、そのほとんどが門前払いせざるを得なかった。困窮者に部屋を貸すか貸さないかは、社長の采配次第で決まってしまうのである。

　「しかし私は、困窮者、高齢者、母子家庭など部屋が借りにくい人がこんなに多く訪れるのを見て、その人達が泣きながら帰っていくのを見てどうしても部屋を貸してあげられないなら自分で貸してあげたいと思うようになり、試験に合格した後、自分で会社を独立することにしました[33]」

　石塚氏は宅地建物取引主任者に合格後、2012（平成24）年に「株式会社プライム」を開業した。開業後は、「高齢で住み替えをするには……」など、住まいに関する困りごとの相談や1つの部屋が空くと、10人の申し込みが入るなど、生活困窮者の住まい不足は深刻である。住まいの相談はひと月に約300件寄せられる。一度の電話相談で解決するわけではないため、非常に多忙だが、石塚氏は「成約率は決して高くはない」と言う[34]。筆者もそうだが、仲介手数料を中心に生業を立てている不動産業者としては、ニーズはあるが、儲けにはなりにくい取り組みということになるだろう。

　また高校時代の親友である「NPO法人ワンエイド」理事長の松本篝氏と連携して、物件が借りられるようオーナーや不動産会社との交渉や、必要に応じて適切な行政窓口にもつないで問題の解決までをサポートしている[35]。住まいだけでなく、生活相談やフードバンクなどの食料支援、高齢者などの見守り支援やゴミ屋敷の掃除などのサポート業務も「NPO法人ワンエイド」と連携することで行っている。結果として、入居者のトラブルや孤独死を防ぐことにもなっている。

　これまで述べてきたように、高齢者や生活保護受給者は新たな住まいを探すのが難しく、1度入居すると長く住む人が多い。これは家賃確保のうえで大家にとっては、メリットになる。現在、石塚氏の考え方や行動に賛同して賃貸物件を供給してくれているオーナーは8名程で戸数は100戸になるが、ほぼ満室となっている。そこで石塚氏も金融機関から融資を受け、いくつかの物件を購入して高齢者を中心とした生活困窮者に入居してもらうと、すぐに満室になった。石塚氏自身が自ら成功してみせることで、物件を貸してくれる大家を増やしたいという狙いがある。なかなか満室にならないアパートでも生活保護受給者向けにすることで、空室だった部屋が埋まることもある。またマスメディア

に出演するのも生活困窮者を取り巻く賃貸の状況を世間の人に知ってもらいたいという思いがある。現在、石塚氏は、行政からも協力の依頼が寄せられ、座間市の困窮者支援会議にも参加している。

京都くらし支援センター

　有限会社「京都くらし支援センター」は、現代表取締役の土岐美樹子氏の父親である北波茂氏が1972（昭和47）年に有限会社を設立し、長年にわたり、アパート経営を続けてきた。その間、住宅確保要配慮者（低額所得者、被災者、高齢者、障害者、子供を育成する家庭その他住宅の確保に特に配慮を要する者）への住居提供をはじめ、住民の各種トラブルの対応、生活支援、相談などを行ってきた。2019（平成31）年1月の父親の引退に伴い、娘である土岐氏が後を引き継ぎ、現社名に変更、同年5月1日に京都府から居住支援法人（住宅確保要配慮者居住支援法人）の指定を受けて、さらに事業を発展させているところである。

　居住支援法人とは、「住宅確保要配慮者に対する賃貸住宅の供給の促進に関する法律」（住宅セーフティーネット法）に基づき都道府県知事が指定した団体で、住宅確保要配慮者の民間賃貸住宅への入居に関する情報提供・相談や、見守り等の生活支援などの居住支援を行うものである[36]。京都市では「京都くらし支援センター」を含めて、11か所の法人が京都府の居住支援法人の指定を受けている[37]。

　さて「京都くらし支援センター」は、京都市北区と左京区で約50室のアパート及び戸建てを所有して、高齢者や障害者などの住宅確保要配慮者に優先的に住居を提供し、また不動産業者、行政、社会福祉協議会、医療機関、介護保険サービス業者などと連携を図りながら、見守りなどの各種支援業務を行っている。現状は、満室で介護保険の要支援及び要介護者が多数を占めているとのことである。さらに需要が増え、部屋が足りない状況が続いている。今後も需要に対応するため、アパートや戸建を増やしていく意向である。

　筆者と土岐氏とは、一般社団法人全国居住支援協議会の研修会で知り合い、同じ京都市内ということもありさっそく、独居高齢者の転居案件を通じて、仕

事上のやり取りが始まった[38]。そして仲介をした1人暮らしの認知症高齢者のアパート入居が決まり、土岐氏の見守り支援や介護保険サービスを利用して日常生活を過ごしている。これまで述べてきたように、高齢者の家探しは、65歳を過ぎていると難しくなる。一般の不動産業者を通してでは、なかなか成約に至らない。介護保険などの福祉サービスを利用しているとさらに賃貸が難しくなる。高齢者などの賃借人、不動産業者、社会福祉関係者にとって、多数の自己物件を持ち、理解と支援がある「京都くらし支援センター」は心強い大家さんである。

　日本では今後、人口構造・社会構造の変化から高齢者、障害者、ひとり親、外国人など、住宅の確保に配慮が必要な者が増加していくことが見込まれている。住宅のセーフティーネットの根幹である公営住宅については、地方公共団体の財政難などもあり、今後も大幅な増加は見込めず、公営住宅に入居したくてもできない者も増加している。一方で民間の空き家やアパートの空室は増加している[39]。このような問題を解決するために、居住支援法人及び住宅確保要配慮者居住支援協議会の仕組みが設けられた。

　住宅居住支援協議会とは、住宅確保要配慮者の民間賃貸住宅等への円滑な入居の促進を図るため、地方公共団体や関係業者、居住支援団体等が連携（住宅セーフティネット法第51条第1項）し、住宅確保要配慮者及び民間賃貸住宅の賃貸人の双方に対し、住宅情報の提供等の支援を実施するものである。京都府・市には、京都府に京都府住宅居住支援協議会が、政令指定都市である京都市に京都市住宅居住支援協議会（京都市すこやかネット）が設立されている[40]。

　筆者が不動産業を営んでいる京都市の京都市住宅居住支援協議会は、不動産関係団体、福祉関係団体、京都市及び京都市住宅供給公社により2012（平成24）年9月に設立された。活動内容としては、入居可能な住宅の情報提供（すこやか賃貸住宅、すこやか賃貸住宅協力店、高齢期の住まいの相談会など）の実施、高齢者住まい・生活支援事業（見守り・生活相談等のサービス、家賃債務保証の情報提供、緊急連絡先の提供）の実施、京安心すまいセンター（住まいのトラブルや原状回復に関する電話相談、家財・残置物の整理、葬儀の代行サービスの提供など）の開設を行っている。

　株式会社居場所では、すこやか賃貸住宅登録の促進や高齢者の住まい探しに協力したいということで、「すこやか賃貸住宅協力店」に登録している[41]。また居住支援法人については、2020（令和2）年11月27日に京都府から指定を受けて活動中である。

特定非営利活動法人れじりえんす

　専門学校の教え子が運営に関わっている特定非営利活動法人「れじりえんす」は、大阪府堺市を拠点に活動する障害当事者団体である。「れじりえんす」とは、回復を意味する。その構成メンバーは、高次脳機能障害を中心に身体障害、内部障害、精神障害を持つ者の男女11名（男性5名・女性6名）で主婦、大手企業に復職した者をはじめ、特例子会社や就労支援A型及びB型などの企業や施設へ通いながら活動している[42]。近所に高次脳機能障害専門のクリニックがあるため、受診やデイケアの後にメンバーや他の患者たちは「れじりえんす」に立ち寄ってピアサポート活動を行っている。

　2012（平成24）年、高次脳機能障害を持つ有志の会がイベント出店「ミカンの詰め放題販売」の際、お客さんとのやり取りやイベント会場へ行くための公共交通機関の利用の仕方などを学ぶために、SST（生活技法訓練）のような訓練の場が要ると、感じたことがきっかけとなり、障害当事者会「堺ちゃれんじゃーず」が結成された。

　現在、藤田香氏と夫の智也氏が中心になって特定非営利活動法人を運営しているが、2人ともそれぞれのバイク事故により高次脳機能障害になった。日頃、活動をするなかで、弁護士などの専門家とのパイプも大事だが、「自分自身にも専門知識は必要ではないか」と思い、「社会福祉士、精神保健福祉士になりたい」と、香氏は40歳を過ぎて専門学校へ入学、国家試験の受験資格を取得して卒業した。その学びの過程で2017（平成29）年に特定非営利活動法人「れじりえんす」を設立し、学校で学んだことを生かして活動している。

　特定非営利活動法人「れじりえんす」の活動内容は多種多様である。外部に対しては高次脳機能障害に関する普及啓発活動、相談会、地域イベントでのアイスクリーム店の出店、堺脳損傷協会のニュースレターの発行の手伝いをして

いる。高次脳機能障害は世間の理解が十分でないので、積極的に外へ出て理解や支援の促進を図っている。内部においては、シェアハウスの運営、企業の下請作業、ワークショップをはじめ、料理会、カラオケ大会、バーベキュー、ハイキング、週1回の弁当販売を実施している。

また毎月、堺脳損傷協会でのランチ活動や不定期だが、夕食会を兼ねてピア・カウンセリングを行っている。相談ではナイーブな事柄も多く、家族にも支援者にも言えないことも多い。必要があれば行政や各専門機関へつなげている。

さて筆者が行っているのは、シェアハウス入居の際の仲介である。宅地建物取引士としてではなく、福祉専門職の立場も踏まえて行っている。高次脳機能障害になった人の社会復帰支援の一環として、「れじりえんす」ではシェアハウスを2部屋で運営している。入居にあたり、生活に関するトラブルを未然に防ぐために契約書を作成し、重要事項説明を行っている。また入居者及び大家から何か相談があれば、面談や電話で対応している。高次脳機能障害の障害特性である「もの忘れ」をはじめ、契約説明時は「わかりました」と言って納得するが、自分に有利な都合の良い話に作ってしまう「作話」などがあり、思わぬトラブルに発展することもある。そのため、契約時だけではなく、入居者から求められれば、その都度、根気よく繰り返し説明することにしている。

シェアハウスで1〜2年間生活し、その間に生活に必要な知識や生活習慣を学び、医療及び福祉サービスを利用したりしながら、次のステップである地域生活につないでいくことが目的となる。地域定着支援を目指している。現状では、高次脳機能障害者が家を借りるのは、なかなか難しい面もあり、次の家探しも支援する。シェアハウスの契約期間は、次の高次脳障害者の利用も考え、定期賃貸借契約で最大2年間としている。家賃は1か月5万円（水道光熱費、米・パンなどの主食、消費税込み）で、ベッド布団付きなので、着替え1つで入居できる。障害年金受給者の場合は、年金支給月に2か月分を支払う。週1回の安否確認を兼ねた食事会や大家からのおかずの差し入れにより、コミュニケーションを取りながら入居者を支援している。

以上、高齢者・障害者・生活困窮者を積極的に受け入れている不動産業者、

居住支援法人、障害当事者団体を取り上げた。まだ数は少ないかもしれないが、頑張っている人たちも存在している。今も昔も高齢者や障害者、生活保護者などの生活困窮者に対して、多くの大家や不動産会社は門前払いが多い。世間の人々にこの問題を知ってもらうことも大事だが、一緒に活動したり、相談したりできる不動産業者や理解者及び仲間をもっと増やしていくことも必要である。

　では「アオバ住宅社」の斎藤氏の助言をもとに制定した「居場所の不動産物件の探し方」について触れておこう。

　高齢者や障害者などのお客さんだった場合、「株式会社居場所の不動産物件の探し方」という文書を渡し、記載内容を確認してもらい、了承を得てから賃貸物件探しに着手することにしている。この文書を渡すことで、「居場所」の考え方や物件の探し方を知ってもらい、それがお客さんの安心にも繋がると考えているからである。お客さんにとっても、内覧してから断られるというリスクなどを減少させるメリットがある。

株式会社居場所の不動産物件の探し方

　高齢者及び障害者の家探しについては、賃貸物件希望のニーズは多いものの、なかなか入居が決まりにくい状態が続いている。そこで下記のようなやり方で不動産物件を探している。

1　レインズで物件検索するときは、大手賃貸などの他社物件を排除して自社所有・管理物件で探す。
　　ただし大手賃貸でも自社管理物件ならば相談にのってくれることもある。
　　一部の大手賃貸不動産会社（具体的社名あり）、京都の地元大手業者など。
2　該当する物件があれば、本人に提示。
3　物件の内覧・入居希望があれば、自社所有・管理物件か、保証会社がどこか、確認している。自社所有・管理物件ならば、入居相談に応じてくれるところがあるが、他社物件の場合は、お断りされてしまうことが多い。
4　前記3の項目がクリアできたら本人様のことをある程度、不動産業者に話してOKならば内覧へ進む。

このような形で高齢者や障害者の賃貸物件を探しているが、大家がOKでも実際に内覧したら借り手が思っていたイメージと部屋が異なっていたということで、先方の業者に断りを入れたり、また借り手が部屋を気に入っても、当初の話しと違って、保証会社や大家が入居を承諾しなかったり、成約に至らないこともある。逆に入居が決まった時の嬉しさは格別であるが。

さて一般の不動産業者や大家は、高齢者や障害者及び生活保護受給者などから賃貸物件の相談や仲介の依頼があっても、手間が掛かる割には儲からない、利益が出ないとして、スルーしてしまうのは、これまで述べてきたとおりである。では、他の不動産業者が避けてしまうことをなぜ、筆者はやるのか？「自分だからその事業をやる意味がある」ということが、最も重要なのではないか。前述したように、筆者も自分自身の障害のために、住居が借りられなかった。大学や就職が決まっても、住む家がなかったら、どうしようもないし、とても不安な気持ちだった。この時の気持ちや体験はすぐにマンションやアパートに入居ができてしまう健常者の学生や会社員にはわからないものに違いない。

また仲介している不動産業者にも一部を除いてわかる人は少ない。自分が経験・体験しないとなかなか実感できないものだ。その意味では筆者には、家を借りられない人の気持ちがよくわかる。そのことを事業にすれば、自分の強みになるのではないか。エンジェル投資家で京都大学客員準教授だった故瀧本哲史は「その人が過去に生きてきた人生とか、挫折とか、成功とかそういうものは盗めない」(中略)「つまり、大学で学んだこととか、昔からの友達関係とか、その人が人生の中でもともと持っている「バックグラウンド」が、やはりいちばんの差別化要因になるんです」と講演のなかで語っている[44]。ならば、自分の体験を活かしていこうということだ。そして「不動産業では今は儲からなくていい、時間をかけてゆっくりと利益を出していけばいい」と筆者は考えた。「高齢者及び障害者専門の不動産業者が存在すること」が重要である。

最近、知り合いの社会福祉士や不動産業者から「小出のやり方は誰もが真似することはできない」と言われることが増えたが、それを可能にしているのは、1. で触れた「複業」と「パラレルキャリア」の考え方である。複業はまったく異なる専門資格や業種及び自己資産・社会資源の活用などを組み合わせて働

き、複数の収入を得ることである。パラレルキャリアは必ずしも報酬・収入を得ることを目的としていないが、自分の専門性を活かしてNPO団体でボランティア活動を行うことも含まれる。特に障害者の生存戦略としては有効な1つの方法だと考える。筆者に関していえば、株式会社居場所の給与（不動産業及び指定特定相談支援事業所）＋他事業所の非常勤給与（介護支援専門員）＋大学や専門学校の非常勤講師料（社会福祉関係科目など）＋不動産賃貸料（大家）＋障害基礎年金である。この方法だと仮に仕事が1つ無くなったとしても、全部の収入がいきなり途絶えてしまうことはない。筆者のこれまでの会社勤めの体験などからそのような考え方が時間をかけて徐々に形成されていった。会社勤めのサラリーマンがリストラを受けたり、失業したりした場合は、この本業以外に仕事がないとすると、収入が途絶えてしまい、路頭に迷う可能性が高い。障害者ならば何か会社に危機が訪れた時はよりその可能性が増す。そう考えると普段は意識することは少ないが、会社勤めのサラリーマンの立場は、意外に不安定であるといえるのではないか。

　さて「複業」のやり方で障害者の生き残りの生存戦略を図っているのは、筆者だけではない。他の障害者も異なった業種で、自分に適ったやり方で自らの体験を活かしながらそれぞれ活動しているので、次節で紹介したい。

4．障害者の生存戦略について

　この第5章の本来の目的は「障害者の起業」である。この起業が筆者の場合は、指定特定相談支援事業所と不動産業であったにすぎない。障害者の起業には、自分が起業することで活動しやすく自分らしく生きていくという意図がある。そこで「株式会社みのりの森」代表取締役で発達障がい専門誌『きらり。』編集長の朝倉美保氏と「個人社会福祉士事務所フリーダム」の野村元延氏を取り上げる。

株式会社みのりの森

「株式会社みのりの森」代表取締役で発達障がい専門誌『きらり。』編集長の

朝倉美保氏は自身も双極性障害、発達障害（自閉症スペクトラム、注意欠陥多動性障害）を持つ障害当事者で精神保健福祉手帳3級を所持している[44]。

　朝倉氏は1979（昭和54）年生まれで京都市内の地元の小学校を卒業し中高は私立中学高校へ、大学では食物・栄養関係を学び、国家資格である管理栄養士を取得、大学卒業後はサプリメント会社に就職するも24歳の時に人間関係からうつ病を発症、34歳で発達障害の診断を受け、ようやく自分の生きづらさの原因を知ることができた。会社退職後は休職を経て転職をするが長続きせず、休職と転職を繰り返した。30歳からは家庭教師の個人事業を始め、28歳の時1回目の結婚をし、30歳で離婚、33歳で2回目の結婚をし、その後35歳で離婚している。2017（平成29）年2月に「株式会社みのりの森」を設立し、4月から発達障がい専門誌『きらり。』を発行し始めた[45]。会社と雑誌の名前は「みんなが実りある人生を送れますように」「障がいを楽しみ、明るくポジティブに生きていけますように」という願いを込めて決めた[46]。

　雑誌『きらり。』を作ろうと決めたのは、2016（平成28）年頃で、友人3人との話がきっかけになった。「その頃、発達障害の専門家が書いた本はたくさんあったけど、それには困った時に『どう対応するか』は書いてあっても、実際は障害の程度や特性の出方は人それぞれだから、その方法に当てはまらないことが多くて、わたしは気持ちの部分で『本人や周囲は何を指針にしていけばいいんだろう？』というところが知りたかったが、何も情報がなかった」と朝倉氏は言う。そのことがきっかけで、朝倉氏が雑誌『きらり。』を企画した。インターネットでの情報発信や電子書籍が流行しているのは知っていたが、「手元に残るもの」で定期的に届けられるものとして「雑誌」を選択した。

　現在、『きらり。』は第11号まで刊行（2020年6月現在）、600部数で3か月に1回（4・8・12月）の発行である。雑誌はAmazonや京都市内の大手書店に置いてもらって販売している。第5号からは当事者だけでなく、父母や支援者などいろいろな人に原稿依頼し、書いてもらっており、雑誌の幅が広がったと感じている。また、マンガやイラストを多数用い、さらにデザイン会社にレイアウトを依頼することで読みやすく改良している。雑誌の企画は、朝倉氏が毎号特集テーマを決め、書く内容中味については、執筆者に任せているとい

うことである。『きらり。』1回にかかる費用は印刷料、デザイン料、原稿料含めて約100万円かかり、ほぼ利益はないとのことである。

　では「みのりの森」の経営はどうなっているのか？　まずは金融機関からの融資がなければやっていけないとのことで、雑誌の売上と金融機関からの融資が経営の主体となる。その他の収入は、発達障害児（幼・小・中・高指導）の家庭教師及び塾の指導料、習字教室の運営、カウンセリングである。このように、朝倉氏も複数の収入源を持っている。やはり複数の仕事と複数の収入がポイントとなる。今後は発達障害者の支援者に対する講習会やフォローアップを行っていきたいとのことであった。

　さて雑誌『きらり。』で発達障害当事者、親、兄弟、支援者への取材などで活動する中や、アンケート、手紙やメールなど読者から寄せられる「声」で感じていることは、発達障害者の支援は徐々に増えてきてはいるが、①福祉の地域差、②福祉の内容の差、③発達障害の診断の有無、④自己理解不足があるということであった。

①　福祉の地域差

　福祉の地域差は、福祉のサービス事業所が多くある地域は、サービスや支援方法も本人にあったものを選択することができるが、地域によっては選びたくてもないところもある。

②　福祉の内容の差

　地域にたくさんの支援事業所があっても、支援の内容にはばらつきがある。個人に寄り添ったところもあれば、個人をないがしろにしているところもある。その人の可能性を潰し、尊厳を傷つけているところもある。

③　診断の有無

　発達障害であるという診断がなければ、福祉サービスは受けられない。現在、診断を受けたくても、3か月から半年待ちと言われており、早く支援を受けたくても受けられない現状がある。発達障害の特徴を理解してくれ、しんどさを受けとめてくれる公的な相談窓口が本当の意味でない。

④　自己の理解不足

　自分の発達障害についての知識や理解が足りない。

　発達障害者が抱える①〜④のこれらの問題を少しでもサポートするために、朝倉氏は発達障害者の自分らしい生き方応援サイトを立ち上げることを考える。発達障害者・児の支援、親への支援など、支援にはいろいろあるが、まず朝倉氏が考えたのは、自らの体験や経験を踏まえて「就労のサポート」としての「発達障害者向けの職業マッチングサイト」の立ち上げであった。まず、クラウドファンディングでサイト制作のための資金集めに見事に成功した。現在では「職業マッチング」サイトが完成し、発達障害に特化した「自分らしい生き方・働き方」を探究できるサイト「凸凹じぶんなび　とことこ」の運用がスタートした47)。発達障害者にはサイトを利用して、職業マッチングをしてもらい、自分らしい働き方ができるように願っている。

「個人社会福祉士事務所フリーダム」

　社会福祉士は医療機関や高齢者・障害者施設、公務員として働くだけでなく、独立して自らの事務所を開業し、フリーランスとなることもできる資格である。このような社会福祉士は、一般的に「独立型社会福祉士」と呼ばれ、組織に所属しない身軽さを生かし、地域や施設間の連携を強化する「コミュニティソーシャルワーカー」としての活躍している者も多い。

　厚生労働省の統計によれば、社会福祉士の資格保有者は年々増加しており、現在は23万人以上が資格登録している48)。そのうち日本社会福祉士会に入会し、都道府県社会福祉士会に所属して「独立型社会福祉士名簿」に登録されている社会福祉士は、441名である49)（2020年4月3日現在）。

　独立型社会福祉士の仕事内容は、基本的には高齢で介護を必要とする人や、障害がある人などからの相談に応じ、最適な福祉サービスを紹介したりして、相談者の生活を支援することである。しかし、相談業務の収入だけで生計を立てることは難しい。そもそも日本の社会福祉は、長らく行政の措置制度が続いたこともあり、相談料は無料でお金が掛からないと思っている人が多いこともあり、弁護士や社会保険労務士のような他の士業と異なり相談料の対価の設定が難しい。

　そこで独立型社会福祉士のほとんどは、ほかの収入を得る手段と組み合わせ

て働いている。代表的な仕事は、認知症高齢者や精神障害者に代わって、財産などを管理する「成年後見人」の受任、福祉サービスの第三者評価業務、スクールソーシャルワーカー、大学や専門学校での講師活動などが挙げられる。

　また、介護支援専門員をはじめとして、相談支援専門員、精神保健福祉士、介護福祉士の福祉系資格の他、行政書士、社会保険労務士、司法書士、ファイナンシャルプランナーといった社会福祉士以外の資格をもち、兼業で事務所を経営している人も少なくない。

　独立型社会福祉士を代表して、「個人社会福祉士事務所フリーダム」取り上げたい。代表の野村元延氏は、両下肢体幹機能障害、視野狭窄により身障手帳１種１級を交付されている障害当事者の社会福祉士である。中学時代からの同級生からの激しい虐めや父親からの虐待により鬱で精神科に医療保護入院、また学生時代から労働組合運動に携わった。出版社や大学生活協同組合などに勤務、いくつかの職業を経て、2012（平成24）年３月に大学を卒業し、社会福祉士と障害者スポーツ指導員の資格を取得した。その後、「個人社会福祉士事務所フリーダム」を開設した。鬱の体調悪化時には生活保護の受給歴もある。

　「個人社会福祉士事務所フリーダム」の特徴は、野村氏自身の体験を生かした生活困窮者及び生活保護の相談を中心に据えていることである。法人形態は、税理士などのアドバイスを受け、合同会社で設立している。このような事務所の数が少ないこともあり、「個人社会福祉士事務所フリーダム」のホームページ見て、全国各地から相談依頼がある[50]。

　さて、「個人社会福祉士事務所フリーダム」の業務としては、生活保護を中心とした生活福祉各種問題の相談、障害者（児）の権利擁護、契約している個人や関係団体会員への見守り・訪問面談などを行っている。初回の相談料は無料だが、２回目からは有料となっている。委託契約している個人や関係団体からも事務所には委託契約料が入ってくる。事務所としては収入が安定するので大きい。また職員は、常勤の代表野村氏のほか、非常勤職員を２名雇用、週２日ずつ４日間の勤務形態で野村氏をサポートしている。

　しかし、他の独立型社会福祉士と同様に事務所の相談業務の収入だけで生計を立てることは困難なので、事務所の給与の他に、野村氏も個人の複業として、

障害者スポーツ指導員、学習塾講師、行政（教育委員会）の学習支援の３つの仕事することで給与を補っている。

　障害者スポーツ指導員は水泳、車椅子テニス、シッティングバレーボールなどの種目についての指導を月２〜３回、京都市内のスポーツセンターで行っている。学習塾講師と大阪府学び学習支援事業の学習支援は中学生の学校の補習及び受験科目（英語と数学）を中心に教えているとのことである。そして野村氏は支給要件を満たしているので、加えて障害者基礎年金と特別障害者手当がそれぞれ１か月ごとに支給される。

　ここで注目したいことは、野村氏が本業（生活福祉相談）＋いくつかの複業（スポーツ指導員、学習塾など）＋障害基礎年金（特別手当）を組み合わせることによって、それぞれの収入を補いながら、仮に何かの仕事が無くなっても、他の収入の確保ができることである。つまり、稼ぎを分散させれば、収入が無くなることはまずない。また自分で事務所を経営することで、人間関係の煩わしさや差別偏見、生きづらさからも解放され、自分のやりたいことができるというメリットがある。それは生存戦略そのものである。

　以上、「株式会社みのりの森」の朝倉美保氏と「個人社会福祉士事務所フリーダム」の野村元延氏を取り上げたが、筆者の経営する「株式会社居場所」を含めて、不動産、福祉サービス、出版、教育とそれぞれ関わっている業種は異なっているが、共通していることが３つある。１つめは、一般企業などに勤務経験を持つ障害当事者であることである。２つめは、様々な体験・経験を経て、現在に至るが、自分の体験したこと、経験したことを活かして起業していることである。筆者はアパートの賃貸物件で体験したことが基になって、高齢者・障害者専門の不動産業を起業したし、朝倉氏は自らも発達障害者で、発達障害者に関する情報を発信したくて雑誌を創刊した。野村氏は生活保護受給の体験を活かして生活困窮者の支援を行っている。３つめは、複業＋複収入である。筆者も朝倉氏も野村氏も複数の仕事を持ち、複数の稼ぎ口を持っている。前述したように、複数の仕事や収入を組み合わせることよって、それぞれの収入を補いながら、仮に何かの仕事が無くなっても、他の収入の確保ができるこ

とである。つまり、稼ぎを分散させれば、収入が無くなることはまずないのである。それを実行しているのは、障害者だけではない。一般の方々も可能である。現に筆者の知人は、鍼・あんま・マッサージ師の国家資格を持ち鍼灸院を経営しながら、インターネット関連、建設業の仕事もして、複数の収入を得ている。しかしそういう形になるまでには、ある程度の経験や学習、時間も必要となる。

　さて2019（令和元）年12月、中国の武漢に端を発した新型コロナウイルス感染症（COVID-19）は欧州・米国へと飛び火し、いまや世界中に拡大している。感染拡大の影響は、人・モノの動きの世界的な遮断、国内の経済活動抑制をもたらし、感染防止のため、在宅勤務やオンライン会議や授業などのこれまでにはなかった新しい働き方・学び方も提示することとなった。この流れは新型コロナウイルスが終息しても止まらないだろう。前述した「個人社会福祉士事務所フリーダム」の野村元延氏であるが、新型コロナウイルス流行による感染防止のため、密閉・密集・密接の「3密」が禁止された影響もあり、スポーツ指導員は活動拠点のスポーツセンターが閉鎖、大阪府の学習支援は中学校が休校のために開催されず、学習塾は授業再開の見通しが立たず、アルバイトは全員が解雇となった。さすがに3つのバイトが1度に無くなってしまう事態は想定していなかった。そのようなことは滅多にないことだが、起こりえるのだ。収入は自分の会社の給与分しかなく、自己の収入は半分に減った。それでは生活できないので、知識を生かして、生活保護を申請し受理された。この体験は今後の仕事にもプラスになるだろう。

　生活保護制度は、様々な理由で収入が減少したり、途絶えたりした世帯が生活を立て直すために、本来は一時的に利用する制度である。個人社会福祉士事務所で生活福祉相談の仕事をしながら、障害者スポーツ指導員や大阪府の学習支援の仕事が再開され、収入が安定するまでは、生活保護を受給することになる。

　それでは終章の「今後の展望―新しい労働の創造に向けて」に移ることにしたい。

【注】

1）バブル崩壊後の1990年代は「失われた10年」と呼ばれる。しかし、2000年代に入って銀行の不良債権問題や企業のバランスシートの毀損などが解決しても、日本の経済成長はバブル崩壊前の勢いを取り戻せていない。バブル崩壊後から今日までを「失われた20年」という。

2）元榮太一郎『「複業」で成功する』（新潮新書、2019年）、p19-20

3）ピーター・ファーディナンド・ドラッカー（Peter Ferdinand Drucker、1909年11月19日～2005年11月11日）は、オーストリア・ウィーン生まれのユダヤ系オーストリア人経営学者。「現代経営学」あるいは「マネジメントの発明者」である。パラレルキャリアは『明日を支配するもの』（ダイヤモンド社、1999年）で紹介された。

4）ソーシャル・アントレプレナーシップや社会起業について書かれた関連本は現在、多数出版されているが、谷本寛治・唐木宏一・SIJ編著『ソーシャル・アントレプレナーシップ－想いが社会を変える－』（2007年、NTT出版）を代表的なものとして挙げておく。

5）大島七々三『社会起業家の教科書』（中経出版、2010年）、p13-15
　　ソーシャル・ビジネスやグラミン銀行の取り組みについては、ムハマド・ユヌス氏の著書『貧困のない世界を創る』（早川書房、2008年）、『ソーシャル・ビジネス革命』（早川書房、2010年）がある。

6）前掲書4、p.7-10

7）ビッグイシューは、ホームレスの人々に仕事を作り、自立を応援する事業として、ジョン・バードによって創設され、1991年にイギリスのロンドンで始まった。雑誌販売者は、ホームレスか自分の住まいを持たない人で、最初、販売者は雑誌10冊を受け取り，その売上3,500を元手に以後は、1冊170円で仕入れ、350円で販売し、180円を収入とするシステムを導入している。
　　特定非営利活動法人フローレンスは、日本初の日施設型・月会費制・病児保育サービスで、2005（平成17）年に東京でサービスを開始。既存の施設型病児保育を脱し、保育スタッフの自宅で子どもを預かる地域密着型システムを導入、料金も利用ごとの料金ではなく、年会費・月会費による共済型システムを導入している。

8）株式会社日本政策金融公庫―2012年度『シニア起業家の開業の「新規開業実態調査」』
　　この調査では、55歳以上で起業する者をシニア起業家と位置づけている。

9）指定特定相談支援事業所いっけんやの「いっけんや」は筆者の実家の屋号である一軒屋から取っている。筆者の実家は、福井県吉田郡永平寺町松岡の毘沙門町通りにある江戸時代中期から続く旧家で菓子商などを営んでいた。代々の当主は一軒屋由次郎を大正時代までは世襲していた。現在でも近隣住民からは一軒屋と屋号で呼ばれることがある。

10）株式会社居場所の設立日は、障害者福祉サービス分野の事業所であることから障害者週間（12月3日～6日）にちなんで、12月3日とした。

11）第3章『障害者自立生活センターの位置づけと課題』を参照のこと。

12）指定痴呆対応型共同生活介護「古都の家」学園前については、監修 朱雀の会、藤本美郷『あなたならどうする ドキュメント若年認知症』第4章 実録 若年認知症の現場から（2010年、三省堂）、p100‐123に活動等が掲載されているので、参照のこと。

13）マンション等の廊下、階段、避難口など火災や地震の際、避難の支障となるような場所や防火戸についてその閉鎖の支障になるような場所に自転車や車いす、私物を置いてはならないと定めている。（消防法第8条の2の4）

14）不動産物件取得の資金を貯めたり、不動産賃貸の勉強をやったりしていた。2018（平成30）年に京都市下京区五条油小路下ルにある築100年を超える京町家と山科区四ノ宮にある2戸建の3戸建を取得して賃貸している。

15）東京都杉並区の株式会社R65は高齢者専門の不動産業者である。ホームページは、https://r65.info/を参照のこと。神奈川県横浜市青葉区のアオバ住宅社は、神奈川県で第一号の居住支援法人でもあり、生活保護受給者、高齢者、障害者、母子家庭などの賃貸物件の仲介・相談に応じている。同じく神奈川県座間市のプライムも生活保護受給者、高齢者の賃貸物件の仲介・相談に応じている。ホームページは、prime2421.com/を参照のこと。アオバ住宅社と株式会社プライムについては本文を参照のこと。この3社の取組みは、マスコミで取り上げられることも多い。

16）和田京子不動産については、和田京子『85歳、おばあちゃんでも年商5億円』（WAVE出版、2016年）に詳しい。

17）「一般社団法人いばしょ」の活動については、日本福祉図書文献学会の事務委託をはじめ、もう1人の理事がヤングケアラーの体験者かつ研究者であることから若年介護のシンポジウムをこれまでに開催している。

18）宅地建物取引業法 第31条の3　宅地建物取引業者は、その事務所その他国土交通省令で定める場所（以下この条及び第50条第1項において「事務所等」という）ごとに、事務所等の規模、業務内容等を考慮して国土交通省令で定める数の成年者である専任の宅地建物取引士を置かなければならない。従業員5人に1人以上設置しなければならない。

19）一般社団法人及び株式会社は、筆者の自宅を事務所にして法人登記を行っている。一般社団法人と株式会社は、法人形態が異なるので同一の住所で登記しても問題はないが、同じ法人形態が2つ同一の場所にある場合、登記は不可になる。株式会社居場所は、2019（平成31）年3月11日に京都府知事より免許許可（免許期間は5年間）、全日本不動産協会京都本部加入後の4月6日から不動産業の営業が可能になった。

20）リーマンショックとは、米国大手銀行の破綻とそれを原因とする世界同時不況のこと。　アメリカ第4位の投資銀行だったリーマンブラザーズが、サブプライムローンと呼ばれる高リスクの住宅ローンで大規模な損失を計上。その処理に失敗し、2008年9月15日、連邦裁判所に連邦倒産法を申請、事実上の破産となった。世界金融危機の1つとなった。

21）年越し村とは、複数のNPO及び労働組合によって組織された実行委員会が2008（平成20）年12月31日から2009（平成21）年1月5日まで東京都千代田区の日比谷公園に開設し

た、一種の避難所である。自立生活サポートセンター・もやい、全国コミュニティ・ユニオン連合会などが中心となって組織された実行委員会が、炊き出しや生活・職業相談、生活保護申請の先導を行った。

22) 早川和男は、居住福祉という考え方を日本に普及させた功労者である。奈良県奈良市出身、京都大学工学部建築学科卒業後、日本住宅公団技師、建設省建築研究所建築経済研究室長などを経て、1978（昭和53）年神戸大学教授、その後1995（平成7）年定年退官、神戸大学名誉教授になる。日本居住福祉学会会長、国際居住福祉研究所長を歴任した。「住居は人権」という理念のもと、「居住福祉」の概念を国際的に展開する「居住学」の第一人者であった。1993（平成5）年『居住福祉の論理』で今和次郎賞を受賞している。2018（平成30）年7月25日、87歳で病気のために死去。

23) 早川和男・岡本祥浩『居住福祉の論理』（東京大学出版会、1993年）、p.27-29

24) 「レインズ（REINS）」とは国土交通大臣から指定を受けた不動産流通機構が運営しているコンピューターネットワークシステムこと。

　「Real Estate Information Network System（不動産流通標準情報システム）」の英語の頭文字を並べて名付けられ、組織の通称にもなっている。全国で地域ごとに東日本・中部圏・近畿・西日本の4つのレインズがある。会員となっている不動産会社はこのコンピューターネットワークシステムにより、売却人、貸主の依頼に基づいて不動産情報を登録し、不動産業界全体が連携して購入希望者や借主を探す。　また、購入希望者や借主には登録された最新の情報の中から住居や不動産を紹介するしくみになっている。

25) 「公益財団法人日本賃貸住宅管理協会」2014年調査のちげよんタイムズ記事
　　https://chigeyon.com/senior-rental-home/

26) 「大島てる」は、事故物件の情報提供ウェブサイトである。
　　www.oshimaland.co.jp/

27) 太田垣章子『2000人の大家さんを救った司法書士が教える賃貸トラブルを防ぐ・解決する安心ガイド』（日本実業出版社、2017年）、p174-179

28) 稲葉剛「障害者差別解消法施行！障害者への入居差別はなくせるのか？」（ハフポスト日本版、2016年）
　　https://www.huffingtonpost.jp/tsuyoshi-inaba/handicap-discrimination_b_9844666.html

29) 岡本正治・宇仁美咲編著『不動産事業者のための障害者差別解消法ハンドブック』（大成出版社、2016年）、p.84-85
　　国土交通省「国土交通省所管事業における障害を理由とする差別の解消の推進に関する対応指針」平成27年11月
　　www.mlit.go.jp/common/001108694.pdf

30) 前掲上28

31) 最近では、NHKの目撃！にっぽん「おせっかい不動産屋」でアオバ住宅社が取り上げ

られ、テレビ放送された。また筆者は、2019（令和元）年10月26日に岐阜県笠松町の笠松中央公民館で開催された岐阜羽島ボランティア協会主催の「地域で支える〜生きづらさに寄り添って〜」に参加の際、アオバ住宅社の斎藤瞳氏とお会いし助言を受けた。

32）株式会社プライムホームページhttps://prime2421.com/265.html#を参照のこと。
　　【楽待密着】YouTube取材　住宅弱者を「絶対に見捨てない」不動産会社として紹介されている。

33）株式会社プライムホームページhttps://prime2421.com/135.htmlを参照のこと。
　　「絶対に断らない不動産屋を作ろうと思ったキッカケと今の取組みについて」

34）SUUMOジャーナル「編集部住宅弱者に寄り添い続ける幼馴染の2人の挑戦
　　官・民が組んだ神奈川県座間市の取組みとは」2020/06/14

35）NPO法人 ワンエイドホームページhttp://own-aid.com/のこと。
　　ワンエイドはプライムの隣に事務所がある。

36）「住宅確保要配慮者に対する賃貸住宅の供給の促進に関する法律」（略称：住宅セーフティーネット法）は2017（平成29）年10月25日施行。その法律に基づいて居住支援法人と居住支援協議会が規定されている。

37）京都府ホームページ「住宅確保要配慮者居住支援法人の指定状況」参照のこと。
　　www.pref.kyoto.jp/jutaku/safetynet/legal.html

38）「一般社団法人全国居住支援協議会」は、居住支援法人及び居住支援法人を目指す団体の活動を支援するための全国組織で、2019（平成31）年3月設立。活動内容は、研修会の実施、情報提供、政府への提言などを行っている。株式会社居場所は、2号会員になっている。
　　一般社団法人全国居住支援協議会のホームページhttps://www.zenkyokyou.jp/

39）空き家とは、「1年以上人が住んでいない物件」を指す。総務省が発表した2018（平成30）年10月時点の住宅・土地統計調査によると、日本には846万戸の空き家があり、空き家率は、13.6％となっている。

40）京都市すこやか住宅ネットホームページ参照のこと。
　　https://www.kyoto-sjn.jp

41）京都市すこやか住宅ネットホームページ同掲上

42）高次脳機能障害とは、交通事故・脳出血などによる脳の外傷や脳疾患を原因として、脳が損傷されたことによって引き起こされる障害である。金銭管理ができない、物忘れや人の名前や作業が覚えられない記憶障害、気が散りやすい、長時間集中できないなどの注意障害、物事の優先順位をつけられない、自分で計画を立てることができない遂行機能障害、感情のコントロールができない社会行動障害など様々な症状がみられるが、人によって異なる。

43）瀧本哲史『2020年6月30日にまたここで会おう』（星海社新書、2020年）、p.179-181
　　瀧本氏は病気のため、2019（令和元）年8月10日永眠。

44）朝倉美保氏のインタビューは、2020（令和2）年3月17日14：00～16：00に株式会社み
　　のりの森で行った。

45）『きらり。』ホームページ https://www.kirari-with.com/

46）朝倉美保『きらり。』0号、みのりの森出版社、p1

47）2020（令和2）年6月25日公開。
　　「凸凹じぶんなび　とことこ」URL　https://www.decoboco.work/

48）社会福祉振興・試験センター 登録者の資格種類別推移
　　www.sssc.or.jp/touroku/pdf/pdf_t04_h30.pdf

49）公益社団法人日本社会福祉士会ホームページ　独立型社会福祉士名簿登録者一覧
　　https://www.jacsw.or.jp/17_dokuritsu/ichiran/04.html

50）「個人社会福祉士事務所フリーダム」ホームページ参照のこと。
　　https://privatecswfreedom.jimdofree.com/

終章 今後の展望
── 新しい労働の創造に向けて ──

　本論文「障害者の自立生活の展開と労働─傷痍軍人から社会起業まで─」は、人間の重要な活動の1つである「働く」ということが、いずれのテーマにも深く関わっている。「働く」ということを主題にして、障害者福祉の現在の到達点と課題を検討しようとしたものである。

　日本では家族が中心となって行う介護を「日本型福祉」というが、筆者は第1章の日本における障害者福祉形成のなかで、第1に障害者施策は、貧困対策の一環として行われ、貧困や障害の救済は国や地方公共団体が積極的に行うものではなく、家族及び親族や民間の慈善によるという考え方が強く流れており、その原型を「恤救規則」に見ることができること、第2に社会保障や社会福祉は、富国強兵や日中戦争遂行のための国民への「安心・安全装置」として講じられ、障害者施策も傷痍軍人や戦傷病者に関することが中心であり、一般の障害者についての対策は特に講じられなかったこと、第3に戦後、施行された身体障害者関連の法律は、経済的・職業的自立可能な傷痍軍人や軽度の障害者が対象であり、重度身体障害者や内部障害、知的及び精神障害者は法律の対象外とされていたこと、の以上3点を指摘し、障害者は長い間、「保護すべき者」「社会の役に立たない者」とされてきたことの背景として、「働かざる者、人に非ず」ということが根強くあり、先天性の重度身体障害者や社会復帰が見込めない障害者は、在宅及び施設に収容されてきたことを指摘した。

　第2章では、そのような社会のあり方に異議を唱え、社会に大きな影響を与えた「青い芝の会」の障害者解放運動の歴史を述べ、その功績及び残された課題を検討した。「青い芝の会」の運動として評価すべきこととして、第1には、

能力によって人間の価値が決められる社会の価値観を否定し、どんな重度の障害者にも同等の権利があり、能力によって差別されてはならないことを主張したこと、第2には、障害を否定的にとらえる従来の障害者観を批判し、障害者がありのままに生きられない社会こそが問題であるとしたこと、第3には、施設は障害者を隔離・差別するものとして批判し、どんなに重度の障害者であっても地域で普通の人と同等に生きることを主張したこと、第4には、自己主張を通して自己喪失の状態を克服し、障害者の主体性を確立させる必要を唱えたことである。残された課題としては、第1には、障害者差別を生み出す社会システムの問題に目を向けなかったこと、第2には、社会変革のための健全者との連帯・共闘が不足していたこと、第3には、自立生活を送るための経済問題などの課題が見いだされたことである。

第2章で「青い芝の会」の行動には、大仏空の思想、特に浄土真宗の影響が見られていることはすでに述べた通りである。ここで筆者の自らの体験を書いてみたい。前述したように、筆者は脳性マヒによる両下肢機能障害を持っている。20代半ばまで、なかなか自分の障害を受容できなかった。脳性マヒは治らない。しかし幼少時から、家族をはじめ周りの人間からは、勉強や仕事など「健常者」と同じ振る舞いを期待されていたような気がする。自らもできるようになろうと頑張るが、障害があるために物事によっては、どうしてもできないこともある。だからいつも何か矛盾を抱えていた。その時に出会ったのが、浄土真宗の教えである。たいていの宗教は、足が「良くなる」あるいは「治る」ということを主題にしているのに対し、浄土真宗は「ありのままに受け止めること」に重きをおく。「障害があったとしても、ありのままでいい」と言ってくれたような気がしたのである。よって、変えていくのはこの社会そのものだと思い、後に筆者は、社会福祉の道に進み、また浄土真宗の僧侶になるきっかけにもなった。「青い芝の会」の活動に浄土真宗の教義が大きな影響と役割を及ぼしていると知った時、筆者には横塚晃一らの気持ちが理解できると同時に「青い芝の会」を研究してみたいと思ったのであった。

第3章では、第2章での課題を解決する方向を示した運動体として、障害者自立生活センターを取り上げ、その達成点と問題点を確認した。障害者自立生

活センターの評価すべき点として、障害者自立生活センターで「有給で働いている」という形を見せることで「何もできない不能者」という障害者に対する考え方の不当性を示すことができ、「働ける障害者」であることを他者に向かってアピールすることに成功したことである。残された課題としては、第1に、障害者自立生活センターは、たとえ重度の障害者であっても「働けること」を証明したが、障害者であれば、誰でも障害者自立生活センターで働けるとは限らない。障害者自立生活センターの運営は委託費、自治体やその他の助成金によって賄われており、その金額も決まっているから雇用される障害者の人数も限られてしまう。第2に、障害者自立生活センターは営利団体ではないので、利益を上げることはない。しかし景気悪化や何らかの理由などで、委託費、自治体やその他の助成金の主な財源である税金収入が落ち込んだ場合、委託費を減額されることがあるが、減額された場合はそこで働く障害者をはじめとする職員の給料が減ってしまうことや職員が解雇されてしまう場合もある。第3に、障害者自立生活センターは、限られた委託費などを職員同士で分配することで、運営が成り立っている。営利利益や勤務年数よって、給与が上がるわけでもないことから職員の士気や職場の定着率に影響するという課題が明らかになった。

　第4章では、企業や行政での障害者雇用の現状と課題について触れ、また第3章で明らかにした問題を解決するために、障害者自身が社会福祉法人やNPO法人、株式会社を設立し、運営するという新しい雇用形態がみられてきていることについて、知的障害者就労継続支援施設B型である「あゆむ」スワンベーカリー茨木店での取り組みを事例として検討した。ここで明らかになったことは、障害者の雇用を生み出すために作られたスワンベーカリーでも障害者の接客や製造を支えていくためには、人件費が大きな課題であること、「選別主義」「能力主義」から逃れることはできないということであった。

　しかし、スワンベーカリーの功績は、第1には、これまで能力があっても「社会の役に立たない存在」と言われ、企業から切捨てられてきた障害者にとって、環境や条件を整備すれば「働けること」を社会にアピールできたこと、第2には、障害者採用に今まで後向きだった大手企業に障害者に対する意識の

変化をもたらしていること、第3には、社会福祉関係者に障害者の収入を増やすためには、行政の委託費や助成金に頼らずに自ら稼ぐ道があることを気づかせたこと、である。そういった意味でスワンベーカリーが果たした役割は大きなものがあるということである。

　さて現在、中国の武漢に端を発した新型コロナウイルス感染症（COVID-19）の影響は、障害者雇用にも様々な影響を及ぼしている。急速に企業の業績が悪化して、倒産・廃業に追い込まれた企業が増加している。また感染拡大防止のため、休業した企業が多いが、売上がなかなか上がらないなかで企業の業績が悪化すると、まず影響を受けるのは、そこで働いている障害者である。特例子会社も例外でない。倒産や廃業、リストラのために解雇・退職に追い込まれ、失業した障害者もいるであろう。企業で働くことが決まっていたが、入社を取り消された障害者もいるに違いない。筆者の周りの障害者で多かったのは、自宅待機及びZOOMなどを使用した在宅勤務である。給与が減った者もいる。

　企業だけではなく、障害者就労支援施設も同様に影響を受けている。就労移行支援事業所では、企業実習、会社訪問、企業採用に影響が出ている。ZOOMを利用して訓練を行っている事業所もある。

　就労継続支援A型・B型事業所では、「感染への心配から訪問販売を断られた」「学校行事やバザー、研修会などが中止になり、弁当や焼き菓子の売り上げが減った」「給食用食材の注文が減少した」など、密閉・密集・密接の「3密」を防ぐため、イベント自粛などで商品が販売できず、また取引先企業の休業で下請け作業の受注も減っているため、利用者の工賃に影響が出ている[1]。特にパン、弁当販売やレストランで継続支援を行っているところは厳しい。売上げが無いなかで購入済みの材料費や家賃の支払いに頭を痛めている施設も多い。どの施設も利用者の仕事確保に悩んでおり、この影響はしばらく続くだろう。

　第5章では、障害者の「社会起業」を取り上げた。障害者の起業には、自分が起業することで活動しやすく自分らしく生きていくという意図がある。その起業には自分の体験したこと、経験したことが起業のベースになっている。また障害者の起業には1つの事業だけではなく、異なる事業を組み合わせて、複

数の仕事と複数の収入を持つことが特徴となる。複数の仕事や収入を組み合わせることよって、それぞれの収入を補いながら、仮に何かの仕事が無くなっても、他で収入の確保ができることである。つまり、稼ぎを分散させれば、収入が無くなることはない。形になるまでには時間がかかるが、有効な障害者の生存戦略となることを示した。

　さて本論文において、筆者は、戦前の障害者福祉の形成から現在の障害者総合支援法までの流れをノーマライゼーションや自立生活思想及び運動、障害者の就労、障害者の社会起業という障害者福祉の重要なキーワードを折り込みながら「労働」を通して述べてきたが、そのことは障害者福祉の歴史を概観し、またその発展過程の捉え直しを行うことができた。

　本論文において筆者が強調したいことは、従来の発想を変えることによって、障害者に対する社会の見方を「保護の対象」から「労働者」あるいは「納税者」というように、変えていくことができるということである。またそのような考え方が定着することで、社会のなかでの障害者の位置づけも変化してくるということである。

　社会福祉法人などの非営利組織の運営については、委託費や助成金などの税金が使われることが多い。しかし、社会福祉基礎構造改革や近年の景気の動向など、様々な要因が重なって、委託費や助成金のカットが叫ばれることが多くなってきた。そして現実に委託費や助成金が削減されている。そしてそれは、その時々の経済や景気の動向、政治状況によって絶えず変化している。そのような事態に対応するため、筆者は、新たな、または独自の事業収入を確保することによって、委託費や助成金に頼らない組織運営を目指すべきだと考えている。それは障害者個人の生活においてもいえることである。

　こうした流れを受け、社会福祉法人や特定非営利活動法人、あるいは株式会社のなかには、新しい動きを探るところも出てきた。2、3の例を挙げると、神戸市に本部のある社会福祉法人「プロップ・ステーション」は、障害者に対してコンピューター講習を行い、企業や自治体から仕事を受注して在宅でも働けるようコーディネートするのが主な活動である。仕事を求める障害者と人材を求める企業とをつなぐ役割を果たしている。スローガンは「チャレンジドを

納税者にできる日本」である。プロップ・ステーションでは、障害者のことを「チャレンジド」と呼んでいる。チャレンジドとは、「挑戦という使命や課題、チャンスを与えられた人」という意味を持っている。その取り組みは、先進性もあって、産・官・財から注目を集める存在となっている[2]。

兵庫県の明石市役所の2階には、障害者が常勤で働くコンビニエンスストアが（平成19）年11月にオープンした。「セブンイレブン明石市役所店」で明石市が障害者の常勤雇用を条件に店舗を誘致、当初はハローワークを通して20～50代の4名を採用した。4名は他のスタッフともに、平日の午前8時から午後6時の営業時間内に4～5時間ずつ勤務している。こうしたコンビニはまだ全国でも珍しいが、このケースがうまく機能すれば、同様の雇用形態が今後、広がっていくかもしれない[3]。市役所の中にあるため、土・日・祝が休みであり、利用客の大半が市職員の固定客で「福祉のコンビニ」と認識されているなど、スタッフが働きやすい環境が整っている。レジ・発注・検品・棚卸等の基本的な業務はもちろん、ドリンクやお菓子等、各々の担当が発注からディスプレイ、ポップ広告の作成まですべて行い、扱いが難しい新商品の発注も行っている。

また筆者がよく行く京都市内のマクドナルドハンバーガーの大型店舗では、知的障害者（ダウン症）の若い女性が店内を清掃作業したり、テーブルを拭いたり、ゴミ出しをしたり、「いらっしゃいませ」と来店者に元気よく挨拶をしている光景を目にする。様子を見ていると、他の従業員とのコミュニケーションも取れており、楽しそうに働いている。この様子を見ていると、ほっこりした気持ちになる。マクドナルドの企業イメージも良くなる。もともと、マクドナルドは障害者雇用に実績のある企業であるが、職場の風通しもよいのであろう。障害者が働くこのような風景が当たり前になってほしいものである。

本論文ではいくつかの事例を見てきたが、共通していることがある。それは「他とは違うことをして差をつける」ことである。「しくみ」をいかに作るかということでもある。それらはこれまでとは、違った発想の転換とアイデアが求められているといえる。第3章で触れた北海道の「べてるの家」や障害者通所施設「ワークショップほのぼの屋」、第4章のスワンベーカリーの取り組みも

これらに数えられるだろう。第5章の障害者の社会起業の事例も真似はしにくいものが多い。「他とは違うことをして差をつける」ことがうまくいっている事例であろう。

　これらの取り組みはまた、ソーシャル・インクルージョンの取り組みでもある。ソーシャル・インクルージョンとは、「差別や偏見のために、社会から排除されている人々を地域社会の仲間に入れていくこと」をいう。従来のものに加えて、ボランティア団体やNPO法人、生活協同組合などを生かしながら、新しい社会システムの構築をめざす動きである。もともと、この考え方はヨーロッパ（特にフランスやイギリス）から生み出されたものである。人々が社会の仲間に入るためには、教育や労働が重要である。例えば、これまでのイギリスでは、障害者に対して社会保障給付を行うことを重視し、保護施策を行ってきた。しかし現在では、社会保障給付よりも教育や仕事を用意することによって、自立を促進させるという方向に向かっている。日本においても今後、ますますソーシャル・インクルージョンが重要視されてくるであろう。スワンベーカリーの取り組みもソーシャル・インクルージョンの1つであるといえる[4]。

　スワンベーカリーや障害者の社会起業のような取り組みは、前述したように、これまでの社会のなかの福祉や障害者のあり方を「保護される対象」から「生活者」及び「納税者」に視点に変えることを意味している。それは、ソーシャル・インクルージョンともいえるし、ソーシャル・アントレプレナーシップともいえる。その動きは今、始まったばかりである。

【注】

1）徳島新聞 2020年5月14日付
　　『障害者就労支援ピンチ　新型コロナで業務受注激減、施設の9割「工賃に影響」』
　　独立行政法人福祉医療機構 WAM NET
　　https://www.wam.go.jp/content/wamnet/pcpub/top/fukushiiryounews/20200514_163300.html
2）プロップ・ステーションについては、竹中ナミ『「チャレンジド」が社会を変える　プロップ・ステーションの挑戦』（筑摩書房、1998年）に詳しいので、参照のこと。
3）日本経済新聞　2007年11月9日付
　　株式会社セブン-イレブン・ジャパン明石市役所店のホームページ

http://www.sej.co.jp/sej_case/case/institution/akashi.html

4）ソーシャル・インクルージョンについて書かれたものは、炭谷・大山・細内編『ソー
シャル・インクルージョンと社会起業の役割－地域福祉計画推進のために』（ぎょうせい、
2004年）、日本ソーシャル・インクルージョン推進会議編集『ソーシャル・インクルー
ジョン　格差社会の処方箋』（中央法規、2007年）などがある。

■著者略歴

小出　享一（こいで　きょういち）
1967年　福井県生まれ
1992年　龍谷大学　文学部　仏教学科　仏教学専攻　卒業
2008年　桃山学院大学大学院　社会学研究科　応用社会学専攻　博士後期課程修了　博士（社会学）
現在、株式会社居場所　代表取締役、一般社団法人いばしょ理事
指定特定相談支援事業所いっけんや　相談支援専門員
複数の大学、専門学校で非常勤講師として、社会福祉及び障害者関係の科目を担当している。
社会福祉士、精神保健福祉士、介護支援専門員、宅地建物取引士、賃貸不動産経営管理士

主な著書
『大谷光瑞とアジア−知られざるアジア主義者の軌跡』（勉誠出版、2010年）共著
『新聞記事ワークブック』（大学教育出版、2016年）共著など

障害者の自立生活の展開と労働
──傷痍軍人から社会起業まで──

2021年3月10日　初版第1刷発行

■著　　者── 小出享一
■発 行 者── 佐藤　守
■発 行 所── 株式会社 大学教育出版
　　　　　　　〒700-0953　岡山市南区西市855−4
　　　　　　　電話（086）244-1268（代）　FAX（086）246-0294
■Ｄ Ｔ Ｐ── 難波田見子
■印刷製本── モリモト印刷（株）

ISBN978-4-86692-116-7